法|学|研|究|文|丛
——刑法学——

刑法的温度
——人性视角下的刑法思考

杨 博 著

全国百佳图书出版单位
——北京——

图书在版编目（CIP）数据

刑法的温度：人性视角下的刑法思考 / 杨博著．
北京：知识产权出版社，2024.8. —ISBN 978–7–5130–9451–1

Ⅰ. D914.04

中国国家版本馆 CIP 数据核字第 2024VB9551 号

责任编辑：杨　帆	责任校对：王　岩
封面设计：智兴设计室	责任印制：孙婷婷

刑法的温度
——人性视角下的刑法思考

杨　博　著

出版发行：	知识产权出版社有限责任公司	网　　址：	http://www.ipph.cn
社　　址：	北京市海淀区气象路50号院	邮　　编：	100081
责编电话：	010–82000860 转 8173	责编邮箱：	471451342@qq.com
发行电话：	010–82000860 转 8101/8102	发行传真：	010–82000893/82005070/82000270
印　　刷：	北京建宏印刷有限公司	经　　销：	新华书店、各大网上书店及相关专业书店
开　　本：	880mm×1230mm　1/32	印　　张：	7.5
版　　次：	2024 年 8 月第 1 版	印　　次：	2024 年 8 月第 1 次印刷
字　　数：	179 千字	定　　价：	58.00 元

ISBN 978–7–5130–9451–1

出版权专有　侵权必究
如有印装质量问题，本社负责调换。

序

在历史的长河中,刑法曾长期作为社会治理的有效工具,发挥着规范社会的作用。在封建社会,统治者利用刑法行使生杀予夺的权力。刑罚作为最严重的法律后果,轻者可剥夺人的财产、自由,重者可直接剥夺人的生命。正如我国台湾地区一位学者在其论著中所言:"刑罚如两刃之剑,用之得当,国家和个人双受其益;用之不当,则国家和个人双受其害。"[1] 因此,对刑法科学性标准的追寻是必然的。

在构建社会主义和谐社会的背景下,寻求一种旨在维护社会秩序、促进社会和谐的良善刑法,始终是法学研究者们共同的目标。但自古以来,每当谈及刑法,其都是以狰狞的面目出现在人们脑海中的。的确,这种面目的形成,有其深刻的历史渊源。中世纪欧洲的轮刑、水刑,我国古代的墨刑、劓刑、刖刑、宫刑、辟刑,无不扮演着"刀斧手"的角色,透露着阴森恐怖的幽光。

---

[1] 转引自林山田. 刑法学 [M]. 台北:台北商务印书馆. 1985:127.

近代的启蒙运动时期，启蒙运动家提出了"自由、平等、博爱"的口号，其理论以个人权利为本位，打破中古时代封建思想之束缚，继之以法国大革命《人权宣言》的颁布，才将理论付诸实践，影响社会制度至深且巨。❶ 刑法理论也不可避免地受到影响，但人类社会又不能没有刑法，因为它发挥着定分止争的作用，避免人类陷入永无休止的斗争中。

法律作为一种社会行为规范，必须以人为本，关注并尊重个体。刑法作为规定犯罪、刑事责任和刑罚的法律，是最具惩罚性的法律，更应做到以人为本，体现人文精神。人性、人道和人权简称"三人"，其作为人文精神中最基本的范畴，始终贯穿刑事立法和司法。一部刑法只有在以人性为基础、以人道为底线、以人权为追求的情况下，才能称为良法。

启蒙运动之后，"三人"越来越受重视，构建以人为本的刑法，反对严刑峻法的呼声越来越高。人们希望"三人"的光芒能够刺透刑法的幽暗。在现代法治社会的建构中，刑法不仅需要体现刚性的一面，更需要体现柔性的一面，而人性、人道、人权正是柔性的一面的表现。

刑法作为一种行为规范，于未犯罪时，发挥行为规范的作用；于犯罪后，惩罚已然之行为，刑法于立法之初"考量"人、立法之中"规范"人、立法之后"关注"人，因此，刑法从未离开对"人"的关注。以"三人"为本，才能真正切实地清刑法之源，保证刑事立法司法健康有序地发展。刑法应当是良善之法，既要稳定、统一、明确，又要随着社会的变化而变化。

刑法的制定和实施要以一定的刑事政策为指导。良善的刑事

---

❶ 韩忠谟. 刑法原理 [M]. 北京：北京大学出版社. 2009：15.

政策要在人性、人道、人权三个层面对刑法的制定和实施予以充分的论证。之所以说三个层面，主要是因其体现了从基本到特殊、从人们的本能思考到更高级思考的递进性。人性是人之所以为人的本质属性，是因为人性是所有人都应具有的基础要件。刑法及刑事政策的制定必然应首先确保是对人性的思考；而人道则是在人性的基础上做进一步的理性思考，提倡刑罚的价值在于预防犯罪，进而反对不必要的、不相称的、残酷的刑罚；人权则是在人性和人道的基础上，对人的基本权利进行层级最高的理性思考，人权被解释为"人"与生俱来的、不可侵犯的权利。

事实上，对"三人"的论证古已有之。以我国为例，春秋战国时期，孟子、荀子就有"性善论"与"性恶论"的论证；西汉时期汉文帝因缇萦上书而废肉刑则体现出对人道的思考；而近代资产阶级革命时期的人权思想也对此产生了深远影响。因此，无论是从对"三人"的理解，还是从被人们所认识的顺序，都表明三者存在递进关系。而从刑法本身来看，对人性、人道、人权这三个层面的诠释体现在许多理论和原则中，比如紧急避险理论、期待可能性理论、事后不可罚行为理论等体现了"人性"；罪刑均衡原则、刑罚人道主义原则等体现了"人道"；罪刑法定原则、责任主义原则等体现了"人权"。

从上述分析不难看出，"三人"的思想内容十分丰富，以"三人"思想对刑法进行分析可能会有不一样的发现。但囿于篇幅限制，在本书中，笔者仅从人性的视角对刑法展开分析。在人性的论域中，对我国古今刑法的制度进行审视，并对整个刑法学理论界的重要理论（结合我国当下的具体情况）进行一定的反思，以期为中国特色社会主义法律体系贡献一份力量。

在现代法律观念中，对自由的限制与约束和对自由的尊重与保护是法律的不同面向，二者是对立统一的。从边沁的功利主义思想来看，整个社会想要平稳、良好地运行，需要法律规范对人的自由在一定程度上进行约束和限制，以此谋求整个社会的最大利益。与此同时，借由法律规范为大众的自由划定一定的范围，只要是处于这一范围之内的行为，那么都理应受到法律的保护，人也是自由的。正如日本学者西原春夫曾经指出的那样："刑法的结果是程度如此严重的'必要的恶'，我们就不得不推敲其存在的合理性和正当性。我们的国民因一部合理性和必要性不明确的法律，而在日常生活中受到限制，违法时就被处以刑罚，重要利益受到侵犯，并被打上犯人的烙印，这一切都令人难以忍受。"[1]

从本质上来讲，刑法的"恶"是必然存在的，因为这是刑法的天然属性，但应当以其内在品格和功能对这种"恶"进行限制和约束。在满足刑法基本功能的前提下，刑法中存在的"恶"越少，刑法就越正义。想要减少刑法中的"恶"，就要求刑法必须具备人性关怀这一伦理道德层面的价值取向和品性。"犯罪是人实施的，刑罚是科于人的。因此，作为刑法的对象，必须考虑人性问题。可以说对人性的理解决定了刑法学的性质。"[2] "要判断某种道德体系的优劣，我们只能根据这种体系在怎样的程度上符合人性。"[3] 因此，对于刑法而言，其内在根本具有强烈的伦理道德品性，所以更需以人性作为衡量的标准对其优劣进行价值评判。正如陈兴良教授在其著作中指出的那样："刑法是以规制人的行为为内容的，任何一种刑法规范，只有建立在对人性的科学假设的基

---

[1] [日] 西原春夫. 刑法的根基与哲学 [M]. 顾肖荣. 等，译. 上海：上海三联书店. 1991：4.
[2] [日] 大塚仁. 犯罪论的基本问题 [M]. 冯军，译. 北京：中国政法大学出版社. 1993：2.
[3] 周辅成，编. 西方伦理学名著选辑 [M]. 北京：商务印书馆. 1987：88.

础之上,其存在与适用才具有本质上的合理性。"❶ 我国台湾学者也曾明确指出:"法之存立于社会,其运作,其变迁,其功能,其价值,咸须以人性因素为断。法之人性因素之必然,其理至明,洵无待词费也。"❷ "法律固然有如水火之无情,但法律究竟有其人性的因素存在,社会成员彼此利害相关的社会意识和社会感情,是法律最重要的存在基础,法律若不通人情,无异与法律规范的人脱节,已不是人性的法律。"❸

从这一基础来看,当人性与社会利益发生冲突时,刑法必须给予人性足够的关注和尊重,也只有这样,才能彰显根植于刑法内在的人本主义品格。从另一个向度来看,对人性的尊重与保护其实是刑法有效性的基础。正如有学者曾指出:"法治所要求和禁止的行为应该是人们合理地被期望能够去做或能够避免的行为……它不能提出一种不可能做到的义务。法治应该承认不可能执行也是一种辩护理由,至少是一种可以减轻处罚的情节。法治在实施章程时,决不能认为无执行能力是与问题无关的。如果不是严格按照有无能力采取行动这个标准而动辄进行处罚,那就会使自由权不堪负担。"❹ 德国著名哲学家康德也曾明确指出:"事实上没有任何刑法会对下述的这样一个人处以死刑:当一条船沉默了,他正在为了他的生命而推倒另一个人,使后者从木板上掉入水中,而他自己在木板上免于死亡。因为法律惩罚的威吓不可能

---

❶ 陈兴良. 刑法的人性基础 [M]. 北京:中国方正出版社. 1999:1.
❷ 杨奕华. 法律人本主义——法理学研究诠论 [M]. 台北:汉兴书局有限公司. 1997:135.
❸ 杨奕华. 法律人本主义——法理学研究诠论 [M]. 台北:汉兴书局有限公司. 1997:107.
❹ [美] 约翰·罗尔斯. 正义论 [M]. 谢延光,译. 上海:上海译文出版社. 1991:259.

比此时此刻害怕丧失生命的威胁具有更大的力量。这样一条刑法，在此时完全失去它所意图达到的效力。因为一个尚未明确的威胁——例如法庭判决死刑——不能超过对那种灾祸的恐惧（例如在上述情况下，肯定会淹死）。"❶

对于社会上普罗大众的一般认知和情感而言，倘若法律规范所要求的内容与人性背道而驰，那么违法行为则会在大众层面得到广泛的同情，在这种情况下难免会对法律产生轻视，乃至漠视。正如贝卡里亚所说："道德的政治如果不以不可磨灭的人类感情为基础的话，就别想建立起任何持久的优势。任何背离这种感情的法律，总要遇到一股阻力，并最终被其战胜。"❷ "一切违背人的自然感情的法律的命运，就同一座直接横断河流的堤坝一样，或者被立即冲垮和淹没，或者被自己造成的漩涡所侵蚀，并逐渐地溃灭。"❸

综上所述，刑法对人性的尊重与保护是极为重要的。正因如此，本书拟选取人性作为研究的基本视角，提倡人本主义的刑法观，通过对我国古今刑法学中的思想和制度进行人性角度的剖析，以此对我国现行刑法中尚未明确规定的理论制度进行符合我国国情的思考。

---

❶ [德] 康德. 法的形而上学原理——权利的科学 [M]. 沈叔平，译. 北京：商务印书馆. 1991：47.
❷ [意] 贝卡里亚. 论犯罪与刑罚 [M]. 黄风，译. 北京：中国大百科全书出版社. 1993：8.
❸ [意] 贝卡里亚. 论犯罪与刑罚 [M]. 黄风，译. 北京：中国大百科全书出版社. 1993：30.

目录
CONTENTS

第一章 人性的意蕴 ‖ 001
　第一节　理性人与经验人之争 / 003
　　一、理性主义哲学观下的理性人 / 004
　　二、刑事古典学派的代表性刑法观念 / 006
　　三、经验主义哲学观下的经验人 / 018
　　四、刑事实证学派的代表性刑法观念 / 021
　第二节　性善论与性恶论之辩 / 028
　　一、性善论与性恶论的溯源分析 / 030
　　二、性善论与性恶论的观念分析 / 034
　第三节　人性视角下应有的刑法观 / 055
　　一、人本主义思想之解读 / 058
　　二、人性视角下的人本主义之核心原则 / 064
　　三、人本主义与刑事法 / 072

第二章 人性在我国古今刑法中的具体体现 ‖ 081
　第一节　与亲属关系相关的制度 / 081

　　　　一、亲亲得相首匿 / 082

　　　　二、亲属间相盗不为罪 / 090

　　　　三、存留养亲 / 096

　　　　四、亲缘关系（家庭关系）与人性的关系 / 101

　　第二节　与违法阻却事由相关的制度 / 114

　　　　一、正当防卫 / 114

　　　　二、紧急避险制度 / 140

第三章　人性视角下我国刑法自省之期待可能性本土化构建 ∥ 160

　　第一节　期待可能性之发展脉络 / 161

　　　　一、期待可能性在大陆法系国家和地区之流变 / 162

　　　　二、期待可能性在英美法系国家和地区之体现 / 167

　　　　三、期待可能性在我国之沿革 / 169

　　第二节　期待可能性之人性视角下的理论基础 / 175

　　　　一、期待可能性的哲学基础 / 176

　　　　二、期待可能性的伦理基础 / 182

　　　　三、期待可能性之人性解读 / 189

　　第三节　期待可能性之本土化构建 / 195

　　　　一、期待可能性之理论定位 / 197

　　　　二、期待可能性之具体判断标准 / 209

　　　　三、期待可能性之具体构建 / 218

第一章
人性的意蕴

"人性",虽然只有两个字,但其内涵却极为丰富。对于人性的解读,古今中外皆有之,每个学者都可以从不同的理论构想出发,对其进行不同的阐释。比如,我国著名的思想家、道家代表人物老子认为:"人法地,地法天,天法道,道法自然。"即老子认为,人性即为人的本性,是为人的本能欲望驱使,是人存活于世的原动力,是自然之道。

马克思从唯物史观的角度看待人性,认为"人性是指社会属性和自然属性的统一"[1]。由此可以发现,人性是自然因素与社会因素的有机辩证统一,其包含的内容并不是单一的,而是系统性的整体,二者缺一不可。不过,也有学者认为自然属性无法体现人性,应当从社会属性的角度对人性进行界定,坚持"人性的实质就是为了自身的生存和发展以及更好地适应人文社会生活表现出来的能力、行为和

---

[1] 转引自李国芳. 试论法与人性之关系 [J]. 科教文汇. 2006 (4): 144–145.

心理素质"❶,"人性的内容丰富多彩、包罗万象,其基本内容可以归纳为四,一曰追求性,二曰竞争性,三曰合作性,四曰文适性"❷。概言之,单就自然属性而言,人和动物之间的区别并不明显,诸如当感到饥饿时会自然而然地寻求食物,当感到口渴时会不由自主地寻找水源,当感到疲惫时会理所当然地选择休息,等等。这些都是固有本能,从这一角度来看,无法对人和动物进行区分。

有学者从人性、动物性和神性这三者比较的角度对人性进行阐释,认为:"人性是介于动物性和神性之间的一种性质,是对动物性的克服和向神性的接近。"❸ 还有学者对人性的概念有这样的阐释:"人区别于动物的各种特征或属性的总和与概括。"❹ 对上述论述进行分析不难发现,该学者是从人之所以为人而不是动物的角度对人性展开分析,认为人是一切社会关系的总和。对人性进行分析的切入点不同,陈兴良教授主张,"人性,又称为人的本性,是人之为人的基本品性。在理论上,人性是一个魅力无穷而又争论不休的问题"❺。更进一步地,他又提出"人性中既具有理性的因素,又具有经验的因素;人性既具有共同性,又具有特殊性,这两者具有辩证统一性"❻。而李希慧教授则从人性需要的层

---

❶ 圭田晙. 人性新论——人性社会学 [M]. 香港:香港社会科学出版社. 2007:278. 转引自李希慧. 龙腾云. 法律的人性关怀与刑罚轻缓化 [J]. 河南省政法管理干部学院学报. 2010 (3):85-90.
❷ 圭田晙. 人性新论——人性社会学 [M]. 香港:香港社会科学出版社. 2007:371. 转引自李希慧. 龙腾云. 法律的人性关怀与刑罚轻缓化 [J]. 河南省政法管理干部学院学报. 2010 (3):85-90.
❸ 周国平. 各自的朝圣路 [M]. 合肥:黄山书社. 2007:187.
❹ 金炳华. 等,著. 哲学大辞典 [Z]. 上海:上海辞书出版社. 2001:1184.
❺ 陈兴良. 刑法的人性基础 [M]. 北京:中国方正出版社. 1999:1.
❻ 陈兴良. 刑法的人性基础 [M]. 北京:中国方正出版社. 1999:22.

法学研究文丛
——刑法学——

刑法的温度
——人性视角下的刑法思考

杨 博 著

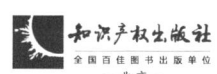

图书在版编目（CIP）数据

刑法的温度：人性视角下的刑法思考／杨博著． 北京：知识产权出版社，2024.8. —ISBN 978 - 7 - 5130 - 9451 - 1

Ⅰ. D914.04

中国国家版本馆 CIP 数据核字第 2024VB9551 号

责任编辑：杨　帆	责任校对：王　岩
封面设计：智兴设计室	责任印制：孙婷婷

刑法的温度
——人性视角下的刑法思考

杨　博　著

出版发行： 知识产权出版社 有限责任公司		网　　址：http://www.ipph.cn	
社　　址：北京市海淀区气象路 50 号院		邮　　编：100081	
责编电话：010 - 82000860 转 8173		责编邮箱：471451342@qq.com	
发行电话：010 - 82000860 转 8101/8102		发行传真：010 - 82000893/82005070/82000270	
印　　刷：北京建宏印刷有限公司		经　　销：新华书店、各大网上书店及相关专业书店	
开　　本：880mm×1230mm　1/32		印　　张：7.5	
版　　次：2024 年 8 月第 1 版		印　　次：2024 年 8 月第 1 次印刷	
字　　数：179 千字		定　　价：58.00 元	
ISBN 978 - 7 - 5130 - 9451 - 1			

出版权专有　侵权必究

如有印装质量问题，本社负责调换。

序

在历史的长河中,刑法曾长期作为社会治理的有效工具,发挥着规范社会的作用。在封建社会,统治者利用刑法行使生杀予夺的权力。刑罚作为最严重的法律后果,轻者可剥夺人的财产、自由,重者可直接剥夺人的生命。正如我国台湾地区一位学者在其论著中所言:"刑罚如两刃之剑,用之得当,国家和个人双受其益;用之不当,则国家和个人双受其害。"❶ 因此,对刑法科学性标准的追寻是必然的。

在构建社会主义和谐社会的背景下,寻求一种旨在维护社会秩序、促进社会和谐的良善刑法,始终是法学研究者们共同的目标。但自古以来,每当谈及刑法,其都是以狰狞的面目出现在人们脑海中的。的确,这种面目的形成,有其深刻的历史渊源。中世纪欧洲的轮刑、水刑,我国古代的墨刑、劓刑、剕刑、宫刑、辟刑,无不扮演着"刀斧手"的角色,透露着阴森恐怖的幽光。

---

❶ 转引自林山田. 刑法学 [M]. 台北:台北商务印书馆. 1985:127.

近代的启蒙运动时期，启蒙运动家提出了"自由、平等、博爱"的口号，其理论以个人权利为本位，打破中古时代封建思想之束缚，继之以法国大革命《人权宣言》的颁布，才将理论付诸实践，影响社会制度至深且巨。❶ 刑法理论也不可避免地受到影响，但人类社会又不能没有刑法，因为它发挥着定分止争的作用，避免人类陷入永无休止的斗争中。

法律作为一种社会行为规范，必须以人为本，关注并尊重个体。刑法作为规定犯罪、刑事责任和刑罚的法律，是最具惩罚性的法律，更应做到以人为本，体现人文精神。人性、人道和人权简称"三人"，其作为人文精神中最基本的范畴，始终贯穿刑事立法和司法。一部刑法只有在以人性为基础、以人道为底线、以人权为追求的情况下，才能称为良法。

启蒙运动之后，"三人"越来越受重视，构建以人为本的刑法，反对严刑峻法的呼声越来越高。人们希望"三人"的光芒能够刺透刑法的幽暗。在现代法治社会的建构中，刑法不仅需要体现刚性的一面，更需要体现柔性的一面，而人性、人道、人权正是柔性的一面的表现。

刑法作为一种行为规范，于未犯罪时，发挥行为规范的作用；于犯罪后，惩罚已然之行为，刑法于立法之初"考量"人、立法之中"规范"人、立法之后"关注"人，因此，刑法从未离开对"人"的关注。以"三人"为本，才能真正切实地清刑法之源，保证刑事立法司法健康有序地发展。刑法应当是良善之法，既要稳定、统一、明确，又要随着社会的变化而变化。

刑法的制定和实施要以一定的刑事政策为指导。良善的刑事

---

❶ 韩忠谟. 刑法原理 [M]. 北京：北京大学出版社. 2009：15.

政策要在人性、人道、人权三个层面对刑法的制定和实施予以充分的论证。之所以说三个层面，主要是因其体现了从基本到特殊、从人们的本能思考到更高级思考的递进性。人性是人之所以为人的本质属性，是因为人性是所有人都应具有的基础要件。刑法及刑事政策的制定必然应首先确保是对人性的思考；而人道则是在人性的基础上做进一步的理性思考，提倡刑罚的价值在于预防犯罪，进而反对不必要的、不相称的、残酷的刑罚；人权则是在人性和人道的基础上，对人的基本权利进行层级最高的理性思考，人权被解释为"人"与生俱来的、不可侵犯的权利。

事实上，对"三人"的论证古已有之。以我国为例，春秋战国时期，孟子、荀子就有"性善论"与"性恶论"的论证；西汉时期汉文帝因缇萦上书而废肉刑则体现出对人道的思考；而近代资产阶级革命时期的人权思想也对此产生了深远影响。因此，无论是从对"三人"的理解，还是从被人们所认识的顺序，都表明三者存在递进关系。而从刑法本身来看，对人性、人道、人权这三个层面的诠释体现在许多理论和原则中，比如紧急避险理论、期待可能性理论、事后不可罚行为理论等体现了"人性"；罪刑均衡原则、刑罚人道主义原则等体现了"人道"；罪刑法定原则、责任主义原则等体现了"人权"。

从上述分析不难看出，"三人"的思想内容十分丰富，以"三人"思想对刑法进行分析可能会有不一样的发现。但囿于篇幅限制，在本书中，笔者仅从人性的视角对刑法展开分析。在人性的论域中，对我国古今刑法的制度进行审视，并对整个刑法学理论界的重要理论（结合我国当下的具体情况）进行一定的反思，以期为中国特色社会主义法律体系贡献一份力量。

在现代法律观念中，对自由的限制与约束和对自由的尊重与保护是法律的不同面向，二者是对立统一的。从边沁的功利主义思想来看，整个社会想要平稳、良好地运行，需要法律规范对人的自由在一定程度上进行约束和限制，以此谋求整个社会的最大利益。与此同时，借由法律规范为大众的自由划定一定的范围，只要是处于这一范围之内的行为，那么都理应受到法律的保护，人也是自由的。正如日本学者西原春夫曾经指出的那样："刑法的结果是程度如此严重的'必要的恶'，我们就不得不推敲其存在的合理性和正当性。我们的国民因一部合理性和必要性不明确的法律，而在日常生活中受到限制，违法时就被处以刑罚，重要利益受到侵犯，并被打上犯人的烙印，这一切都令人难以忍受。"❶

从本质上来讲，刑法的"恶"是必然存在的，因为这是刑法的天然属性，但应当以其内在品格和功能对这种"恶"进行限制和约束。在满足刑法基本功能的前提下，刑法中存在的"恶"越少，刑法就越正义。想要减少刑法中的"恶"，就要求刑法必须具备人性关怀这一伦理道德层面的价值取向和品性。"犯罪是人实施的，刑罚是科于人的。因此，作为刑法的对象，必须考虑人性问题。可以说对人性的理解决定了刑法学的性质。"❷"要判断某种道德体系的优劣，我们只能根据这种体系在怎样的程度上符合人性。"❸ 因此，对于刑法而言，其内在根本具有强烈的伦理道德品性，所以更需以人性作为衡量的标准对其优劣进行价值评判。正如陈兴良教授在其著作中指出的那样："刑法是以规制人的行为为内容的，任何一种刑法规范，只有建立在对人性的科学假设的基

---

❶ [日] 西原春夫. 刑法的根基与哲学 [M]. 顾肖荣. 等, 译. 上海：上海三联书店. 1991：4.
❷ [日] 大塚仁. 犯罪论的基本问题 [M]. 冯军, 译. 北京：中国政法大学出版社. 1993：2.
❸ 周辅成, 编. 西方伦理学名著选辑 [M]. 北京：商务印书馆. 1987：88.

础之上，其存在与适用才具有本质上的合理性。"❶ 我国台湾学者也曾明确指出："法之存立于社会，其运作，其变迁，其功能，其价值，咸须以人性因素为断。法之人性因素之必然，其理至明，洵无待词费也。"❷ "法律固然有如水火之无情，但法律究竟有其人性的因素存在，社会成员彼此利害相关的社会意识和社会感情，是法律最重要的存在基础，法律若不通人情，无异与法律规范的人脱节，已不是人性的法律。"❸

从这一基础来看，当人性与社会利益发生冲突时，刑法必须给予人性足够的关注和尊重，也只有这样，才能彰显根植于刑法内在的人本主义品格。从另一个向度来看，对人性的尊重与保护其实是刑法有效性的基础。正如有学者曾指出："法治所要求和禁止的行为应该是人们合理地被期望能够去做或能够避免的行为……它不能提出一种不可能做到的义务。法治应该承认不可能执行也是一种辩护理由，至少是一种可以减轻处罚的情节。法治在实施章程时，决不能认为无执行能力是与问题无关的。如果不是严格按照有无能力采取行动这个标准而动辄进行处罚，那就会使自由权不堪负担。"❹ 德国著名哲学家康德也曾明确指出："事实上没有任何刑法会对下述的这样一个人处以死刑：当一条船沉默了，他正在为了他的生命而推倒另一个人，使后者从木板上掉入水中，而他自己在木板上免于死亡。因为法律惩罚的威吓不可能

---

❶ 陈兴良. 刑法的人性基础 [M]. 北京：中国方正出版社. 1999：1.
❷ 杨奕华. 法律人本主义——法理学研究诠论 [M]. 台北：汉兴书局有限公司. 1997：135.
❸ 杨奕华. 法律人本主义——法理学研究诠论 [M]. 台北：汉兴书局有限公司. 1997：107.
❹ [美] 约翰·罗尔斯. 正义论 [M]. 谢延光，译. 上海：上海译文出版社. 1991：259.

比此时此刻害怕丧失生命的威胁具有更大的力量。这样一条刑法,在此时完全失去它所意图达到的效力。因为一个尚未明确的威胁——例如法庭判决死刑——不能超过对那种灾祸的恐惧(例如在上述情况下,肯定会淹死)。"❶

对于社会上普罗大众的一般认知和情感而言,倘若法律规范所要求的内容与人性背道而驰,那么违法行为则会在大众层面得到广泛的同情,在这种情况下难免会对法律产生轻视,乃至漠视。正如贝卡里亚所说:"道德的政治如果不以不可磨灭的人类感情为基础的话,就别想建立起任何持久的优势。任何背离这种感情的法律,总要遇到一股阻力,并最终被其战胜。"❷ "一切违背人的自然感情的法律的命运,就同一座直接横断河流的堤坝一样,或者被立即冲垮和淹没,或者被自己造成的漩涡所侵蚀,并逐渐地溃灭。"❸

综上所述,刑法对人性的尊重与保护是极为重要的。正因如此,本书拟选取人性作为研究的基本视角,提倡人本主义的刑法观,通过对我国古今刑法学中的思想和制度进行人性角度的剖析,以此对我国现行刑法中尚未明确规定的理论制度进行符合我国国情的思考。

---

❶ [德] 康德. 法的形而上学原理——权利的科学 [M]. 沈叔平,译. 北京:商务印书馆. 1991:47.
❷ [意] 贝卡里亚. 论犯罪与刑罚 [M]. 黄风,译. 北京:中国大百科全书出版社. 1993:8.
❸ [意] 贝卡里亚. 论犯罪与刑罚 [M]. 黄风,译. 北京:中国大百科全书出版社. 1993:30.

目录
CONTENTS

第一章　人性的意蕴 ‖ 001

第一节　理性人与经验人之争 / 003

一、理性主义哲学观下的理性人 / 004

二、刑事古典学派的代表性刑法观念 / 006

三、经验主义哲学观下的经验人 / 018

四、刑事实证学派的代表性刑法观念 / 021

第二节　性善论与性恶论之辩 / 028

一、性善论与性恶论的溯源分析 / 030

二、性善论与性恶论的观念分析 / 034

第三节　人性视角下应有的刑法观 / 055

一、人本主义思想之解读 / 058

二、人性视角下的人本主义之核心原则 / 064

三、人本主义与刑事法 / 072

第二章　人性在我国古今刑法中的具体体现 ‖ 081

第一节　与亲属关系相关的制度 / 081

一、亲亲得相首匿 / 082

　　二、亲属间相盗不为罪 / 090

　　三、存留养亲 / 096

　　四、亲缘关系（家庭关系）与人性的关系 / 101

第二节　与违法阻却事由相关的制度 / 114

　　一、正当防卫 / 114

　　二、紧急避险制度 / 140

第三章　人性视角下我国刑法自省之期待可能性本土化构建 ∥ 160

第一节　期待可能性之发展脉络 / 161

　　一、期待可能性在大陆法系国家和地区之流变 / 162

　　二、期待可能性在英美法系国家和地区之体现 / 167

　　三、期待可能性在我国之沿革 / 169

第二节　期待可能性之人性视角下的理论基础 / 175

　　一、期待可能性的哲学基础 / 176

　　二、期待可能性的伦理基础 / 182

　　三、期待可能性之人性解读 / 189

第三节　期待可能性之本土化构建 / 195

　　一、期待可能性之理论定位 / 197

　　二、期待可能性之具体判断标准 / 209

　　三、期待可能性之具体构建 / 218

第一章
人性的意蕴

"人性",虽然只有两个字,但其内涵却极为丰富。对于人性的解读,古今中外皆有之,每个学者都可以从不同的理论构想出发,对其进行不同的阐释。比如,我国著名的思想家、道家代表人物老子认为:"人法地,地法天,天法道,道法自然。"即老子认为,人性即为人的本性,是为人的本能欲望驱使,是人存活于世的原动力,是自然之道。

马克思从唯物史观的角度看待人性,认为"人性是指社会属性和自然属性的统一"[1]。由此可以发现,人性是自然因素与社会因素的有机辩证统一,其包含的内容并不是单一的,而是系统性的整体,二者缺一不可。不过,也有学者认为自然属性无法体现人性,应当从社会属性的角度对人性进行界定,坚持"人性的实质就是为了自身的生存和发展以及更好地适应人文社会生活表现出来的能力、行为和

---

[1] 转引自李国芳. 试论法与人性之关系 [J]. 科教文汇. 2006 (4): 144–145.

心理素质"❶,"人性的内容丰富多彩、包罗万象,其基本内容可以归纳为四,一曰追求性,二曰竞争性,三曰合作性,四曰文适性"❷。概言之,单就自然属性而言,人和动物之间的区别并不明显,诸如当感到饥饿时会自然而然地寻求食物,当感到口渴时会不由自主地寻找水源,当感到疲惫时会理所当然地选择休息,等等。这些都是固有本能,从这一角度来看,无法对人和动物进行区分。

有学者从人性、动物性和神性这三者比较的角度对人性进行阐释,认为:"人性是介于动物性和神性之间的一种性质,是对动物性的克服和向神性的接近。"❸ 还有学者对人性的概念有这样的阐释:"人区别于动物的各种特征或属性的总和与概括。"❹ 对上述论述进行分析不难发现,该学者是从人之所以为人而不是动物的角度对人性展开分析,认为人是一切社会关系的总和。对人性进行分析的切入点不同,陈兴良教授主张,"人性,又称为人的本性,是人之为人的基本品性。在理论上,人性是一个魅力无穷而又争论不休的问题"❺。更进一步地,他又提出"人性中既具有理性的因素,又具有经验的因素;人性既具有共同性,又具有特殊性,这两者具有辩证统一性"❻。而李希慧教授则从人性需要的层

---

❶ 圭田唆. 人性新论——人性社会学 [M]. 香港:香港社会科学出版社. 2007:278. 转引自李希慧. 龙腾云. 法律的人性关怀与刑罚轻缓化 [J]. 河南省政法管理干部学院学报. 2010 (3):85-90.

❷ 圭田唆. 人性新论——人性社会学 [M]. 香港:香港社会科学出版社. 2007:371. 转引自李希慧. 龙腾云. 法律的人性关怀与刑罚轻缓化 [J]. 河南省政法管理干部学院学报. 2010 (3):85-90.

❸ 周国平. 各自的朝圣路 [M]. 合肥:黄山书社. 2007:187.

❹ 金炳华. 等. 著. 哲学大辞典 [Z]. 上海:上海辞书出版社. 2001:1184.

❺ 陈兴良. 刑法的人性基础 [M]. 北京:中国方正出版社. 1999:1.

❻ 陈兴良. 刑法的人性基础 [M]. 北京:中国方正出版社. 1999:22.

面来论证人性，认为人性就是人的本质的对象化，就是人类基于自然原因和社会原因所产生的内在需要，即生理需要、安全需要、归属需要、尊重需要、认知需要、审美需要、自我实现需要——这些贯穿人的成长、发展整个过程的七个层次的需要。❶

从以上观点不难看出，人们对于人性概念的探索从未停歇。但归根结底，概念界定应服务于理论研究，而非象征性符号。正如有学者指出的："一切科学对于人性总是或多或少地有些联系，任何学科不论似乎与人性离得多远，他们总是会通过这样或那样的途径回到人性。"❷ 由此可见，从不同学科出发可能对人性会产生不同的理解。就刑法学科而言，对人性的不同理解不仅形成了所持观点不同的理论学派，而且影响了刑法的制定与实施。概括而言，由于对人性不同的理解，在刑法领域形成了理性人与经验人之争、性善论与性恶论之辩这两种不同侧重的讨论风潮。理性人与经验人之争侧重于人性中理性与经验的不同，而性善论与性恶论之辩则侧重于人性的善恶与否。

第一节 理性人与经验人之争

理性人与经验人之争源自哲学中理性主义与经验主义的争辩。受此影响，刑法中的理性人与经验人之争也是刑事古典学派与刑事实证学派对立的一大原因。以下将针对理性人与经验人的观点进行分析，也会对这两种观点支配下的刑法理论学派的核心观点

---

❶ 李希慧，龙腾云. 法律的人性关怀与刑罚轻缓化 [J]. 河南省政法管理干部学院学报. 2010（3）：85-90.

❷ [英] 休谟. 人性论 [M]. 关文运，译. 北京：商务印书馆. 1980：6.

进行简要阐释。

一、理性主义哲学观下的理性人

理性人是理性主义哲学观中的重要观点。以理性人为逻辑基点的理性主义哲学观对刑事古典学派的观点产生了深远的影响。从某种程度上来讲,理性人的假设对于刑事古典学派经典观点的产生与发展起到重要的推动作用。故接下来将先针对理性哲学观和理性人的基本内容进行介绍,继而对刑事古典学派的重要观点进行阐释和剖析。

所谓理性人,其实就是理性主义哲学人性观的本质观点,其核心在于对人性进行理性假设。在理性主义的哲学观看来,"人是一个有理性的存在者,并且能根据理性和一定的原则行事,因而只有理性才能决定人之为人和人的道德价值。"❶ 在刑法的论域中,理性人是指,有认知、实施行为可能带来后果,以及为了实现自己的目的而实施行为并能够承担相应后果的人。以此为出发点,刑事古典学派立足于意志自由论,即包括犯罪人在内的所有人都是在自己自由意志的支配下实施相应的行为,那么其在实施该行为前就应认识到可能会带来的后果,当然应当对行为实施之后所带来的后果承担负责。换言之,在刑事古典学派看来,人的这种自由意志就使人具有认识自己行为性质和控制自己行为,能够选择此行为而舍弃彼行为的能力,因而具有对这种选择承担责任的能力。❷ 例如,张三选择在饥饿的时候去面包店隔壁的包子店购买一个包子。由于张三是一个具有自由意志的独立个体,他在意识

---

❶ 谢安平. 刑事诉讼立法人性基础比较研究 [J]. 比较法研究. 2013 (1): 88 - 94.
❷ [德] 康德. 道德形而上学原理 [M]. 苗力田, 译. 上海: 上海人民出版社. 1986: 102.

到自己处于饥饿的状态之后,为了消弭饥饿给身体带来的不良影响,看到面包店和包子店,便可以通过购买食物进食达成自己的目的。在购买食物的时候,他能够自主地选择究竟是去购买面包还是包子。在选定购买包子之后,张三应承担因购买包子导致金钱减少的后果以及用包子果腹之后饥饿感的减轻或消失的效果。

与康德这种自律的观点不同,贝卡里亚是从功利主义的角度出发,认为人都具有趋利避害的本能,意志自由在本质上是感性自由,外在的客观必然性条件支配着行为人的意志自由,所以趋利避害是人的本能。❶ 同样以上述张三购买包子的例子来分析,在功利主义的视角下,张三由于饥饿,本能地去寻找食物。而在选择食物的时候,可能是因为包子带来的饱腹感更强,也可能是因为他更喜欢吃包子,总之,在多种因素的作用下,最终选择购买包子。由此来看,虽然贝卡里亚与康德所持观点的分析路径并不相同,且观点本身也有一定的差异性,但有一个共同点,即张三是在自由意志的作用下自主进行的选择。

从理性人的观点出发,奉行理性主义哲学观的刑事古典学派在犯罪论与刑罚论中形成了较为独特的观点。首先,在犯罪论方面,以人性的理性假设为出发点,刑事古典学派认为犯罪人在实施犯罪行为时是意志自由的,并且在自由意志的支配下实施了相应的犯罪行为,那就必须承担其实施的犯罪行为所带来的相应后果。贝卡里亚、边沁、费尔巴哈、康德和黑格尔是刑事古典学派的主要代表人物。他们在某些观点上虽然存在分歧,但在犯罪人的意志自由的理性假设这一观点上的见解是一致的,这也是刑事古典学派的人性基础。详言之,贝卡里亚、费尔巴哈与边沁主要

---

❶ [意]贝卡里亚. 论犯罪与刑罚 [M]. 黄风,译. 北京:中国大百科全书出版社. 1993:31.

是以人作为动物与生俱来的趋利避害性这一观点为核心的功利主义原则为理论基点，认为人之所以会选择实施某一行为或不实施某一行为是受到了相关的利害关系的指引。也就是说，外在的客观因素会对人的自由意志起到支配作用。人的自由意志是可以被引导、支配的。因此，通过设置奖惩措施等办法，可以对人的行为进行一定的规范。而从康德的观点来看，人当然在实施行为时有自主性和决策性，但其是因道德的约束而进行的自由选择。其次，在刑罚论方面，对犯罪人的理性假设亦是刑罚的人性基础，只不过对意志自由的认知角度不同，形成了不同的刑罚理论。以贝卡里亚、费尔巴哈、边沁为代表的功利主义倡导者坚持以一般预防为核心的功利主义刑罚理论；而康德、黑格尔则是以先验的意志自由论为逻辑原点，奉行以公正为核心的报应主义刑罚理论。功利主义主张的刑罚限度是必需的刑罚，报应主义主张的刑罚限度是正义的刑罚，正义的标准在功利主义与报应主义中是完全不同的。正义标准在功利主义中的体现是最大多数人的最大幸福，而在报应主义中的体现则是各得其所。

刑事古典学派提出并确立了在近代刑事法学发展中有着重要地位的罪刑法定原则、谦抑主义原则、预防刑等重要内容。为了更好地展示理性人观念之下刑事古典学派的重要观点，以下将以功利主义为代表，对其主要内容进行剖析。

二、刑事古典学派的代表性刑法观念

边沁所构建起的刑罚体系以功利主义为理论基础，在西方刑法学说史上举重若轻，可谓浓墨重彩的一笔，对推动后世刑法学说的发展具有重要作用。在这个理论体系当中，边沁进行批判的利器或者说标准便是由功利主义提供的。边沁以功利主义原则的视角给予了刑法特别的关注,对刑罚合理性加以阐释,进而开始了针对法律改革的研究之路。那么如此重要的思想根基究竟有着怎样闭月羞花的美貌呢?不妨先来探一探功利主义的庐山真面目。

(一)功利主义的实质即"追求最大幸福"

边沁的功利主义哲学思想是其所坚持的刑罚观的滥觞。笔者认为,要想探析边沁的功利主义刑罚观的庐山真面目,只有对其功利主义哲学思想的基本内涵进行剖析,才能对相关问题有较深刻的理解。

边沁是18世纪英国著名的哲学家、法学家和经济学家,他用恢宏的思想体系为功利主义、自由主义政治奠定了坚实的理论基础。虽然边沁出生于律师家庭,但他却对法理表现出了极大的兴趣。边沁坚持从理论层面对现有法律制度进行批判,从而构建起一个较为完善的犯罪的体系,他看穿了英国法制中的诸多弊端,不断地寻求通过一个通用标准对每一条法律进行价值衡量。谈到这里,不得不提休谟——边沁的人生导师。边沁在拜读了休谟的《人性论》之后,逐渐找到功利主义的标准。

我们探求功利主义的根本内涵时,就要回到边沁的著作上来。❶ 他在论著中开宗明义地指出:"功利原理❷是指这样的原理:它按照看来是比增大或减小利益有关者之幸福的倾向,亦即促进

---

❶ 笔者认为,在现存的含有边沁思想的书籍中,《道德与立法原理导论》是边沁功利主义思想的集大成著作。他在《道德与立法原理导论》的第一章便清晰直白地指出功利主义思想的基本内涵,并在后续的阐述中不断论述功利主义这一原则可以作为衡量所有法律的通用标准的可行性。而且还从功利主义的角度分析了贝卡里亚提出的罪刑法定原则,以及边沁自身对于刑罚所坚持的观点。故笔者在本书中的主要理论依据均来自此书。
❷ 原理,来源于拉丁词 principle,按照边沁的思想是一个意思非常含糊和宽泛的术语,用来指被设想作为任何运作系列的基础或开端而起作用的任何事物,这一运作在某些场合是物质的、有形的,当前则应当理解为精神。

或妨碍此种幸福的倾向,来赞成或非难任何一项行动。"❶ 从他在自己的著作中给出的定义不难看出,边沁功利主义的实质就在于,人作为高度概括抽象的理性层面上具有独立自主意志的抽象人在做或不做某一种行为时,其价值引导在于理性人内心关于快乐或痛苦的倾向,而人们都是在不断地追求更大的幸福或快乐而避免面临痛苦的。当对某一行为进行定性评价时,要看这样的行为究竟是符合人追求幸福、增加快乐的倾向,还是符合增加痛苦的倾向。

显而易见,趋利避害、趋乐避苦即边沁功利主义思想的内核所在。"自然把人类置于两位主人公——快乐和痛苦——的主宰之下。只有它们才指示我们应当干什么,决定我们将要干什么。"❷ 故其在针对自己的功利主义思想进行论述的时候,总是围绕着"苦"与"乐"之间的相互关系分析阐述的。这里所说的"乐",简单地说便是幸福,即边沁提到的"功利"。是以,所有可以减轻痛苦、增加快乐的,在道德论域中讲便是"善"的;在政治论域中讲便是优越的;在法律论域中讲便是人们所享有的权利。

通过以上论述不难发现,边沁功利主义的本质就在于不断地追求幸福而避免痛苦,也就是边沁经常提到的"追求最大多数人的最大幸福"。换言之,就是边沁在其人生后期经常使用的"追求最大幸福"。❸

---

❶ [英] 边沁. 道德与立法原理导论 [M]. 时殷弘, 译. 北京: 商务印书馆. 2000: 59.
❷ [英] 边沁. 道德与立法原理导论 [M]. 时殷弘, 译. 北京: 商务印书馆. 2000: 58.
❸ 边沁有时把他的原理说成"是最大多数人的最大幸福",有时又说成"是最大幸福的原理",最后他倾向于选用后一说法。在边沁看来,通过立法,人们追求的应当是整个社会的最大量的幸福,而不是多数人所享受的分散的幸福。在最大量的幸福和最多数人的幸福这二者之间,边沁认为是不一样的。他在谈"追求最大幸福"时不谈论最大多数人,似乎就是受到这一抽象可能性的看法的影响。

从这个角度看犯罪行为，便是指一切基于可以产生某种痛苦或罪恶且人们认为应当禁止的行为。❶ 那么一旦产生这种给人们带来痛苦的行为，又该如何处理呢？这是接下来将要重点解决的问题。

（二）刑罚权产生于追求"最大幸福"的目标

刑罚权的依据，或者说刑罚权产生原因，在过去很长一段时间已被广泛讨论。围绕这一问题，也产生了诸如神权说、契约说、命令说等此类的观点和主张。在边沁看来，刑罚权的产生源自社会的一种利益需求。❷

在边沁看来："自然把人类置于两位主人公——快乐和痛苦——的主宰之下。只有它们才能指示我们应当干什么，决定我们将要干什么。"❸ 故每个人的行为都是在衡量快乐与痛苦的得失之后做出的。正如上文已经阐明的内容，人的本性就是趋利避害、趋乐避苦，人类这种自私的天性就决定了社会共同体中每个人在追求自己的最大幸福的同时，难以避免地会与社会的最大幸福产生冲突和矛盾。无论是社会论域还是法律论域中❹的犯罪，都是在追求个人幸福的过程中，因过度看重个人利益而舍弃了部分或全部的公众利益形成的一种恶。

依据边沁的观点，社会利益与个人利益既不能割裂开来，也

---

❶ 杨彩霞. 功利刑法观的滥觞——边沁刑法思想述评［J］. 中南大学学（报社会科学版）. 2004（1）：33 - 36.

❷ 逄锦温. 边沁的功利主义刑罚观探析［J］. 法学评论. 1998（6）：105 - 108.

❸ ［英］边沁. 道德与立法原理导论［M］. 时殷弘，译. 北京：商务印书馆. 2000：58.

❹ 通常而言，学者在讨论犯罪概念的时候，会将犯罪在不同论域中的具体含义分开讨论。但笔者认为，无论是在哪一个论域中，犯罪的本质都在于过度追求个人的最大幸福而损害他人乃至公众的幸福。

不能相互对抗。社会利益在某一层面上讲就是社会共同体中所有成员利益的总和。判断是非的唯一标准只能是"最大多数人的最大幸福"或"最大幸福"。只要犯罪存在，就会侵害社会共同体成员中最大多数人的最大幸福，亦即社会共同体的"最大幸福"。既然如此，每个人都想不断追求自己最大的幸福，在这种情况下，人们在追求自己的最大幸福时便会在不同程度上影响别人追求最大幸福。此时，为惩恶扬善、追求整个社会层面的"最大幸福"，就需要一个平衡点来协调个人利益与公共利益，从而可以在追求整个社会的最大幸福的同时，最大限度地满足每个人的最大幸福。于是，"制裁"便应运而生。❶ 在法律的范畴之内，刑罚则是最严厉的制裁手段。故社会共同体运行的守卫者——国家，便应对犯罪者的犯罪行为加以制裁，乃至予以刑罚。而具体是采用普通的制裁手段还是刑罚，则需进一步看行为危害幸福的程度。

有一点不得不提，犯罪行为的本质是侵害了社会共同体的最大幸福，那么损害的程度究竟应怎样进行计算？是适用一般制裁还是适用刑罚？这个问题想必也是边沁进一步阐释的桎梏。在边沁的著作中，对于所谓的"计算"还是停留在理论层面进行原则性指导，而并未确定一种具体的计算方法或计算模式。

从马克思主义唯物观来看，刑罚是满足统治阶级的统治所必需的产物。从这一角度看边沁的观念，可以发现边沁认识到社会的现实利益与个人利益二者之间的关系，是具有一定进步性的。❷ 时至今日，人们依旧把心理强制说作为刑罚原则的一种重要思想

---

❶ 笔者认为，这也是为什么边沁不谈契约论的根本原因——因为边沁认为，政府的产生与存在，从根本上讲，就是每个人在追求自己最大幸福的过程中将会产生许多问题，为进一步追求个人的最大幸福与整个社会的最大幸福，才诞生的政府。

❷ 逄锦温. 边沁的功利主义刑罚观探析 [J]. 法学评论. 1998 (6): 105 – 108.

渊源。但他仅将个人利益和社会利益进行抽象概括，围绕着痛苦和快乐以实现社会利益与个人利益的矛盾统一这样的目的进行论述，进而阐明刑罚权的产生。这样的论述从一定程度上来说，掩盖了刑罚权的阶级本质，并不能从根本意义上解释刑罚权的产生原因。❶ 但笔者认为，不能一叶障目，只看到其存在的缺陷，放在当时的历史环境中，根据边沁的个人生活、人生经历来看，能做到这样已经是十分具有进步意义的了。

在边沁的视野下，犯罪是由于社会共同体的"最大幸福"受到侵害，国家为解决个人利益与社会利益的冲突应采取相应的制裁手段。故笔者认为，以边沁的功利主义思想为出发点，对"最大幸福"状态的追求便是刑罚权产生的基础。

既然刑罚权是基于此产生的，那么要想实现这一目的，究竟是重在惩罚还是预防呢？刑罚究竟是犯罪者的一种"报应"，还是为了避免今后再次出现这种情况的一种"预防"？这是我们"学说之争"的源头，也是当今刑法学界依然在讨论的话题。

（三）刑罚的目的在于预防而非报应

许多学者在探讨边沁刑罚观中目的论的时候，都借助了法学理论层面的工具来分析。❷ 而笔者则认为，应立足于其针对犯罪刑罚的相关观点进行论述。

毋庸置疑的是，从刑法哲学的角度考察，学者们已经达成共

---

❶ 此分析是立足于马克思唯物主义哲学思想进行分析的，但对边沁而言，立足于当时的社会背景以及他的成长经历来看，这种观念已经是难能可贵的了。笔者认为，历史是不容假设的，我们也不能因此而向边沁提出高于当时社会历史条件的要求。因此，这一部分的评析仅是为了更加全面地看待边沁的刑罚思想，并不在于批驳。

❷ 杨世超. 边沁的刑罚目的论 [J]. 长春工程学院学报（社会科学版）. 2008（3）：23-25，28.

识：犯罪与刑罚是最基本的两个范畴。剖析其中的内在联系，犯罪应是研究某一行为的第一步——应先判断一个行为是否为犯罪行为，进而判断是否应当适用刑罚以及如何适用刑罚。故笔者认为，要想探析边沁刑罚观中目的论的相关内容，应先就其犯罪的相关理论进行阐明分析。

如前文所述，边沁认为痛苦与快乐是社会中理性人行为时的两个主宰。对于这一点需要注意的是，边沁把研究群体定了理性人，即边沁的理论研究与运用都是把人假设为理性人。基于此种假设，边沁认为犯罪者的内心存在两种相互作用的动机，即驱使犯罪的动机和制止犯罪的斗争。[1] 既然犯罪者的内心是存在两种动机且相互作用，那么两者便处于此消彼长的状态下。据此可以做出如下分析：若驱使犯罪的动机大于制止犯罪的动机，那么行为人为追求其最大幸福便会实施犯罪行为；若制止犯罪的动机大于驱使犯罪的动机，那么行为人便会放弃实施犯罪行为的想法。当驱使犯罪的动机大于制止犯罪的动机时，行为人因其行为构成犯罪，便应接受刑罚的制裁。

在刑罚的适用上，边沁又与贝卡里亚罪刑法定的思想一脉相承。他认为，刑罚会给犯罪人带来痛苦，为了追求最大幸福，在适用刑罚时要限制刑罚的度，只要刚好大于其因犯罪行为获得的快乐即可。

从这一角度出发，边沁在刑罚上坚持的目的论便显而易见。其认为刑罚的适用应受到相应的限制，而不是针对犯罪人的犯罪行为进行打击报复，要让犯罪人知道因其犯罪行为受到的刑罚给自己带来的痛苦会大于实施犯罪行为所获得的快乐。这样，下一

---

[1] 逢锦温. 边沁的功利主义刑罚观探析 [J]. 法学评论. 1998 (6)：105-108.

次在面临相同或类似场景时，内心制止犯罪的动机就会超过驱使犯罪的动机，以实现从犯罪产生的根源上抑制犯罪的目的。按照这个思路继续分析，不难发现，在边沁的观念里，刑罚适用的根本目的在于让犯罪人意识到上述内容，从本质上讲，就是为了让犯罪人通过刑罚认识到犯罪的痛苦，从而更好地回归社会，与社会共同体中的其他成员一起追求最大幸福，进而可以避免此类犯罪行为的再次发生。

这里的分析与边沁在自己的著作中给出的论述是一脉相承的："惩罚的首要目的是防止发生类似的犯罪。过去发生的毕竟只有一个行为，而未来则无可限量。已经实施的犯罪仅涉及某一个人，类似的犯罪将可能影响整个社会。在许多案件中，虽然不可能矫正已经实施的罪恶，但有可能消除其再犯的意图。尽管犯罪能获得很大的快乐，但是，惩罚所造成的痛苦超过实施犯罪获得的快乐。"❶

综上所述，可以得出结论：边沁在刑罚的目的上坚持的是相对主义。他认为，刑罚的目的在于实施犯罪行为的犯罪人在接受了刑罚处罚后可以改过自新，较好地适应追求最大幸福的社会生活，从而避免再次犯罪或再次发生类似的事情。既促使其改过自新，又可以警示其他人不要重蹈覆辙，进而展示出刑罚的教育与指引功能。

既然刑罚的目的在于"预防"而非"报应"，在本部分论述中，对于刑罚的适用原则也有所涉及，那么在实现刑罚目的的时候应遵循什么样的原则、应怎样适用刑罚，将是亟待解决的问题。

---

❶ ［英］边沁. 立法理论——刑法典原理［M］. 孙力. 等，译. 北京：中国人民公安大学出版社. 1993：26.

（四）立足于"追求最大幸福"是刑罚适用时应当坚守的第一要义

通说观点认为，罪刑法定原则作为一项刑罚适用的基本原则是刑法体系的重要基石，其提出者贝卡里亚因此被誉为"近代刑法之父"。边沁也称《论犯罪与刑罚》为"第一部贯彻批判精神的著作"。❶ 在笔者看来，边沁功利主义的刑罚观承于贝卡里亚的刑罚思想。换言之，边沁的刑罚观在一定程度上是依据自己的功利主义思想对贝卡里亚罪刑法定原则进行解释的产物。但边沁刑罚观又有其独特之处，便在于将自己构建起来的功利主义思想贯彻在刑罚思想中。

我们可以说边沁是功利主义思想的开山鼻祖，但功利主义思想却是源远流长的。毫不夸张地说，启蒙主义时期的代表人物在一定程度上都是功利主义的宣扬者。贝卡里亚提出的罪刑法定原则从本质上讲也是建立在功利主义思想的基础之上。简言之，边沁功利主义思想在贝卡里亚所主张的罪刑法定原则里有其影子，功利主义在罪刑法定原则中是有迹可循的。这也不难解释为什么边沁功利主义刑罚观中的适用论则与罪刑法定原则的实质内涵有着如此千丝万缕的关系了。

从辩证主义的观点看，刑罚的适用与刑法的目的是同一个问题的两个方面。对犯罪人加以刑罚制裁便会给其带来相应的痛苦。如果不对刑罚加以限制，就会产生一系列新问题。例如，当刑罚给犯罪人带来的痛苦远超过其因犯罪获得的快乐时，便不符合前文提到的犯罪预防的宗旨，不能保证功利主义刑罚观内在体系的统一性。又如，当对犯罪人的刑罚波及其家人、亲属时，便会对

---

❶ [英] 边沁. 政府片论 [M]. 沈叔平，译. 北京：商务印书馆. 1995：3.

其家人和亲属追求最大幸福造成障碍，这从根本上违反了边沁的理论体系基础。由此可以概括出边沁功利主义刑罚适用的三大基本原则，具体如下：

1. 罪刑相称原则

孟德斯鸠在一定程度上已经认识到罪刑法定原则的重要性和必要性，贝卡里亚则在其著作中着重强调了该原则的必要性和重要性。但二人都没有进一步阐述这一原则的本质内涵到底是什么，究竟应该怎样去做，并未为其理论奠基。反观边沁，则系统地提出这一原则应如何计算❶：

首先，因为刑罚带给犯罪人的痛苦必须要超过其实施犯罪行为而给自己带来的快乐。为预防犯罪发生，必须使行为人内心制止犯罪的动机强于驱使犯罪的动机。

其次，刑罚不应超越上述限度过多。当刑罚是行为人实施了犯罪行为后的必然后果已确定无疑，刑罚便无须那样严厉。但必须保证刑罚是紧跟犯罪的发生而发生，这样才能对人的心理产生我们想要的结果，从而才能平衡受惩罚的机会。

再次，对于不同的罪行应分别考量其严重程度进而科处刑罚。这会促使行为人在实施犯罪行为较轻的阶段主动放弃继续实施犯罪行为。刑罚给犯罪人带来痛苦是犯罪人实施犯罪行为的必然后果，那么刑法所带来的痛苦则是犯罪人实施犯罪行为所带来的快乐的必然后果，由此针对犯罪情节的不同对其进行惩罚会更加符合"追求最大多数人的最大幸福"的要求。

---

❶ 这里需要指出的是，边沁认识到需要对该原则进行一定的计算，并且希望找到一种方法可以尽量精确进行计算。虽然边沁主张应该用科学的方法将这种计算方法固定下来，但未找到确切的数学计算公式，他所提出的也只是进行计算时应遵循的相关原则。

最后，不能对同一犯罪的罪犯科处相同的刑罚。每个犯罪人在实施相同的犯罪行为时，都可能存在不同的情形，如年龄、性别、原因等。因此在满足"追求最大多数人的最大幸福"时，便要根据不同的情况加以调整。

在对罪刑相称原则进行理解和剖析的时候，不能那么绝对。应当看到，这一原则不是数学公式，并非简单地将数字代入后计算就可以了。

2. 罪责自负原则

在科处刑罚时，必须杜绝株连。但人具有社会性，人与人之间都是紧密联系的，在对犯罪嫌疑人科处刑罚时，很难预防给其他人带来不应具有的痛苦。在这种情况下，不能认为这是对刑罚的乱用，立法者应对这种情况加以考量，做出更符合目标的立法选择。

3. 谦抑原则

谦抑原则是指应对刑罚的适用加以限制。谦抑原则作为近现代刑法中的重要基本原则之一，其内涵应这样理解——当适用刑罚仍不能达到追求社会共同体最大幸福的需要时，或者不适用刑罚就可以对犯罪人的犯罪行为进行合理且合法的制裁时，或者虽然适用刑罚可以对犯罪人的犯罪行为进行制裁，但当适用成本过高时就不应适用，这样的原则观念也是符合边沁的功利主义的。

边沁认为，刑罚在适用过程中应受到限制，并遵从罪刑相称、罪责自负的原则。由此可以看出，在刑罚的适用过程中，应衡量犯罪人所实施的犯罪行为给社会共同体带来的痛苦与刑罚给犯罪人带来的痛苦之间的关系。笔者认为，这一点与经济学的关系比较密切。刑罚的适用问题从功利主义的角度来看就是交易成本和收益之间的关系。当成本过高而收益却不可观时，便应毫不犹豫地摒弃适用刑罚。

例如，某天 18 岁的甲在 A 地盗窃 100 元，随后在 B 地盗窃 200 元，又在 C 地盗窃 400 元。针对甲的行为，从边沁的功利主义可以得到这样的观点：甲的行为给社会共同体带来的危害是一定的，而将这种危害结合现实生活来看，其实并没有那么大。当然，如果甲的上述行为采取特殊手段则另当别论，在此不做赘述。若针对甲这样的犯罪行为适用刑罚，甲在监狱中将接触更多的罪犯，而其仅 18 岁，三观尚未完全形成，或者说处于一个易被改变的阶段。在这种情况下，甲刑满释放后可能会实施其他犯罪，甚至变本加厉。如果衡量甲的行为给社会共同体带来的危害和适用刑罚给甲带来的痛苦，显而易见，二者是不成正比的。甚至对甲适用刑罚会导致更严重的后果，由此来看，不应对甲适用刑罚。

又如，18 岁的乙在网吧上网时发现柜台疏于管理，营业所收取的现金均放在柜台上，没有得到妥善安置，为了给游戏中的人物购买更好的装备，乙便拿走 50 元。人的欲望总是会不断膨胀，之后这样的行为又进行了 3 次，共计盗窃 300 元。若乙为窃取现金撬开网吧工作人员严加看管的保险柜与乙在柜台疏于看管的情况下窃取情况不同。衡量这样的行为给社会共同体带来的痛苦与适用刑罚给乙带来的痛苦和适用刑罚之后给社会共同体可能带来的"痛苦"时，便会发现，适用刑罚是不妥的，不符合追求最大幸福的目标，于是应避免刑罚的适用。

笔者认为，从边沁的功利主义来看，为达到"追求社会共同体的最大幸福"的目标，在适用刑罚时，应达到犯罪人的犯罪行为给社会共同体带来的痛苦与刑罚给犯罪人带来的痛苦二者之间相对平衡的状态，才能达到刑罚适用的目的。

从边沁的功利主义看刑罚的适用，谦抑原则扮演着重要的角色，它在具体案例中适用的根本内涵在于痛苦与快乐之间的衡量。当然，作为近现代刑法哲学中讲到的基本价值，谦抑原则在现代有着更丰富的内涵，但在当时的历史条件下，边沁可以从功利主义的角度出发，对刑罚的适用有这样的利益衡量已经是非常难能可贵的了。

将边沁誉为功利主义的集大成者并非空穴来风，他不仅将功利主义思想运用到立法理论中，功利主义也成为他生活中为人处世所遵循的一种原则。

边沁的功利主义刑法观是较为完善的，除笔者已然论述的刑罚权的依据、刑罚的目的以及刑罚的适用之外，边沁还对刑罚的种类、选择、限定性、死刑的存废、赦免权的适用等有详细的阐释。本书仅从理论的角度对边沁功利主义刑法观念的原因论、目的论与适用论进行剖析，而未涉及其内涵丰富的具体制度。

综合所述，可以发现：边沁的刑法观念是建立在其自身构建起的以"追求最大幸福"为实质内涵的哲学基础之上的。在此基础之上，边沁认为刑罚的适用应当受到罪刑相称、罪责自负等原则的限制，甚至在无必要、无结果等情况下不应适用刑罚来解决问题。更值得引起我们重视的是边沁所坚持的刑法目的论，即刑罚的根本目的在于预防犯罪。

三、经验主义哲学观下的经验人

经验人是经验主义哲学人性观的本质观点，核心在于对人性的经验假设。在经验主义哲学的人性观看来，人生活在社会中，难免要受到来自社会或自然的影响。以此为出发点，那么人的行为并非受其自由意志的支配自主决定的，而是在所有影响因素的共同作用下做出的。

仍以前述张三买包子的事情进行分析。在经验人观点中,张三之所以会买包子,是因为现实的社会因素和自然因素的共同影响。详言之,张三做出这样的选择,不是出于自己的想法,而可能是受社会大众认为的包子充饥,而面包只是零食不能充饥的观念影响,也可能是因为面包店没有开门,只有包子店在正常营业的影响。

经验人的观点投射在刑法领域,便是犯罪人之所以受到刑法的处罚,并非基于意志自由,而是根据行为决定论。因而,刑事责任从本质上来说,应是社会责任。❶ 具体而言,经验人是指人类拥有能通过实践获得知识的能力,那么以行为决定论为起点,刑事实证学派必然坚持世界上的一切都是在因果法则的支配下运行的,犯罪亦被囊括其中。进一步地,还认为人的行为受到来自身体要素与环境要素的综合作用的影响,从而犯罪也必有其自然原因,但与犯罪人的自由意志无关,人的行为受到社会大环境的影响与制约。❷ 所以近代学派对古典学派提倡的道义责任论嗤之以鼻,认为犯罪人要承担责任的原因不是道义的谴责,而是防卫社会的需要。正是出于防卫社会的需要,加之刑事实证学派认为犯罪的原因是多种因素的共同作用,故实证学派对于犯罪原因的研究更加科学、全面。他们认为在科处刑罚时由于原因不同,对行为人也要区别对待,需要对每个犯罪人进行具体评价,这种区别对待的方针也促进了刑事政策学的形成和发展。

从经验人的观点出发,坚持经验主义的刑事实证学派在犯罪论与刑罚论中形成了与刑事古典学派不同的理论观点。首先,在犯罪论中,刑事实证学派认为,人的犯罪行为是由一定的物质条

---

❶ 陈兴良. 刑法的人性基础 [J]. 法学研究. 1994 (4): 32-39.
❷ [意] 菲利. 实证派犯罪学 [M]. 郭建安, 译. 北京: 商务印书馆. 2016: 24-25.

件和精神条件所决定的。刑法处罚犯罪者是根据行为决定论,是社会责任而不是道义责任。刑事实证学派基于行为决定论的经验人的人性假定,对于犯罪的认识不像刑事古典学派那样局限于法律概念,满足于意志自由之类的"空洞说教",而是通过对决定犯罪产生的内在和外在的因素的科学揭示,形成了犯罪原因论,创立了近代意义上的犯罪学。其次,在刑罚论方面,刑事实证学派提出社会责任论,认为刑罚不再与犯罪行为的社会危害性相适应,而应与犯罪的危险状态相适应;对于犯罪人不再是单纯的报应与威慑,而是再犯能力的剥夺;刑罚不再是对付犯罪的唯一手段,要寻找治罪的新方法,提出教育刑和刑罚的替代方法论,立足于矫正与预防犯罪。❶ 在这种观点的指引下,刑事实证学派提倡采用矫正、隔离、治疗、禁戒等手段对行为人进行改造,以此作为防卫社会的主要手段,并由此形成了集教育刑论、特殊预防论和新的刑事政策观念等于一体的崭新的思想体系。保安处分、缓刑、假释在刑事实证学派的推动下更是为各国广泛接受,成为象征着20世纪刑法改革方向的"三驾马车"。

从上述简单的介绍中不难发现,刑事实证学派所坚持的刑法观念相较于刑事古典学派有着一定的延续与发展,但又有所不同。与刑事古典学派的内部观点有所差异,刑事实证学派是在经验人哲学观点的基础上,以实证的研究方法为指导,发展过程中并未出现相差较大的观点。换言之,刑事实证学派的内部发展过程中,更多地呈现出发展与继承的关系,为了能对刑事实证学派的刑法理念进行较好的理解,在此也将对刑事实证学派的观点进行更为深入的分析与阐释。

---

❶ 参见陈兴良. 刑法的人性基础 [M]. 北京:中国人民大学出版社. 2006: 94-119.

四、刑事实证学派的代表性刑法观念

如上所述,刑事政策是刑事实证学派在刑法理论发展的历史长河中做出的一大贡献。但也如弗兰茨·冯·李斯特指出的那样:"利用法制与犯罪作斗争要想取得成效,必须具备两个条件:一是正确认识犯罪的原因;二是正确认识国家刑罚可能达到的效果。因此,现代刑事政策不可能有很长的发展史。它产生于19世纪末期。它与社会政策同时发展,齐头并进。然而,社会政策的使命是消除或限制产生犯罪的社会条件;而刑事政策首先是通过对犯罪人个体的影响来与犯罪作斗争的。"❶ 从刑事政策这一角度来看,刑事实证学派是在经验人观念的统领下,以实证的研究方法,在对刑事古典学派的批判过程中逐步产生并发展的。从刑法理论研究的历史来看,以刑事政策为代表的刑法实证学派的发展是合理的。在笔者看来,合理既指其发展过程是符合社会与犯罪的发展规律,又指其发展与自然和人性相契合。

(一) 刑事实证学派的产生背景

从根本上讲,与其说刑事实证学派把刑法当作研究对象,不如说把犯罪人当作研究对象。刑事实证学派的很多刑法观点是从犯罪学的相关理论入手形成的。由于受刑事古典学派的影响,学者们的研究目光一直聚焦于刑法学领域对犯罪进行研究。正因如此,19世纪西方针对犯罪行为本身的研究略显孱弱,针对犯罪的对策也大多依靠刑法进行规制。

具体而言,到19世纪后期,资本主义完成了资本的原始积累,

---

❶ [德] 弗兰茨·冯·李斯特. 德国刑法教科书 [M]. 徐久生,译. 北京:法律出版社. 2000:15.

科学技术得到快速发展，生产效率得到极大的提高，生产规模也得到迅速扩大。在这样的社会发展过程中，由于对劳动力的需求变大，越来越多的人涌向城市，贫富差距进一步扩大。正因如此，酗酒、卖淫等诸多社会问题接踵而至，社会矛盾不断加深，尤其是以盗窃为代表的犯罪的数量急剧增长，累犯、常习犯的数量显著增多，少年犯或青少年群体的非法行为也呈现爆炸性增长的态势。而实证学派的相关理论观点便在这样的历史背景下应运而生。

另外，值得一提的是，19世纪是人文社会科学迅猛发展的阶段，其中辩证唯物主义的观念深入人心，尤其是对一切现象和过程都是普遍联系且相互依赖的论述更是在整个社会中得到普及。科学技术的发展促进了自然科学的快速进步，而自然科学的一些研究成果和研究方法也逐步向人文社会科学进行渗透。正是在这样的研究环境中，刑事实证学派才得以借用实证研究的办法形成系统性的观点和学说。正是由于刑事实证学派的研究成果问世，人们的关注焦点从刑法规制犯罪转向对犯罪人的矫治。

（二）刑事实证学派的主要观点

在上述社会环境以及研究背景的影响下，刑事实证学派的观点逐步形成并得到快速发展。如前所述，刑事实证学派的发展是以对刑事古典学派观点的反思与批判为主要途径。

其一，刑事实证学派对意志自由理论持反对态度，认为意志决定论。正如意大利犯罪学家龙勃罗梭明确提出的天生犯罪人论，其观点主要在于人之所以会犯罪，是因为其身体结构本身就异于正常人。而菲利则更为直截了当地对刑事古典学派奉为圭臬的人趋利避害的本性选择进行批判，指出："犯罪自有其自然的原因，与犯罪人的自由意志毫无关系。"❶ 由此可见,菲利对刑事古典学派的理论基础嗤之以鼻。在此基础上,他更为不留情面地指出:"我们不能承认自由意志。因为如果自由意志仅为我们内心存在的幻想,则并非人类心理存在的实际功能。"❷ 为佐证这一观点,他进一步指出:"生理学以及病理学研究表明,人的意思完全受其个人的生理、心理状态的支配。统计学的研究揭示了人的意思活动是依自然的、社会环境的条件而存在的。"❸ "人的任何行为均系人格与人所处的环境相互作用的结果"❹,"无论哪种犯罪,从最轻微的到最残忍的,都不外乎是犯罪者的生理状态,其所处的自然条件和其出生、生活或工作于其中的社会环境三种因素相互作用的结果。"❺ 同时,从菲利的论述不难发现,他认为犯罪主要是人类学因素、自然因素和社会因素相互作用而导致的,这便是著名的犯罪原因三元论。由此可见,刑事实证学派在对犯罪原因的分析中认为,犯罪并非人出于自由意志的选择,而是受诸多因素的影响形成的。正因如此,刑事实证学派的学者们把研究犯罪原因的目光放得更为长远、广泛,超出人的意志,对社会、自然进行统筹考量。结合刑事实证学派产生的历史背景,笔者认为,这样的研究结果其实与犯罪发展的实际情况相符合,也与人性相符合。

其二,刑事实证学派主张以社会责任论代替道义责任论。不难发现,从上述对于意志自由的批判来看,刑事实证学派的学者们认为,犯罪人应承担相应的刑事责任,而非在道义上对其进行谴责,这是因为人是具有社会性的群居动物,其在社会中所实施

---

❶ [意] 菲利. 实证派犯罪学 [M]. 郭建安,译. 北京:商务印书馆. 2016:24-26.
❷ [意] 菲利. 实证派犯罪学 [M]. 郭建安,译. 北京:商务印书馆. 2016:14-16.
❸ [意] 菲利. 实证派犯罪学 [M]. 郭建安,译. 北京:商务印书馆. 2016:9-10.
❹ [意] 菲利. 实证派犯罪学 [M]. 郭建安,译. 北京:商务印书馆. 2016:15-16.
❺ [意] 菲利. 实证派犯罪学 [M]. 郭建安,译. 北京:商务印书馆. 2016:27.

的犯罪行为对社会造成了一定的危害。倘若从这一角度继续分析，对于犯罪人而言，其评判标准就不应是责任的有无与大小，而应是社会危害性的有无与强弱。详言之，从菲利的论述中可以发现，犯罪人之所以会实施犯罪，是由犯罪人自身原因、自然原因、社会原因共同决定的。既如此，犯罪治理的关键就应聚焦于对社会的防卫。在这一基础上，就需要对犯罪人的社会危险性进行惩治。换言之，在刑事实证学派看来，犯罪人应承担责任的根本原因在于其自身显现出的"反社会性"或"社会危险性"，而非刑事古典学派所说的"自由意志"。从社会责任论的角度来看，刑事实证学派的学者们认识到了社会原因对于犯罪形成与发展的影响。从某种意义上来讲，这是契合人性的。在笔者看来，人性本就是一个中性词，并非只有积极的一面，也有阴暗的一面。更重要的是，无论一个人原本是怎样的，都会受到所处环境的影响，就像我们平时所说的不同学校的学习环境会对学生的学习状态和最终结果产生不同的影响那样。故笔者认为，刑事实证学派的这一观点，在一定程度上是对人性另一个侧面的认识的体现。

其三，由于对犯罪的关注侧重点不同，刑事实证学派坚定地提出主观主义，对刑事古典学派提出的客观主义进行了强烈的抨击。主观主义的提出，就如菲利指出的那样："即使你翻遍古典学派刑法学者的著作，也找不到有关上述问题的任何答案。从贝卡里亚到卡拉拉，没有一个人想过这个问题，而且由于其出发点设计方法论的缘故，他们也不能提出这类问题。"❶ 虽然菲利的这一表述对刑事古典学派的研究表现出一丝鄙夷，但我们不得不承认，正是由于刑事实证学派对于犯罪人本身的研究，才使得后来的刑

---

❶ [意] 菲利. 实证派犯罪学 [M]. 郭建安, 译. 北京：商务印书馆. 2016：9-10.

法研究者们对主观的重视。正如上面提到的刑事实证学派对犯罪人"反社会性"和"社会危害性"的研究那样，学者们提出以此为标准对行为人科处不同的刑罚，主张根据不同犯罪人的具体情况，要最大可能、最为精细地保证刑罚的个别化。在他们看来，只有这样才能最大限度地保证刑罚对犯罪治理所带来的最终效果。正如李斯特指出的那样："我们刑法的根本错误，不仅是未考虑人民的法律意识，而且是造成它与犯罪作斗争中的无能为力，在于过高地估计了行为的外在结果和未估计行为人的内心思想——在规定刑罚的种类和范围时，在法律和判决中，有必要将重点更多地放在行为的内心思想上，而不是行为的外在结果上。"❶ 从这一观点不难看出，刑事实证学派对犯罪行为人自身的关注，体现了对犯罪行为人主观状态的考察。申言之，在这种观点的指导下，刑事裁判会对犯罪行为人实施犯罪的主观原因进行客观的考察。这也是对于人性重视和保护的一个重要体现。

其四，立足于社会责任论和意志决定论，刑事实证学派在刑罚论中坚定不移地奉行目的刑，从刑罚应有的意义和作用的角度对刑事古典学派主张的报应刑观点进行了强烈批判。对于目的刑这一概念，最早的提出者是世界著名的刑法学者李斯特，他在肯定刑罚应有价值的基础上，提出刑罚的目的应是对人的合法权益和国家存续与发展的安全进行保护，即防卫社会。除此之外，基于对再犯可能性的预防，他提出刑罚的目的还应包括对犯罪行为人进行教育和改造，促使其呈现出的"反社会性"或"社会危险性"特征得以减少直至消除，从而能够重新回归到正常的社会生活中。或许有人喜欢热闹群居，有人喜欢离群索居，但同样应认

---

❶ 转引自徐久生. 冯·李斯特的"马堡计划"简介 [J]. 犯罪与改造研究. 1999 (8)：46–48.

识到，一个人即便离群索居，也并不是从其所生活的环境中彻底地剥离与隔绝。从这一角度来看，刑事古典学派所提倡的目的刑观点，认识到了犯罪人重归社会的意义和价值，这符合人性的最终归属和取舍。

其五，刑事实证学派与刑罚万能主义的刑事古典学派不同，"保安处分的本质是矫治预防，而刑罚的本质是报应，目的都是防卫社会，只不过二者在适用条件上存在差异"。❶ 由此可见，刑事实证学派主张的保安处分，是建立在刑罚有限性的基础之上的。对于这一点，菲利曾明确指出："边沁讲过，由于刑罚不能防止犯罪行为的发生，每次处刑都被证明是无效的。因此，这种医疗方法毫无价值。对犯罪原因的深入研究表明，人不犯某一罪行，是因为有完全不同的原因，而不是畏惧刑罚，这些强有力的基本原因并非立法者的威吓所具备的。然而，如果警察和监狱管理人员进行上述威吓，则与那些情形相悖。意图犯罪、受激情支配或是受动摇其道德观念的心理飓风所左右的人，绝不是刑罚威吓所控制得了的，因为火山爆发般的激情不允许他们进行思考。在行为人经过预谋和准备而犯罪的案件中，刑罚更无力阻止犯罪的实施，因为行为人希望犯罪之后能逃脱惩罚。所有的罪犯都异口同声地说，在其预谋犯罪时，只有一件事在推动他，那就是希望在犯罪之后逍遥法外，如果他们稍微考虑到有可能被发觉、被处罚，也不会犯罪，只有一时感情冲动者除外。"❷ 虽然从一定程度上来讲，菲利的上述论述对个别预防作用进行了夸大性陈述，但不可否认的是，刑罚确实在某些情况下无法取得完美的效果。相较之下，

---

❶ 肖吕宝. 罪刑法定原则与保安处分之适用 [J]. 安徽师范大学学报（人文社会科学版）. 2019（2）：92-99.

❷ [意] 菲利. 实证派犯罪学 [M]. 郭建安，译. 北京：商务印书馆. 2016：28.

笔者认为李斯特所主张的刑罚与保安处分的二元论观点更合理一些。在他看来，"在现代刑事政策研究方面的一个重大成就是，最终达成了这样一个共识：在与犯罪作斗争中，刑罚既非唯一的，也非最安全的措施。对刑罚的效能必须批判性地进行评估。出于这一原因，除刑罚制度外，还需建立一套保安处分。"❶ 在这一观点的基础上，李斯特从犯罪人自身的"反社会性"，或者说"社会危险性"，甚至"社会适应性"的角度出发，批判刑事古典学派的观点的同时也提出了修正意见和办法。虽然刑事实证学派的发展借由批判的道路，但毋庸置疑的是，刑事实证学派的观点从对犯罪人本身出发进行考量，是符合人性需求的。刑事实证学派对刑事古典学派的批判与修正，在刑法理论发展过程中，在一定程度上更能体现人性的、合理化的重要表现和证明。

（三）刑事古典学派与刑事实证学派的关系

从以上对于刑事实证学派主要观点的分析来看，如果说刑事古典学派所持观点对人性的体现主要集中在他们认识到了人之所以为人，是因为人性中趋利避害的特性，那么刑事实证学派观点中对人性的体现则是侧重于从惩罚到预防，从一般预防到特殊预防。从这一角度来说，无论是刑事古典学派，还是刑事实证学派，都对人性有着独特的认识。

从刑事实证学派的产生与发展来看，虽然其建立在对刑事古典学派观点的批判与修正之上，但其自身观点具有一定的合理性。从历史唯物主义的角度来看，无论是刑事古典学派还是刑事实证学派，都是应对其所面临的历史阶段所呈现出的问题而形成的。

---

❶ [德] 弗兰茨·冯·李斯特. 德国刑法教科书 [M]. 徐久生，译. 北京：法律出版社. 2000：22.

故从某种程度上来讲,无论是理性人还是经验人,无论是刑事古典学派还是刑事实证学派,都肩负着自身的历史使命。从人性的角度对其进行审视不难发现,起码在对人性的尊重与保护上是一致的。

从古典学派到实证学派,经历了从理想设计到实证分析,从研究犯罪到研究罪犯,从刑事惩罚到社会防卫。❶ 因为人当然地拥有意志自由的一面,理所当然地具备趋利避害的本能,然而,在风险社会中,对犯罪原因的探讨也不应局限于犯罪人自身,对社会环境造成的影响的探讨是其应有之义,以此为指引才能更好地寻找相应的形势政策。换个角度来看,在客观主义与主观主义日益融合的今日,笔者认为,理性人与经验人并非绝对的对立,只是在对人性的认识上侧重点不同,因此二者在某种程度上是可以调和的。例如,费尔巴哈所提出的"心理强制说"以人是理性的动物又兼具自私的特性为基点,阐述了一切犯罪的心理成因都在人们的感性之中,人们趋利避害的本性决定其是否实施犯罪,为了抑制这种犯罪的感性,有必要使人们知晓犯罪所带来的痛苦。同样地,边沁的功利主义也表达了人们趋利避害的本性。但现实生活中大量存在的过失犯、激情犯等,却又不能仅通过趋利避害的原理得到合理解释,因为这些犯罪是人感性的体现。综上,仅站在认识论的角度来看,人性是一般性与特殊性、理性因素与经验因素的辩证统一。

第二节 性善论与性恶论之辩

人性作为古今中外哲学领域范畴内的重要命题,不同学者都

---

❶ 徐爱国. 论 19 世纪刑事实证学派方法论上的转型 [J]. 法学家,2006 (3):48-53.

以此为研究对象展开了深入的探讨和剖析。正如上述以人究竟是理性人还是经验人的假设不同区分开来的人性认知观点是哲学视角下关于人性探讨的一个重要分支。但归根到人性本身而言，通常意义上人们的第一认知很难直接上升到人是"理性"的还是"经验"的。对于普罗大众而言，更多的是直观地从生活中产生对人性最初的认知与感悟。在这一过程中，难以使用"理性""经验"这般看起来是现代词语进行描述，更多是以善恶为标准进行主观的价值评判。比如，在医院排队挂号看病的患者很多，每一个排队的人都希望自己能先接受医生的诊治，这本身就是大众能最直观感知到的人性。在这一情景中，有的人插队想争取机会，这是人性的体现；而有的人会对插队嗤之以鼻，遵守秩序，这是人性的体现；有的人在排队秩序杂乱时站出来呵斥插队的人，自发地维持秩序，这亦是人性的体现。

由于人们对人性的直观感知和思考，形成了不同于理性人与经验人之争的另一种哲学层面的人性探讨，即性善论与性恶论之辩。提及至此，人们的第一反应便是我国古代思想家们对人性善恶的思考和讨论。但也需要注意，对人性进行善恶的评判与反思，并不是我国思想家的专属。故笔者认为，性善论与性恶论之辩是独立于理性人与经验人之争的另一种人性分析标准和视角下的人性观的研究范式。

如同大众对性善论和性恶论的认知，认为这一视角下的人性分析是我国传统文化人性观的瑰宝。故笔者拟从我国的哲学思想角度展开对性善论与性恶论之辩的阐释与分析，并针对其他国家和地区学者们对性善论与性恶论的一些认知和发展作为善恶这一分类标准下的人性观论述的佐证。

一、性善论与性恶论的溯源分析

我国学者徐复观先生从中国哲学思想发展溯源的角度出发，从而提出，虽然我国哲学思想的大多观点最早可以追溯至殷周时期，但对"性"的认知与讨论早在春秋时期就已出现。正如有学者在梳理我国传统文化中"性"与"人性"时指出的那样，"春秋时代，开始出现了不少性字。统计这些性字，有的应做欲望解释，有的则应做本性本质解释。"❶ 无独有偶，后续的学者们对文字进一步的考察、研究与分析，针对春秋时代出现的"性"字，提出三个层面的意义，认为："一是作'生'字解；二是生而即有的欲望；三是本性、本质。"❷ 从这一学者观点可以发现，早在我国春秋时期，人们对于人性的认知已然从具体的现象上升至哲学的本质层面。由上述分析可以发现，我国的思想家们早在中国哲学的发展初期，就针对人性问题进行了思考。从另一角度也可以认为，早在春秋时期，"性"已是一个相对来说较为普遍的概念，通常被人们用于包括人在内的对象的本质进行认知。

相信很多人的脑海中回荡着我国著名思想家、教育家孔子的著名言论："性相近也，习相远也。"❸ 诚然，孔子对于"性"的这一论述，是我国古代思想家、哲学家们对于人性最早的思考和探究，从学说发展的历史角度来看，这种观点对后世影响最为深远。但令人惋惜的是，自这一观点之后，孔子本人对此并未有更为深入的论述与分析，最直观的表现即在现有的文字资料中，并未找到其他对人性进行专门论述的文字表述。与此同时，其弟子

---

❶ 辛文玉. 钱穆人性论研究 [D]. 保定：河北大学. 2023：14.
❷ 唐君毅. 中国哲学原论 [M]. 北京：中国社会科学出版社. 2005：7.
❸ 杨伯峻. 论语译注 [M]. 北京：中华书局. 1980：192.

子贡亦有论述提及："夫子之言性与天道，不可得而闻也。"❶ 这一表述也为我们上述的猜想性结论提供了重要印证。

虽然如此，即便孔子对人性没有更为深入的分析，对其所秉持的人性的观点难以进一步探究。但结合孔子的其他论述，对"性相近也，习相远也"这一观点还可以进行一定的剖析。从文字表述的对应关系来看，孔子将"性"与"习"二者进行对比。在笔者看来，这一点没有太大的争议。更进一步地分析，用白话文可以翻译为：人生而就有的天性是相近的，只因后天成长过程的积累的习惯导致人与人之间有所差别。由此看来，孔子在做出这一论述时将"性"与"习"进行对比分析，以此凸显人于后天成长过程中习惯的作用。结合孔子的背景与环境，这一观点的核心思想是借由"性"与"习"的比较警醒世人要立志向学，秉承远大的志向，勤奋好学，本质上并非对"性"的含义进行深入分析。我国大儒钱穆先生在其论著中指出："本章孔子贵习不贵性，以勉人为学。"❷ 对此，唐君毅先生也提出自己的见解，认为孔子强调的学和教，就是"上达客观而超越之天命天道，而由下学时习之功，以自成其性者。"❸ 在唐君毅先生看来，孔子是借由对学与教两种方式的论述，将普罗大众心中对看似遥不可及的天命与人的本性进行一定程度的融会贯通。由此可以明确，对人性的内涵与外延、属性等内容，孔子并没有系统性的认知，但已对人性有了初步认识。倘若结合孔子接下来的论述，"唯上智与下愚不移"❹一起分析的话，笔者认为，在孔子的思考中，虽然对人性的上述

---

❶ 杨伯峻. 论语译注 [M]. 北京：中华书局. 1980：52.
❷ 钱穆. 钱穆作品系列：论语新解 [M]. 北京：生活·读书·新知三联书店. 2002：444.
❸ 唐君毅. 中国哲学原论 [M]. 北京：中国社会科学出版社. 2005：9.
❹ 杨伯峻. 论语译注 [M]. 北京：中华书局. 1980：210.

内容缺乏体系性的论证，但却有初步认知，并在一定程度上对人性进行了分类。

综上所述，根据现有的文字资料，虽然孔子只是提出人性这一命题。但也正因这种有所触及，但又无详尽之言，既为之后的思想家们提供了相对明确的研究主题，又留足了进一步研究的空间和可能性。现实中我国思想家对人性的论述便是最好的证明。纵观中国哲学的发展史，在孔子之后，对人性的探讨从未停歇，甚至愈加火热，逐步形成诸多丰富、翔实却各不相同的观点。比如，有人认为孔子的论述是性善论的观点，王守仁在《传习录》中指出："夫子说'性相近'，即孟子说性善。"❶ 顾炎武亦在《日知录》中明确提到："性之一字，始见于商书，曰'惟皇上帝，降衷于下民，若有恒性。'恒即相近之义，相近，近于善也，相远，远于善也。"❷ 现代学者徐复观先生也在其专著中有所论及："孔子实际是在善的方面说性相近。把性与天命连在一起，性自然是善的。"❸ 有人认为孔子并未以善恶为标准对人性进行阐释。❹

自孔子提出人性这一命题，经由长期讨论，直至孟子、荀子时期，才形成系统性的针对人性善恶进行深入的论述与阐释。从某种程度上来看，孟子的性善论与荀子的性恶论本质上都是以孔子的"性相近"理论为蓝本衍生而来的，但却形成内容迥异甚至截然相反的人性观。孟子、荀子二人都是儒家思想的继承发展者，究竟他们各自坚持的性善论与性恶论观点的内容如何，二者的观点是否符合我国传统儒家思想中对于人性的思考，这两种观

---

❶ [明]王守仁. 王阳明全集[M]. 上海：上海古籍出版社. 2011：140.
❷ [清]顾炎武，陈垣. 日知录校注[M]. 合肥：安徽大学出版社. 2007：396.
❸ 徐复观. 中国人性论史·先秦篇[M]. 上海：上海三联书店. 2002：79.
❹ 赵法生. 孔子人性论的三个向度[J]. 哲学研究. 2010（8）：55–61.

点是否为绝对对立，这些问题将在后续逐一分析，在此不过多阐释。

　　以善恶为标准进行区分的人性观，时至今日也未形成统一的观点。张岱年先生就基于此对我国传统的人性观进行反思和分类："①'生之谓性'，以生而具有、不学而能的为性，这是告子、荀子所谓性。②以'人之异于禽兽者'为性，虽也讲'不学而能'，但主要注意于人与禽兽不同的特点，这是孟子、戴震所谓性。③以作为世界本原的理为性，即所谓'极本穷源之性'，这是程朱学派所谓性。④王夫之提出'性者，生之理'，以人类生活必须遵循的规律为性，这规律既包含道德的准则，也包含物质生活的规律。"❶ 由此分析，虽然不同的学者在论述人性时，选取的视角不尽相同，但无论哪种观点，都将人作为集体概念进行讨论。换言之，这些学者在讨论我国传统的人性观时，都是以人这一抽象概念作为研究对象，研究的内容是共性，并非特殊性。申言之，我国哲学发展的过程中将人作为抽象意义上的概念整体进行研究，意味着其关注的核心问题在于，人作为整体与动物、植物区分开来而应有的固然属性。也就是说，在我国哲学的发展过程中对人性的研究和认识，就是人对于自身本质属性的认知。正因如此，我国哲学史便拉开性善论与性恶论之辩的帷幕。❷

---

❶ 张岱年. 如何分析中国哲学的人性学说 [J]. 北京大学学报（哲学社会科学版）. 1986（1）：1-10.

❷ 正如本节伊始提到的，性善论与性恶论之辩虽在我国的哲学发展史中体现得最具系统性，但这并不意味着其他国家和地区的哲学研究者们没有从善恶标准的角度对人性进行分析。本书只是以我国具有代表性的性善论与性恶论的观点为例进行剖析，在本书后续介绍性善论与性恶论的具体内容时，会对其他国家和地区哲学发展史中对人性善恶的观点和认知进行简要介绍以对性善论与性恶论之辩进行佐证。

二、性善论与性恶论的观念分析

人性论自古以来就是中国哲学中的一个重要命题，在上下几千年的发展进程中，思想家们翻来覆去地对人性进行探究，不同的观点派系之间存在相当的分歧。具体而言，以孟子为代表人物的性善论和以荀子为代表人物的性恶论，在中国哲学发展的历史长河中掀起了巨大的浪涛，引发了大众对于人性善恶的关注与思考，后续的讨论如雨后春笋般让人应接不暇。概括来讲，虽已历经数千年的磨砺与洗练，人性的善恶依旧是当下整个社会科学领域内诸多学科关注的重要问题。

张岱年先生对我国传统哲学中关于人性善恶的理论进行了类型化区分，主要分为性善论、性无善无不善论、性恶论、性有善有恶论、性三品论以及性二元论六种观点。从整体上看，张岱年先生对我国传统哲学中关于人性善恶理论的划分是较为全面、细致、具体、可取的。但总而言之，在诸多的分类之中，最具有代表性的还是孟子所主张的"性善论"、荀子所奉行的"性恶论"以及告子所提倡的"性无善无不善论"。之所以持这样的观点，是因为后续关于人性善恶观的阐释与论述都是以这三种观点为逻辑基点展开的。从某种意义上来说，孟子与荀子都是我国善恶标准下人性观理论思想的奠基者，后续在我国的不同朝代和历史时期都有不同学者在此基础之上结合新的想法为人性善恶论的建设添砖加瓦。囿于篇幅的限制，本书主要对性善论、性恶论、性无善无不善论以及性三品论进行详细的阐释。当然，还有一个重要的原因是，这四种主要观点对我国儒家思想的发展起着至关重要的作用，影响着我国的历史发展进程，对于具体的法学观念和制度在刑法范畴内的投射有着重要意义。

（一）性善论

众所周知，孟子是性善论的提出者与守护者。纷飞的战火、连连的号角和四起的狼烟构成孟子出生、成长、生活的年代，弱肉强食是当时社会环境的真实写照。在这样的社会环境中，孟子在先秦儒家思想的影响下，以孔子提出的"性相近"为理论基点，展开对人性的反思与探究，在坚持儒家"仁"思想的基础之上，"人皆有不忍人之心"❶的观念应运而生，进一步概括出人性本善的理念。与孔子的谈人性不论善恶只谈远近不同，孟子对人性的思考落脚于伦理道德的范畴。正如《孟子·滕文公上》中第一次出现的性善观点："孟子道性善，言必称尧、舜。"❷ 由此看来，每当孟子谈及人性善观点的时候，都会把尧、舜挂在嘴边。也就是说，在孟子的观念中，尧、舜的伟大并非与生俱来的，而是他们的高尚品德使然，在此意义上，和社会中的每个人都没有什么差别。也就是说，普罗大众都可以成为尧、舜那样的人，根本原因在于人生而为善，生性纯良是人与生俱来的品质。在此基础上进行分析，不难发现，孟子在分析人性本善时仍是立足于一般人，追求的是一种共性。换言之，哪怕是像尧、舜那样品德高尚的人，他们从根本上来讲和一般人也没有什么区别。既然善良是人生而固有的品性，每个人都可以成为尧、舜那样的人。对孟子提出的性善论，笔者认为具体可以从以下几个方面进行深入理解：

其一，孟子以善为基点对人性展开论述。从上述的简要介绍中不难看出，在孟子看来，纯良是人与生俱来的品性，而这种"不忍人之心"的善良存在于人的"本心"之中。换言之，孟子所

---

❶ 杨伯峻. 孟子译注 [M]. 北京：中华书局. 1960：79.
❷ 杨伯峻. 孟子译注 [M]. 北京：中华书局. 1960：112.

说的"不忍人之心"就是人的"本心"。进一步来说,孟子提出"恻隐之心,人皆有之"❶的观点。从孟子的观点统筹来看,笔者认为,孟子提出的"本心"就是道德心的代名词,即从伦理道德出发认为所谓"本心"就是高尚的品德。在对"本心"进行阐释的基础之上,孟子对"不忍人之心"进一步展开并剖析,进而提出"四端"。具体而言,在孟子看来,既然良善是人先天固有的本性,生而有之,"本心"可以从"仁""义""礼""智"四个侧面进行深入的理解,即"恻隐之心,仁之端也;羞恶之心,义之端也;辞让之心,礼之端也;是非之心,智之端也。人之有是四端也,犹其有四体也"❷。由此来看,在孟子的观念中,既然人生而良善,那么"本心"自然是人生而固有的,那么"四端"就是应有之义。从这一角度可以认为,这里所说的"四端"包含的内容,就是人之所以能区别于动物的关键。人的本性是通过"仁、义、礼、智"得以自然流露和体现,所以这理应是人能被称为人的最起码的条件。申言之,倘若不具备"仁、义、礼、智",那么人和动物就无法区别开来。人如果没有"四端",那就和动物一样了。

其二,如上所述,既然人与动物的区别在于"四端",而非最原始的"性",那么在一定程度上可以认为,孟子论述中所谓的"性"就是概括意义上的人和动物共有的普遍之性。《中庸》中曾有论点"天命之谓性"❸,这里的"性"应当作本质进行理解,并非人或动物的某一种具体特性或特有属性,这里的"性"应当作

---

❶ 杨伯峻. 孟子译注 [M]. 北京:中华书局. 1960:259.
❷ 杨伯峻. 孟子译注 [M]. 北京:中华书局. 1960:80.
❸ [宋] 朱熹. 四书章句集注 [M]. 北京:中华书局. 1983:17.

"莫之致而至者"❶。需要予以明确的是,孟子说的良善是人生而有之的这种"性",的确是指人之所以为人的一种特性,但并非人生来就有的本能。进一步来说,孟子理论体系中的"性"虽然是人和动物共有的,但这并不意味着在其所有的论述中都是以"性"这样的表述呈现的。具体而言,谈及动物时,一般会在"性"之前冠以一定的修饰限定词,如"牛之性""犬之性"。更进一步地,在概括意义的讨论中,为了将动物之性与人性进行区分,会在专门讨论动物之性时更换措辞,以"命"进行指代。虽然在表述中具体的措辞会有一定的差别,但"命之性"在论述人与动物的普遍性问题时是相同的,这一点也是我们在对孟子性善论进行理解时需要注意的。

其三,虽然孟子坚持"性"应是人与动物普遍之性,但如同上述"四端"的阐述,具体到人性的问题时,他都借由人与禽兽的区别展开阐释。正如孟子所说:"人之所以异于禽兽者,几希,庶民去之,君子存之。"❷结合上述对"四端"的分析来看,不难发现,孟子所坚持的性善从本质上来讲就是"四端",他是以"四端"为逻辑基点对性善展开剖析的,而非人的一切本能。为了使这一观点更为明晰,孟子进一步指出:"舜明于庶物,察于人伦,由仁义行,非行仁义也。"❸从这一论述来看,在孟子的性善论观点中,人性虽然是善的,但这种善理应是自然流露,而非为了实现某种目标而被迫实施的。由此来看,人之所以行仁义,是因为人能自发自觉地主动做出行为。这也是孟子性善论体系中对于人

---

❶ 杨伯峻. 孟子译注 [M]. 北京:中华书局. 1960:222.
❷ 杨伯峻. 孟子译注 [M]. 北京:中华书局. 1960:191.
❸ 杨伯峻. 孟子译注 [M]. 北京:中华书局. 1960:191.

和动物进行区别的最重要的标准,即"心之所知而存之"❶。

综上所述,虽然孟子所说的"性"是概括意义上的人和动物共有的普遍之性,但以"四端"作为重要的区分标准,人能自发自觉地主动做出行为,使"仁、义、礼、智"得以自然流露和体现。由此来看,孟子主张的性善论从本质上来讲是以"仁、义、礼、智"作为抽象标准的道德萌芽,且正是这四个侧面共同构筑起了其提倡的道德体系。申言之,在孟子的性善论中,虽然人人都有良善的种子,但想要良善的种子得以开花结果,需要人们后天的学习,才能使良善的种子绽放出最为璀璨的色彩。也就是说,人心向善就像水向下流那样,是很自然的事情,同时还要不失时机地给予引导。在此基础之上,孟子并不否认每个人都有自己的欲望和追求,但同时也表明,"四端"是人之所以为人而非动物的重要标准。这意味着,社会中人人都可以追求自己想要达到的价值目标,但这个过程理所当然地应以道德这一价值评价标准进行衡量和约束。

但将视野投放到世界范围便可以发现,性善论并非仅存在于我国,国外也有关于性善论的类似说法,比如西方经济学家亚当·斯密认为人性善,天生关心别人的命运,具备同情心或怜悯心。正如我国学者在分析亚当·斯密的著作时指出:"无论人们会认为某人怎样自私,这个人的天赋中总是明显地存在着这样一些本性,这些本性使他关心别人的命运,把别人的幸福看成是自己的事情,虽然他除了看到别人幸福而感到高兴,一无所得。这种本性就是怜悯或同情,是我们看到或逼真地想象到他人的不幸遭遇时所产生的感情。我们常为他人的悲哀而感伤,这是显而易见

---

❶ [清] 焦循. 孟子正义 [M]. 北京:中华书局. 1987:568.

的事实，不需要用什么实例来证明。这种情感同人性中所有其他的原始感情一样，绝不只是品行高尚的人才具备，虽然他们在这方面的感受可能最敏锐。最大的恶棍，极其严重地违反社会法律的人，也不会全然丧失同情心"。❶ 法国启蒙思想家卢梭也认为，在原始时代，人们一无所有，愚昧无知，自由自在，同时没有任何社会性，纯洁、善良，不会相互欺压，因此人性本是善良的，天生拥有自由、理性和良心，如果接受自然主义教育，顺性发展就可以成为善良的人，实现善良的社会。❷ 由此看来，以善恶为标准对人性进行分类考察并不是我国的专属，在世界范围内亦有学者从这样的角度对人性进行剖析。就性善论而言，虽然孟子的观点是扎根于我国的历史土壤形成的，但从亚当·斯密和卢梭的论述中不难发现，性善论的思想内核是世界的财富。由此，笔者认为，倘若从社会发展的进程来看，性善论在一定程度上是符合社会发展规律的产物。

（二）性恶论

荀子作为儒家思想的重要代表人物，无论是在我国哲学发展史中，还是在我国整个历史发展过程中都扮演着重要的角色。与孟子不同，荀子生活在战国末期。伴随着社会的剧烈变迁、生产力的发展，战国末期的社会格局相较于孟子所处的时代更为动荡不安。人心不古、世风日下、居无定所等词语都是那个时代的折射。孟子性善论中以"四端"为基石构建起的伦理道德体系在荀子生活的时代遭到猛烈的冲击，几近崩溃。在这样的历史环境中，

---

❶ 严海. 分野与交融：从经济人、道德人走向社会人——亚当·斯密道德哲学思想再论［J］. 湖北理工学院学报（人文社会科学版）. 2017（4）：40–45.
❷ 万梦君. 孟子与卢梭关于性善论的比较及教育意义［J］. 科教文汇（下旬刊）. 2009（33）：37.

荀子对人性的思考自然会与孟子有极大的不同。正是这样的时代环境促使荀子提出性恶论。概括来讲，荀子的性恶论可以从"性"和"伪"两个角度进行展开。

在荀子看来，"性者，本始材朴也"❶，即人性理应是"本始材朴"的。就"性"而言，其理应是自然的，不以人的意志为转移，不能被人为地改变，也并非通过后天的学习和努力便可获得。对于这一观点，荀子曾解释："不事而自然谓之性。"❷ 如果按照荀子的这种观点，"性"理应是自然的，何谈善恶？虽说乍一看与人性的善恶的观念似有所矛盾，但仔细考察荀子的论述不难发现，除却上述论断，荀子还指出："'伪'者，文理隆盛也。"❸ 对于这一表述，唐代有学者注释曰："伪，为也，矫也，矫其本性也。凡非天性而人作为之者，皆谓之'伪'。故为字'人'傍'为'，亦会意字也。"❹ 从唐代学者的这一注解来看，好似是对荀子提出的"伪"的解释，又是对"性"和"伪"进行区别的表述。简单地理解这一注解，可以认为，荀子提出的"伪"其实并非如"性"一般自然天成，而是可以被人的意志左右，可以被人更改，甚至可以通过后天的学习实现。从这一角度思索便不难发现，这一注解更是对"性"和"伪"进行区别的重要表述。从产生途径来看，"性"是自然天成的，是人作为人所固然拥有的；而"伪"并非如此，它是可以人为变通、学习的。倘若这样对荀子思想中的"性"

---

❶ [战国] 荀况. 蒋南华，罗书勤，杨寒清，注译. 荀子全译 [M]. 贵阳：贵州人民出版社. 2009：346.

❷ [战国] 荀况. 蒋南华，罗书勤，杨寒清，注译. 荀子全译 [M]. 贵阳：贵州人民出版社. 2009：393.

❸ [战国] 荀况. 蒋南华，罗书勤，杨寒清，注译. 荀子全译 [M]. 贵阳：贵州人民出版社. 2009：346.

❹ [唐] 杨倞，注. 耿芸标，校. 东方朔，导读. 荀子 [M]. 王鹏，整理. 上海：上海世纪出版社. 2010：275 – 176.

和"伪"进行理解,既然有"伪"的存在,人可以凭借主观意志进行选择和更改,那么就会存在所谓的"恶"。

通过上述介绍,我们对"性"和"伪"在来源上的区别已经有所了解,接下来就对"性"和"伪"在具体内容上进行区分。在荀子看来,"性"即为人之本性,"性"中并没有儒家思想所提倡和赞扬的仁义。不仅如此,对于人而言,人之天性就是追逐自己认为美好绚烂的事物,趋利避害是天然的属性。如果说"性"是先天的,而"伪"是后天的,那么便可以把"伪"理解成是一种后天的具有人为操作空间的规范。既然"性"是生而有之,"伪"是后天人为的控制,我们所说的"伪"本质上也是遵从"性"中趋利避害特质的指引,经过人内心对利害的权衡最终形成的决定。举例来讲,可以认为,对于人来说,"性"是一块天然的石料,未经雕琢,而"伪"是通过工艺对原本的石料进行雕琢,最终形成一件雕刻作品。结合上述"性"和"伪"的区别,不难发现,"性"本身是天然形成的,人性是趋利避害、好利嫉恶的;而"伪"是后天造就的,可以通过学习形成,人只要经过利害衡量、利弊比较,然后做出选择,就一定会出现潜在的"恶"的可能性。对此,荀子有论:"今人之性,生而有好利焉,顺是,故争夺生而辞让亡焉,生而有疾恶焉;顺是,故残贼生而忠信亡焉,而有耳目之欲,有好声色焉;顺是,故淫乱生而礼义文理亡焉。然则从人之性,顺人之情,必出于争夺,合于犯分乱理而归于暴。……用此观之,然则人之性恶明矣。"❶

谈及此处,我们似乎已经能够勾勒出荀子思想中性恶论的大致轮廓了。如其所言,既然人经过权衡做出选择就可能形成

---

❶ [战国]荀子. 蒋南华,罗书勤,杨寒清,注译. 荀子全译[M]. 贵阳:贵州人民出版社. 2009:413.

"恶",那么倘若不对人选择的过程进行约束、引导和节制,那么就是性恶。对于这一推论,荀子在其著作中也做出详尽的解释:"凡人之欲为善者,为性恶也。夫薄愿厚,恶愿美,狭愿广,贫愿富,贱愿贵,苟无之中者,必求于外;故富而不愿财,贵而不愿势,苟有之中者。必不及于外。用此观之,人之欲为善者,为性恶也。"❶ 通过荀子的这一论述可知,人性自然,人生活于世,自然会对财富、权力、地位等在大众看来的美好事物产生源自内心的渴求,这是人性中趋利避害特质的必然倾向,是一种典型的"人不为己天诛地灭"的极致的利己主义。虽然荀子有性恶论的观点,但并不意味着荀子认为人性中趋利避害这种特质本身是人性恶的根本原因。结合上述荀子的论断而言,人性恶的根本原因不在于趋利避害的特性,而是源于"顺是"。换言之,人天然地对于财富、权力等美好事物的渴求本身并不是恶,人性的恶在于对上述美好事物进行追求时欲望的肆意放任。也就是说,倘若对人类追求美好的这种天然欲望不加以管制,放任其肆意妄为,就会产生负面影响和不良后果。而对于人性来讲,在荀子看来,对美好事物的渴求以及产生欲望后对欲望的放任是人基于人性的必然选择,进而倡导性恶论。对此,我国学者张岱年先生在其著作中有着明确的观点:"凡性之所有,都是恶的;善是人为,是后起的。道德皆人性改造。"❷ 结合荀子对性恶论最原始的论述和张岱年先生的解读,笔者认为,荀子之所以主张性恶论,是因为他认为"性"与"恶"是紧密相关的,而所谓的"善"是后天人为的结果。

---

❶ [战国] 荀子. 蒋南华,罗书勤,杨寒清,注译. 荀子全译 [M]. 贵阳:贵州人民出版社. 2009:417.
❷ 张岱年. 中国哲学大纲(全 2 册)[M]. 北京:中华书局. 2017:259.

从上述对于荀子性恶论的介绍来看，一方面，荀子指出并明确人性的自然天成，认为人性是人固有的本质属性，是人无法决定的；另一方面，荀子肯定了人的主观能动性，在天然属性的面前，人并非处于无法作为的状态，而是可以通过后天的行为进行约束和节制的。换句话来说，在荀子看来，人性之中存在产生"恶"的倾向，但是人面对这种不好的倾向可以通过后天的努力对其进行改造和约束，从而达到向善从善的面向。综上所述，荀子虽然坚持性恶论，但并未否定善恶之间的转换可能性，即"性"可能造就恶，而"伪"可以约束恶，使其为善。简言之，促进"性"与"伪"之间的辩证统一，可以成就"善"。

虽然广为人知的性恶论是由荀子提出并坚持的，但不能由此否认在其他国家和地区亦有学者坚持性恶论的人性观立场。西方社会的个人主义与自由主义，并不以人性之善为基础，而是以犹太教、基督教"性恶"作为思想基础，从承认个人"最初的基本过失"，即原罪出发，认为人类的最基本天性是"自存"，若任由其发展，会做出无限损人利己的事，因此在组织民主自由的政体时，首先就限制个人自存企望的过度发展，而不鼓励个人自行其是，这种论点以霍布斯为代表。此外，马基雅维利、叔本华、黑格尔都被认为是性恶论支持者。叔本华说："在新生的婴儿身上已带着原罪，不过要在他成长时才显出来。……亚当不幸，我们所有的人也在亚当中不幸。——实际上原罪（意志的肯定）和解脱（意志的否定）之说就是构成基督教的内核的巨大真理，而其他的一切大半只是这内核的外皮和外壳或附件。"[1] 他认为，人从出生开始，意志先于理智占了绝对位置，生存的意志是无目的、不可

---

[1] ［德］叔本华. 作为意志和表象的世界［M］. 石冲白，译. 北京：商务印书馆. 1982：556.

测量的，生命也因此是无意义的，因为性本恶，追逐快乐之后便都是痛苦。

(三) 性无善无不善论

性无善无不善论是告子所主张的人性观。在中国的历史长河中，或许告子的名声没有孟子、荀子响亮，但其思想的意义仍是不容小觑的。从生活的历史时期来看，虽然将告子的观点放在荀子之后进行阐释，但仍应注意，告子其实生活的历史时期与孟子一样，而荀子生活的时代则是在他们后边。虽然告子与孟子是同一时期儒家思想的继承发展者，但告子的人性善恶观与孟子却不尽相同。在告子看来，人性自然天成，并没有所谓善恶之分，善恶是后天所形成的结果。正如他曾指出："人性无分于善不善也，犹水之无分于东西也。"❶ 由此看来，相较于孟子与荀子的观点，告子的观点平和许多。既然告子秉承这样的人性观，想要对其性无善无不善论进行深入的理解，笔者认为还应从告子对"性"的认知入手。

告子对于"性"的认识与界定，其实从其与孟子之间的对话便可见一斑："生之谓性。"❷ 不难发现，在告子看来，"性"是自然天成的，是人与生俱来的本性特质或能力。似乎从这一点并不能与孟子或荀子的观点进行明显的区分。但需要注意，虽然告子也认为"性"是自然天成的，是人与生俱来的，但在他看来，自然天成的"性"的内容却与孟子提出的道德心（即"本心"）完全不同。告子认为："食色，性也。"❸ 从这句话来看告子主张的"性"，"性"虽然是自然天成的，但并不是孟子所谓的道德心，而

---

❶ 杨伯峻. 孟子译注 [M]. 北京：中华书局. 1960：254.
❷ 杨伯峻. 孟子译注 [M]. 北京：中华书局. 1960：254.
❸ 杨伯峻. 孟子译注 [M]. 北京：中华书局. 1960：255.

是一种天然属性。换言之,"性"是人与生俱来的,是人生存于世天然固有的一种保证其生命得以存在及延续的本能和天性。进一步来看,既然是人为了生存的本能,那么所说的"食""色"都是人性的基本内容。从这一角度来看,笔者认为,在告子的人性观中,人性最起码包括人出生之后的生理层面的需求和满足对应需求的能力。由此来看,既然生而有之,那就不是后天造就的,也就是说,倘若是后天造就的,那就不能认为是天性。与孟子提倡的"性"进行比较,不难发现,在告子的人性观中,并不包含所谓的道德心。也就是说,道德、仁义等高尚的品德性内容在告子看来并非"性"天生具备的内容。在告子的人性观中,对"性"与"生"的理解几乎可以画等号。综上所述,在告子看来,性是人生而有之的本能,犹如寻找食物果腹、寻找配偶延续生命,都是与生俱来的本能,不需要后天学习就当然具备的。

上述告子观念中对于"性"和"生"二者关系的评价都是自然的内涵,这也是先秦时期思想家们对于"性"和"生"二者关系认知的重要代表。正如傅斯年曾提出:"《吕氏春秋》乃战国时最晚之书,吕书中无'生''性'二字之分,则战国无此二字之分明矣。其分之者,汉儒所作为也。"❶ 从傅老先生的这一观点入手可以发现,囊括孟子、告子生活的时代在内的先秦时期,其实思想家们并没有将"性"与"生"的内容进行区分,一直到汉代,儒家思想的继承者们才将其完善。

既然在告子看来,人性天生包含与生俱来的本能,没有善恶的区分,没有善恶的属性,那么善恶究竟是什么呢?对于这一问题,仍能从告子与孟子的对话中找到相应的答案,在告子看来:

---

❶ 傅斯年. 性命古训辨证 [M]. 上海:上海三联书店. 2018:85.

"性犹杞柳也,义犹杯棬也。以人性为仁义,犹以杞柳为杯棬。"❶对于这句话的理解,可以认为,在告子看来,杞柳一开始就只是杞柳而已,并非直接是杯盘杯棬。之所以最终形态发生变化,是因为有外力的作用对其产生了影响。由此看来,告子虽然坚持人性是天然的,原本没有善恶的属性,并将道德心摒除在人性的内涵之外,但其并未彻底地放弃仁义道德对人性的作用。换句话说,虽然人性是天然的,但会受到后天的影响,而仁义就是通过后天的学习、教化形成的。

如此看来,在告子的人性观中,将先天的人性与后天的仁义进行了明确的区分。倘若后天充分发挥教化作用,使人习得仁义,人就成为善良的人,如此人性才体现出善恶的属性,而这种善恶的属性是后天造就的。对于这一观点,告子还有补充论述,在区分先天的人性与后天的仁义的基础上,他还提出:"性犹湍水也,决诸东方则东流,决诸西方则西流。人性之无分于善不善也,犹水之无分东西也。"❷告子用水比喻人性,水是自然流动的,具体的流向则看控制的结果。在告子的人性观中,人性和水是一样的,天然的人性生而有之,并没有善恶的属性区分,之所以在现实中出现善恶两极化的情况,并不是天然的,而是后天影响。就像上述的杞柳一般,杞柳原本只是杞柳,变成板凳还是桌子并不是先天决定的,而是取决于后天的加工。由此可以看出,告子的人性观认为,人性天然没有善恶属性,后天接受仁义教化就会逐步演变为善,倘若后天受到恶习影响就会逐渐向恶靠近,由此产生了善恶的区分。

综上所述,告子提倡的性无善无不善论与孟子坚持的性善论

---

❶ 杨伯峻. 孟子译注 [M]. 北京:中华书局. 1960:253.
❷ 杨伯峻. 孟子译注 [M]. 北京:中华书局. 1960:254.

之间，有着不同的内涵。从来源上看，人性是生而有之，是自然的。但具体到内涵来看，这就产生了一定的区别，孟子的性善论将所谓自然归结为"四端"，即"仁、义、礼、智"，而告子则将人性的自然归结为人生存的本能，自然的天性。由此，二者的人性观走上不同的道路。但告子对于仁义的教化作用还是秉承着赞成的态度，肯定人性可以经过后天教化的作用而转向善。

（四）性三品论

从上述对于孟子的性善论、荀子的性恶论以及告子的性无善无不善论的阐释可以发现，三者在论述人性时有一个共同点，即他们讨论的人性的范畴指向全部的人。也就是说，在他们的观点之中，人与人之间是没有差别的，"性"并不具有特殊性，而是人生而为人，区别于动物所普遍具有的。对此，孟子和荀子有着明确的表述。如孟子曰："圣人之于民，亦类也。"[1] 无独有偶，以君子和小人进行类别划分，荀子认为："材性知能，君子小人一也。好荣恶辱，好利恶害，是君子小人之所同也。"[2] 从他们的论述中不难发现，对于人性而言，无论是孟子认为的圣人和民是一样的，还是荀子认为君子和小人是一样的，都可以归纳为人性是所有人普遍具有的，在人的范畴中是相通的，没有区别。

但当儒家思想发展到汉代，思想家们的认知产生了新内容。汉代大儒董仲舒被现代人誉为儒家思想的集大成者，在世硕秉承的"性有善有恶论"的基础上进行更为深入的反思，进而提出"性三品论"。从某种意义上来说，"性三品论"的问世是对之前儒家思想中人性观的新发展，开辟了善恶分类标准下人性观的新

---

[1] 杨伯峻. 孟子译注 [M]. 北京：中华书局. 1960：64.
[2] [战国] 荀子. 蒋南华，罗书勤，杨寒清，注译. 荀子全译 [M]. 贵阳：贵州人民出版社. 2009：49.

道路。对此,张岱年先生旗帜鲜明地指出,董仲舒是"讲性有善有恶"较为翔实的❶,并认为董仲舒是当之无愧的"后来性三品的先驱"❷。

在董仲舒的人性观中,不是一上来就谈及人性的属性,而是先以上、中、下三品的标准对人性进行划分,并将其分别解释为圣人之性、中人之性以及斗筲之性。在这种分类的基础上,董仲舒认为,人性中善恶属性兼备,即人性中既有善的属性,亦有恶的属性;既不是全都是善,亦不是全都是恶。当然,与前述思路一致,现针对董仲舒所提出的"性"的来源进行一定的分析。在董仲舒看来,"今世暗于性,言之者不同。胡不试反性之名?性之名,非生与?如其生之自然之资,谓之性:性者质也。诘性之质于善之名,能中之与?既不能中矣,而尚谓之质善。何哉?"❸虽然上文提到汉代时期思想家们对于"性"和"生"的认知发生了改变,进一步对二者进行区分,但对于董仲舒提出的性三品论而言,似乎对"性"本身的认知与告子对"性"的认知较为相近,即认为性是自然天生,人生而有之。但是与告子的观点也不完全相同,在告子看来,性是无善无恶的,而董仲舒则认为人性虽然是自然的,但属性中有善亦有恶。因为董仲舒将人性分为圣人之性、中人之性以及斗筲之性并分别进行阐释,故笔者认为,想要对性三品论有足够的理解,也应从这三个层次的人性分别进行剖析:

首先,圣人之性。顾名思义,即为圣人的人性。整体来说,在董仲舒的性三品论中,圣人是一种相对超脱的存在。而这种

---

❶ 张岱年. 中国哲学大纲(全2册)[M]. 北京:中华书局. 2017:273.
❷ 张岱年. 中国伦理思想研究[M]. 上海:上海人民出版社. 1989:73.
❸ 转引自张岱年. 中国哲学大纲(全2册)[M]. 北京:中华书局. 2017:274.

"超脱"主要体现在圣人对世俗中的欲望相对较少。圣人之性就是善的,因为他们的欲望比较少,所以不需要后天进行专门的教化,就是善的。虽然对圣人进行概括理解,董仲舒有上述观点,但对于圣人本身而言,他认为虽然圣人天生的欲望较少,但在圣人的内部分类仍有一些差别,应区分来看。董仲舒对圣人进一步分为三个层次,即天子、有天德者和孔子。第一类,天子,并不是某一位或某一个历史时期的天子。在董仲舒性三品论中的天子,既是被天命眷顾,受命于天,又是品德高尚的人。如此一来,倘若一个人身居天子之位,但德行丧失,不能为民思虑,甚至残暴凶狠,这样的人就不能称为圣人之性中的天子,应被摒除在这一类别之外。第二类,有天德者,是指"至德以受命,豪英高明之人辐辏归之"。❶ 从论述的内容来看,在董仲舒的观点中,对于符合第一类圣人标准的那些天子而言,在治理天下的过程中,其身边一定会有一些贤德温良、品德高尚的王公大臣辅佐。而这些王公大臣在讨论人性时,亦应被当作圣人来看待。第三类,指孔子。董仲舒将孔子视为圣人之性中所谈论的圣人。综上所述,不难发现,虽然董仲舒在分析人性时进行了分类,将圣人之性列为一个单独的类别,并直接认为圣人之性就是善的,看起来这一观点比较绝对,甚至有一些武断。但同时,董仲舒在对圣人进行界定和划分时,还是比较严格的。除了三个类别中符合条件的人,都不能被称为圣人,也不能用圣人之性加以认知。

其次,斗筲之性。不同于上述的圣人之性从字面就能理解到内容,斗筲之性仅从字面似乎很难直接明确要说的内容是什么。对于斗筲之性而言,想要有充分的了解,还应从"斗"和"筲"

---

❶ 转引自任继愈. 中国哲学史(四)[M]. 北京:人民出版社. 2010:108.

这两个字入手。在我国古代,无论是"斗"还是"筲",都代指容量较小的器皿,且两个字叠加使用,更显得对小之含义的加强。而用"斗筲"作为人性的一种划分,是指小人。正如我国有学者对这一观点的解读,认为"故而一切不能遵循封建伦理道德和为仁义者,即如斗筲之民那样,只知'苟为生,苟为利',那就不能算作人,而只能算作是鸟兽。"❶ 结合这样的观点不难看出,从董仲舒的人性划分中,其对于人性的内涵是有所附加的,即人伦道德,与告子提出的"食色"的属性是完全不同的。对于"斗筲之性"而言,可以认为,小人如同鸟兽禽鱼一般,生而于世只是秉承着求生、求食的目的。对于鸟兽禽鱼而言,这种求生的本能不能为人性所囊括,与道德层面的价值评判无关。换言之,"斗筲之性"符合这一类人性,本质上甚至不能算作人性,即便是勉强将其纳入人性的考察范畴,也应归属于恶。由此来看,对于"斗筲之民"而言,如同鸟兽禽鱼一般,便不存在后天教化的可能性,就更难认为"斗筲之民"能主动向善、与人为善。

最后,中民之性。从上述对于圣人之性和斗筲之性的解读中不难发现,二者相对来说都是比较极端的。而对于中民之性,可以认为是处于二者之间的存在。圣人之性是良善的,而斗筲之性是恶的,对于中民之性而言,其可能是善的,也可能是恶的。进一步来说,中民之性中虽然包含恶的倾向,但可以借由后天外在的教化促使其向善,最终促使其向善靠拢,成为善。由此来看,从社会上所有人的角度来看,圣人之性和斗筲之性其实能囊括的人都占据了很小的比例,只有中民之性占据非常大的部分。进一步来看,圣人之性和斗筲之性相对来说都是稳定的,基本不会发

---

❶ 王永祥. 董仲舒评传 [M]. 南京:南京大学出版社. 1995:263.

生变化，只有中民之性有着变化的可能和希望。由此，从另一个侧面来看，董仲舒虽然认为人性应分为圣人之性、中民之性和斗筲之性，但从根本上来说，最值得引起大众注意的，最有后天教化意义和价值的还是中民之性。

董仲舒是儒家思想的集大成者，他倡导的性三品论在后续的各个历史时期都一直被沿用且不断发展。唐代的思想家韩愈在董仲舒儒家思想的基础之上，对孟子性善论以及荀子性恶论进一步反思，最终以性三品论为核心并吸收其他观点的精髓，对性三品论理论进行了长足的完善和健全。正因如此，性三品论达到空前的完善。

综上所述，以善恶为标准的人性观贯穿了我国哲学史或思想史，甚至是整个历史发展。对于人性善恶问题的不断思索与讨论，从某种程度上来讲，意味着我国自古以来都对人的本质，或人存在的意义有着相当的重视和关怀。人性善恶理论的发展，相较于前述的理性人和经验人的人性探讨，是完全扎根于我国本土并形成发展的，更能体现出中国人内在的文化基因，对于中国人的人格塑造和民族精神的弘扬和发展是不可或缺的。毫不夸张地说，在我国的语境之下，民族性格亦成为人性中不可或缺的一部分。在弘扬文化自信的当下，我们应对其给予足够的重视。从整体来看，从善恶的角度对人性进行分析，最终的落脚点都是劝人向善，正如钱穆先生曾说："中国文化，最简切扼要言之，乃教人做一'好人'，即天地间一'完人'，为其文化之基本精神者。"❶

辩证唯物主义认为，世界万物相生相克、相互依赖共同构成一个有机整体，世间万物无所谓绝对的好与坏，万事万物都如硬

---

❶ 钱穆. 人生十论（大字本）[M]. 北京：九州出版社. 2016：65.

币般具有两面性,有积极的一面,也有消极的一面,有善的一面,也有坏的一面,因此人性也具有两面性。拿小孩子来说,其一般不会说谎,且比成人更富有同情心,单纯、善良,可见人的天性是有善的一面,然而小孩子也有自私自利的一面,比如好吃懒做,喜欢的东西就要拿过来,不得不承认这不属于善的一面。而小孩子将来成为什么样的人,是善多一些还是恶多一些,既靠环境也靠引导,因此,古有"孟母三迁"的故事和"近朱者赤,近墨者黑"的言论。但在同样环境下成长的人的品质也不一定相同,所以,相较之下,对人性的善恶应辩证地看待。

在笔者看来,善与恶都不是绝对的,因为在一些情况下,人性经过了社会洗涤,无法判断是善还是恶。比如,一个家长实在受不了整天作恶多端的儿子而将其杀害,在刑法上评价为故意杀人罪,这能体现出该家长的主观恶性,但回头思考,该家长的行为确实造福了一方百姓,他做了一件好事。所以,相对于人性而言,没有绝对的善与恶,人性总是处于不断变化之中的。

在伦理道德的层面,虽然善恶有别,但置于一人之内却实属难分。对于一个人的评价是性善或性恶都过于片面,一般而言,一个人是兼有善恶两面的,而且善恶之间还存在转化,先天的善恶并不代表今后不会改变。众所周知,法律是最低限度的道德,所以伦理道德之于刑法的要求应在于一部法律可以做到惩恶扬善,而非纠结于性本善或性本恶。从整体来看,从善恶的角度对人性进行讨论后形成的思想,无论是在我国古今刑法中抽象的刑法观还是具体的法律制度,都有投射和反映。鉴于本书结构,将在第二章对我国古今刑法中体现人性的具体法律制度进行逐一介绍和分析,故在此仅简要地对我国古代刑法观中的人性体现进行介绍。

（五）我国古代刑法观中对人性的折射

如果从人性观的角度探究我国的刑法学说发展进程，我们绝对不能忽略儒家思想对于我国古代刑法制度的深远影响。中国的刑法自古以来就以"重刑"著称，好像与人性相去甚远，但这种观点是片面的。中国古代社会尽管没有形成西方社会那样详尽的人性论观点，刑法还没有从人性上被当作科学思考的严格对象，但对于犯罪与刑罚的解答，却透露出人性假设上的哲理依据。对于犯罪与刑罚的认识，仍在很大程度上围绕理性自由这个中心而展开，而这种理性的认识主要是围绕"善"的意志能力而展开的。基于对人的向善能力的肯定，中国古代刑法极度张扬刑罚教育主义思想。此外，由于认识到人的理性能力的无穷，以道家为代表的思想潮流却对理性自由充满了深深的恐惧，而以韩非子为代表的法家，由于坚持"一断于法"的基本主张，也对人的理智或理性作用保持反对或遏制的态度，从而导致刑法工具主义思想泛滥。

早在孔子时期，中国的文化已然显露出对人自身的重视，从而启动了中国文化的人文主义精神。孔子在周初"以德配天"的基础上，进一步提出"仁"这个关键概念，充分显示人本身的理性认知能力以及对自身的支配能力。基于对"仁"的理解，孔子主张"重德轻刑"的政治治理逻辑。在孔子看来，人都有向仁之心，必须凭借德礼教化促使其努力向善，尽管刑法能够暂时禁人为非，但不可能使人懂得犯罪是可耻的，从而不再去实施违法犯罪行为。因此，孔子坚决反对"不教而杀"的独任刑罚方法。孔子这种"重德轻刑"思想继承了西周初期"明德慎罚"的政治主张，为后世"德主刑辅"基本思想的确立提供了人性论上的依据。孟子则继承孔子"仁"的学说，进一步发展出比较系统的"仁政"学说。如果说孔子、孟子对人的理性能力的认识还主要局限在道德领域，那么荀子对人的理性的理解已经非常接近西方的理性观念，是一种理智主义的态度。

围绕作为理性存在的人性，以孔子、孟子为代表，尽管注重的是人的善心或道德能力，但都肯定了人本身的理性或理智力量，而荀子则明确指出理智对人的关键性意义，从而从理智的角度出发分析了犯罪形成的心理根源并提出刑罚教育主义的思想主张。后期的道家与法家则对人的理智或理性持反对与遏制的态度，主张刑法工具论。这一矛盾到西汉确立"德主刑辅"的基本刑事方针才开始融合在一起，为中国后世历代不断推进，最终形成了中国古代刑法。

概括来讲，从古代的人性化法律制度上来看，与其所处时代的人们的思想有着密不可分的联系，制度的出现有赖于思想的辅助。在古代中国法律的初级阶段，法律制度需要适当地介入一些人性化的法律思想，其思想的基础也有赖于当时社会的具体情况的主观反映。

1. 明德慎罚

西周在古代中国是文化发展的全盛时期，在法律上基于神权的思想提出"明德慎罚"的法律主张，此主张是汉以后法律思想"德主刑辅"的基础渊源。明德慎罚是西周在以德配天思想的指导下提出的主张，据此作为处理立法与司法实务的依据。"明德"是主张崇尚德治与提倡德教，从思想根源上教诲普通大众，以减少犯罪的现象，而"慎行"是以法律的规范的形式说明在惩罚犯罪的同时要谨慎地适用刑罚，用刑一定要宽缓，不可太过严重，不主张滥杀无辜和冤枉无辜无罪的人，禁止严峻残酷的刑罚迫使普通大众遵守，明德慎罚的思想基础就是教化和刑罚的结合。

2. 礼治思想

"礼治"是西周时期统治者将内心的教化和刑法相结合而形成

的。西周时期以宗法制度为基础，以血缘为纽带确定高低贵贱，同时实行以嫡长子继承为核心的制度。

3. 儒家思想

儒家思想产生于百家争鸣之后，标志着中国古代的法律制度进一步趋向于人性化，在儒家思想出现后德教和入刑紧密联系在一起。儒家思想的形成经历了很长的时期，始于百家争鸣，经过董仲舒将现实和理论相结合以及程朱理学和明清时期顾炎武的思想主张这一系列的发展，从无到有，从起步到完备，儒家思想贯穿封建王朝始末，其作用至关重要且影响深远。

汉武帝以儒家思想为主，主张"德主刑辅"。而在汉武帝时期统治者结合当时的国情，为加强中央集权，巩固自己统治地位，采纳了董仲舒发展的儒家思想观点上的主张，"罢黜百家，独尊儒术"。汉初，儒家和道家在政治和思想上的斗争相当激烈，儒家的集权思想和大一统的思想与汉武帝时期的国情十分符合，为了统一思想实行"罢黜百家，独尊儒术"思想并以儒家的礼治思想得以钳制社会思想及行为。汉朝吸取秦覆灭的教训，看到法家思想的弊端，从而改变了思想观念，惩治犯罪不在于"惩"而在于"治"，单纯的处罚不能从根本上去除犯罪的诟病，因此要从思想上强调人们的行为，起到指引的作用，以顺应统治者的要求。

第三节　人性视角下应有的刑法观

综合上文对于理性人与经验人之争和性善论与性恶论之辩的分析，不管从哪种角度对人性的阐释，都是基于理论所处的历史环境应运而生的观念产物。在这一基础上，我们应先予以肯定的是，无论是理性主义哲学观下的理性人，还是经验主义哲学观下的经验人；无论是性善论、性恶论，还是性无善无不善论、性三品论，都各自有着独特的意义和价值。

但正如马克思主义哲学中指出的那样，万事万物都是相互联系并且对立统一的。我们在看待上述人性观时也应秉承辩证统一的态度。在此基础之上，本书认为，一定程度上来讲，应肯定人性是人与生俱来的一种特性，应肯定人作为生物趋利避害、好利嫉恶的本性。这是人生而为人，生存于世最基本的本能，无论如何都无法忽略的。就像人在面临险境的时候，即便害怕，也会有求生的本能；就像人在饥饿的时候，一定会想办法填饱肚子；就像人在极度疲惫的时候肯定会休息，哪怕强撑着，最终也会在一定的时间陷入沉睡；等等。这些都是刻在人类基因内的特性，是无法磨灭的。这不仅是理性主义的观点，哪怕是在善恶标准下对人性进行探讨，这些内容也在某种程度上达成共识。另外，人是一种群居性、社会性的生物体。人生而在世，难免要与其他人、周围的环境，甚至是自然界进行接触，自然会受到相应的影响。这一点也是我们无法对其否认的。

由此不难看出，我们对于人性的认知应尽可能地全面，不能局限于某一个侧面，犹如盲人摸象般片面地对人性进行分析。在坚持人性是人与生俱来的本性与特质的基础之上，一方面，承认人生而有之的生物本能的自然属性，另一方面，应核查那个人后天过程中基于社会抑或自然而然形成的内在品格等社会属性。对于人性的全面认知，是我们立足人性的视角对刑法学理论进行审视的逻辑基点，这一点是毋庸置疑的。

在此基础上，既然人是社会生活中的最小单位，那么在刑法中应对人给予足够的重视。换言之，在笔者看来，刑法应充分地认知人性、尊重人性、体现人性，这是刑法应有的内在品格。这一点在古今的法律思想和法律制度中都有所体现，即便是那些当下我们认为非常残酷的刑法规定，其中亦能看出当时刑法在制定与实施过程中对于人性的认知和运用。从这一角度而言，我们之所以会认为封建社会时期的刑法具有残酷性，其中一大原因便在于对人性的认知不够全面。

立足于马克思主义哲学观，坚持中国特色社会主义道路，仔细地对中国特色社会主义法律体系进行反思，不难发现，我国当代法律观念的形成以及法律制度的制定与实施建立在以人为本的观念之上。以人为本的思想观念，从理论上讲，就是我们常提及的人本主义。

顾名思义，人本主义，尤其是立足于中国上下五千年的发展历史，扎根于中国土壤，在当下的中国，应被认为是以人为本。进一步来说，以人为本位、以人为核心、促进社会的整体和谐、促进人与自然的全面和谐都是我国人性视野中的人本思想的应有之义。从本质上来讲，这样的人本思想之所以会以人为本位、以人为核心，其原因就在于充分认识到人性在社会治理中的重要作用。在此基础之上，笔者认为，人本思想是人性在整个人类社会范畴之内重要的外在表现形式。进一步来说，以人为本的观念也应是我国当代刑法应有的刑法观。纵观近些年刑法理论界关注的热点议题，无论是对人工智能的刑法规制问题，还是对轻罪理论的研究；无论是对正当防卫制度的反思，还是对刑罚轻缓化的讨论，从一定程度上来说都是基于理论界对人性认知的不断提升和完善而产生的对具体制度的审视。概括而言，刑法规范，尤其是人性视角下我国的刑法规范，在以人为本的思想观念中，应当在哲学层面对秩序与自由、道德规范和法律规范等密切相关的诸多范畴的问题进行辩证统一的认知和梳理。只有这样，才能使我国刑法更好地焕发人性的光辉，摆脱人们对刑法形成的冰冷严酷的单一认识，让刑法的温度更多地被人感知到。

从以人为本的刑法观，即人本主义的刑法观的立场，立足于我国的发展土壤，才是我国当代刑法理论与实践发展的重要方向。如此一来，我们需要对符合我国发展的人本主义观念进行深入理解。从某种程度上来说，人本主义其实是基于人性的价值追求，是一种价值观念。想要对人本主义刑法观进行深入的理解，难免要先对人本主义的内涵与外延进行剖析。这就难免要通过对比与人本主义思想相关的一些概念进行理解。

一、人本主义思想之解读

从语义的角度来看，人本主义的概念似乎与英文"humanism"具有一定的相关性。倘若以哲学的视角来看人本主义，其实可以认为，人本主义就是指哲学理念中人是宇宙万事万物的中心的理论观念。从这一角度而言，其应是与神本主义和唯物主义相对的一个重要概念。但从我国应坚持的人本主义观念来看，应是符合马克思主义哲学观点的人本主义。而且马克思主义哲学中对人，尤其是人的主观能动性有着充分的认知和论述，故而从辩证统一的角度来看，哲学意义上的人本主义观念虽然与唯物主义相对，但并非绝对的矛盾，应认为其内在与马克思主义哲学理论是对立统一的关系。在哲学层面对人本主义进行分析之后，假若再从伦理学的视角对人本主义进行审视，显而易见，伦理学视角下的人本主义，其实内涵应理解为在对人在社会中的主体地位尊重的基础之上，基于对人性的尊重形成的以人为本体、人性为内核的理论观念的概括性总称。正如有学者指出的那样："人本主义是指任何承认人的价值或尊严，以人作为外物的尺度，或以某种方式把人性及其范围、利益作为课题的哲学。"❶ 需要予以声明的是，本书所谓人本主义思想，或者说以人为本的思想，其实是立足于马克思主义哲学观念，扎根于我国本土的一种理论观点。

从这一角度来看，本书基于人性视角，在这一范畴内的人本主义，其实主要是以马克思主义哲学中关于人全面发展的基本立场为着眼点，从我国提出的以人为本思想观念出发，体现以人为本的理念，充分地给予人作为人的自然属性与社会属性的尊重，对人性的优点与不足辩证认知的观念。换句话说，本书所称的人本主义，是以和谐全面发展为目标，在这一过程中促使人向善行善，旨在谋求人的全面发展。正如马克思非常鲜明的观点："在民主制中，不是人为法律而存在，而是法律为人而存在，在这里人的存在就是法律。"❷ 由此看来，马克思从辩证唯物主义出发，认为人本主义最显著的特点便是对人的价值的重视与凸显，对人性给予足够的关注和强调，把人的全面自由且充分的发展作为最根本的价值追求。由此分析，消灭私有制，促使剥削局面的消灭与改变，这些仅是最终实现对人的尊重的重要途径而已。对此，除却上述论述，马克思还明确地指出，对于人类社会的发展而言，其最高的追求就应是"以每一个个人的全面而自由的发展为基本原则的社会形式"。❸ 正如有学者曾概括性地对马克思主义哲学进行划分，认为："马克思主义哲学应当由辩证唯物论、辩证唯物

---

❶ 转引自沈恒炎，燕宏远. 国外学者论人和人道主义（第一辑）[M]. 北京：社会科学文献出版社. 1991：758.
❷ [德] 马克思，[德] 恩格斯. 马克思恩格斯全集（第二卷）[M]. 中共中央马克思恩格斯列宁斯大林著作编译局，译. 北京：人民出版社. 1957：538–539.
❸ [德] 马克思. 资本论（第1卷）[M]. 中共中央马克思恩格斯列宁斯大林著作编译局，译. 北京：人民出版社. 2004：683.

法、唯物历史观和人本价值观四个主要部分构成。"❶ 在这种分类的基础之上,该学者进一步明确地指出:"在其中,'以人为本'属价值观范畴,就像对立统一规律是辩证法的根本规律一样,以人为本是马克思主义价值观的根本原理与原则。"❷ 正因如此,本书从人性视角下对刑法进行审视,认为以人为本的刑法观,或人本主义刑法观是应有之义,一定程度上讲,这是马克思主义哲学中以人为本价值观的本质要求和呼唤。

虽然上述的分析更加侧重于哲学层面,抑或说理论层面,但从本质上来讲,以人为本的刑法观抑或说人本主义的刑法观,并非仅驻足于抽象意义层面的简单思辨,而是具体的现实的法律制度,最终应以法律等形式为落脚点予以呈现,以此追求对公民基本权利的保障与维护。也就是说,从某种程度上,人本主义与公民的基本权利是相伴而生、相辅相成的,倘若离开人本主义,那么公民的基本权利就仅是一纸空谈;倘若离开公民的基本权利,那么人本主义就是无根之木、无源之水。从我国党和政府倡导的以人为本的观念来看,其与社会主义和谐社会其实是紧密相连的。换言之,二者是两位一体的关系,是既不完全相同又辩证统一的两个侧面。对此,可以从两个方面进行理解。一方面,我国应坚持的人本主义是社会主义和谐社会背景之下的人本之一,也就是说,我们所倡导并追求的人本主义不应是极端的人本主义,应是寻求每个人与自身之间、人与人之间、人与社会之间、人与自然之间的和谐统一。另一方面,我国坚持的社会主义和谐社会的理念,倘若离开人本主义的支撑,那么就只是一种表面的和谐,并非真正意义上的和谐。社会主义和谐社会的理念应是将人本主义

---

❶ 李步云. 法的人本主义 [J]. 法学家. 2010 (1): 1–5, 176.
❷ 李步云. 法的人本主义 [J]. 法学家. 2010 (1): 1–5, 176.

作为理论基础和最终追求的和谐，促使上述关系由不和谐向和谐转变，由与人本主义相悖向与人本主义相契合迈进的过程。由此看来，在人性视角下，在我国语境中的人本主义便与社会主义和谐社会的理论观念息息相关。而从某种角度上来说，我国所奉行的这种和谐的文化观念是根植于我国的文化传统之中的，这与我国哲学发展中对"自然"的关注和理解密不可分。

对于这种联系而言，我国有学者曾明确指出："在中国传统思想里，和谐与自然是相通的。自然即和谐，和谐即自然。这里的自然，不是西方自然法意义上的作为超验存在的'自然'，也不是与人文世界相对立的自然界，而是自生自发、自然而然的自然。"❶ 与此同时，该学者进一步明确："它被看作宇宙根本。这种意义上的自然和谐是本有的、普遍的、当下的，无须人们立于人文世界而向外'寻求'。因为人文与自然、人道与天道及万物之理，皆归于一。"❷

从学者的这些论述不难发现，"和谐"与"自然"之间是相互联通的。不仅如此，这种相通性其实是宇宙万事万物的根本所在。从这一角度来看，我国传统儒家思想中提倡的"礼"就是在人伦道德领域中的一种外在显化形式。而在儒家思想影响下的礼法结合就是这里所说的相通性的表现与证明。当然，毋庸置疑，传统的礼法制度中那些对外在过于重视的"繁文缛节"很容易在某些时候、某些情况下与"礼"的应有航道发生偏离，这是不能否定和忽略的。但这些特殊情况，不能成为导致我们对礼法结合产生误解的理由和借口。从本质上来说，礼法的结合，不是外在层面的结合，而是精神层面的实质性结合。以刑法为例，倘若仅重视

---

❶ 夏勇. 人权概念起源 [M]. 北京：中国政法大学出版社. 1992：187.
❷ 夏勇. 人权概念起源 [M]. 北京：中国政法大学出版社. 1992：187.

外在的效用,就会对刑法的工具性价值过于重视,从而导致刑法严峻苛刻;但如果注重内在理念的和谐统一,那么必将迎来良法善治的局面。进一步来说,在传统的和谐之道中,虽然强调和重视礼法结合,但之前的礼法结合从一定程度上来讲并没有在结合的过程中发挥全部的功能、意义和价值。

在此基础之上,笔者认为,从我国提倡的以人为本的思想来看,我国传统文化中的和谐观念是不容小觑的。在这一立场之上,吸收传统文化中的和谐观念,应在对人性充分认知的基础上,寻求利益的平衡点,将传统的和谐观念与我们当下刑法提倡权利保护的观点进行有机的统一,以此寻求我国传统文化提出的天道与人道在现代社会动态发展过程中的有序和谐的状态。

汲取我国传统文化中的营养成分,并将其结合现代刑法思想进而转化为刑法规范,一定会产生令人意想不到的效果。一方面,这将促进刑法理念和制度的本土化,有利于弘扬民族自信和文化自信;另一方面,还能最大限度地避免由于对个人主义的过度追求带来的极端对立状态。结合我国当下发展的语境来看,人本主义应是与社会主义和谐社会观念紧密相连的,是中国特色社会主义和谐社会下的以人为本,是对人性尊重价值追求中的社会应有秩序。与此同时,人本主义也应成为社会主义和谐社会的大前提和理论基石。我国学者对此早就有了充分的认识,并予以明确:"要注重个体的地位和价值。一方面,个体的独立和自由是整体和谐的必备条件。和谐不是合一,不是一统,而是'万类霜天竞自由'。个体的独立和自由乃和谐应有之义。"❶ 该学者针对个体的尊重,更进一步指出:"另一方面,每一个人是一个相对自足的和谐

---

❶ 夏勇. 人权概念起源 [M]. 北京:中国政法大学出版社. 1992:190.

体，人的存在及七情六欲，皆有其尊严和价值。这种尊严和价值不是来自上帝，而是来自人自身，来自宇宙自然，因而为一切人所具备。"❶

由此来看，从对人性的尊重角度来理解，以人为本理念语境中的和谐应当：首先，对于每个人而言，应注重对于自己内心世界的塑造，即提高人的思想道德觉悟，将和谐树立为每个人的价值追求。这一点与孟子性善论中提倡的"四端"，即"仁、义、礼、智"有着异曲同工之妙。当每个人能自主、自发、自觉地提高自己的思想道德觉悟和标准、追求和谐的状态，当出现逆境时，抑或说出现纠纷的时候，人们将需求诉诸于外的同时，也能在自己的内心进行反思和自省，以此促进每个人自身内部的一种自洽与和谐状态。其次，在整个社会范围内，以尊重人性的社会规范对社会的运行秩序进行维护，促进整个社会的安定、平稳、有序发展，为每个人提供一个外在和谐的社会环境。当整个社会环境处于和谐状态时，人与人之间发生纠纷的概率将大大降低，从而对社会的和谐发展提供强有力的反作用。最后，借由上述两种和谐状态，进一步促使每个人自我内在的和谐与整个社会的和谐之间的有机统一，这样就可以更好地完成内外和谐的对立统一。也就是说，当每个人都将和谐作为一种追求的价值标准，并以此为标准进行自省，且社会范围内是以和谐为价值导向制定并实施的法律规范为蓝本而运行的状态之下，形成个人与社会在追求和谐这一价值追求上的和谐。以这样的观念为基点继续分析，想要实现个人与社会整体的和谐，对法律规范提出了一个重要的要求，即法律规范的制定与实施应以和谐为价值导向。而这种和谐并非

---

❶ 夏勇. 人权概念起源 [M]. 北京：中国政法大学出版社. 1992：190.

宽泛而没有边界的，需要明确的是，这里所说的法律规范所追求的和谐，应当以人们内心的普遍认同为基点。从这一角度上来看，"内与外"的和谐，应理解为从法律规范本质上来讲，不是外在的来自社会对个人的压制，而是在尊重人性、体现人性的基础上，对于每个人内在的规范意识的外在呈现。

二、人性视角下的人本主义之核心原则

如前所述，人本主义要求尊重人性。从这一角度来看，尊重人性的前提理应在于对人性进行充分的认知，而认知的前提在于考虑问题的时候应以人为出发点。也就是说，应以人为主体，从人的主体性出发来思索如何体现人的价值。进而对法律或法律规范进行考察，可以得出这样的结论，即法律规范等社会规范的意义应落脚在如何对人的主体性进行保障。由此，在我国的语境中，作为人本主义刑法观中的人，应是一个相对理性的人，应能充分地认知并且控制自己的行为。而人与人之间的关系亦应遵循和谐社会的理念，刑法规范应当旨在通过对社会平稳运行秩序的维护保障人的基本社会属性的最终体现。基于此，笔者认为，人本主义的刑法观，应坚持一些核心原则，即人的主体性原则、相对理性主义原则以及和谐共生主义原则。这三个原则之间的关系是，坚持人的主体性原则是人本主义刑法观的本体核心所在，相对理性主义原则是人本主义刑法观认识论的内容，和谐共生主义原则是人本主义刑法观践行时应遵从的方法论。

（一）人的主体性原则

综合以上的分析，在我国的语境中，无论是法学理论还是法学实践，都应从人出发，即人应是法学研究的出发点和关注的核心。正如我国学者指出："如何看待人、人性及人在社会生活中呈

现的映像，对于立法者如何制定法律，执法者如何运用法律具有重要意义。"❶ 与此同时，该学者也认识到人的多维度性及复杂性，并指出："好与坏、善与恶、贫与富、强与弱、自利与利他、仁爱与残暴、文明与野蛮、和平与好战等。而所有这些两极属性矛盾地交织、组合在一起，就构成了一个人、一个团体、一个民族和国家的现实形象。"❷ 人本主义刑法观中的人的主体性原则，在人性的视角下，是指人应当作为刑法的出发点及落脚点。也就是说，理解人本主义刑法观中人的主体性原则，首先应对什么是人，以及人的主体性地位这两个问题进行清晰的界定。

这里所称的人本主义刑法观中主体性中的人，理应指的是独立自主的、意志自由的人。既然如此，人应处于一种平和、安全又安稳的状态，倘若仍处于被奴役、被压迫的状态之下，很难认为是人本主义刑法观中作为主体性地位的人。不仅如此，笔者此处所说的独立自主的状态，指的不仅是人的身体状态，精神状态亦应被囊括其中。申言之，以上分析的内容是人本主义刑法观重人的主体性原则对刑法提出的要求，亦是最终的价值目标。遵循这样的思路，想要确立刑法中人的主体性地位，这并不意味着笔者主张主观主义刑法，偏颇地将犯罪人作为刑法中规定罪名的认定的核心要素。本书所提倡的人的主体性地位，主要是从宏观层面来讲，刑法的制定与实施应打破义务本位的思想束缚，追寻权利本位的指引。这一点与现代刑法观念也是相符合的，即刑法是以保护的姿态出现，为人自由的范围及生存的空间在社会主义和谐社会理念的指导下确定范围。当然，这种对人自由和生存空间的确定，并不意味着刑法对人的压制与束缚，恰恰相反，只要人

---

❶ 舒国滢. 战后德国法哲学的发展路向 [J]. 比较法研究. 1995 (4)：337–355.
❷ 舒国滢. 战后德国法哲学的发展路向 [J]. 比较法研究. 1995 (4)：337–355.

在这一范围内进行活动，就是安全的，权利会得到刑法的最大保障。故而应将其理解为保障，而非束缚。人的主体性原则是人本主义刑法观的基础，若非如此，刑法的规范将丧失"人"这一出发点和锚点，可能会逐渐偏航，甚至游离到人本主义乃至人性的对立面。由此，从事物存在有无与程度这一角度继续进行思考，不难发现，刑法对人的主体性的保障强度以及广度，决定了人本主义刑法理念最终的落地效果。

由此来看，我们需要对人的主体性地位更进一步地梳理。笔者认为，在人的主体性地位这一问题上，人本主义刑法应从以下几个角度进行分析和理解，即对人的权利的保护、对人性的保护以及对人的尊严的保护。

首先，人本主义刑法对人的权利的保护主要体现在对人的人身权利和财产权利的保护。人活于世，最根本也最为重要的便是生命，所以刑法对人权利的保护，最为首要的就是对人的生命权的保护。倘若一个人丧失了自己的生命，那么在一定程度上可以说这个人已经从世界上消失了，对其他权利的保护就变成空想，起码对这个人的意义已经不大了。由此而言，对人的生命保护有缺陷的刑法，很难认为能够对人的其他权利提供保障。人身权利是人的生命权的衍生物，对人的生命权的保障，就要求任何人不能随意对他人的身体健康造成伤害，每个人都拥有身体健康的权利。倘若继续以人身权利为原点，便可以继续衍生人享有自由的权利，人享有财产权利。对自由的权利应这么理解，一方面，既然人拥有身体健康的权利，那么人生活在社会中就理应有行动自由的权利。用一个例子便可以生动地证明，当面临受到伤害的危险时，人应有权利避免自己遭到伤害，避免自己遭到伤害的权利基础就在于人应是自由的。另一方面，人的身体健康，不仅包含生理意义上的健康，还应囊括心理上的健康，因此，人的自由也不应仅包含行动的自由，还应包含思想的自由。例如，对人主体地位最好的承认在于对人政治性权利的承认。而这种政治性权利的承认，在我国最好的体现就是公民享有选举权与被选举权，刑法对此提供了应有的保障。对于财产利应这样理解：对于人的财产权利进行保护，首先体现的是对人的合法私有财产的保护，但更深一层次，是刑法对于人获得合法私有财产背后所付出的劳动的保护。从这一角度来看，对人的财产权利的保护从一定程度上来说是对人的社会价值保护的体现和证明。

其次，人本主义刑法观还应体现对人性的尊重和保护。这既是人本主义刑法观产生的逻辑原点，更是人本主义刑法观的价值追求。如前所述，人性是复杂的，我们既要弘扬人性中善的一面，也不能对人性中恶的一面熟视无睹。在承认人性中存在恶之一面的基础上，还应认识到，刑法并不是对所有人性中的恶都应予以规制。人本主义刑法观要求刑法对人性中恶的规制，应以一个为大众所知且认可的标准来进行衡量，即社会危害性。也就是说，只有当人的恶体现出相当的社会危害性时，才应纳入刑法的规制范畴。每个人都存在七情六欲，刑法是我们不再对伦理道德标准过度追求的产物，借由刑法对人性中应受到刑罚惩罚的恶的规范，可以让人因趋利避害的本性而避免恶，从而向善。这一点，在笔者看来，正是刑法对人性最好的尊重。刑法惩治恶，但并没有忽视人有向善的可能性，刑法的制定与实施，是为了保障人人都能在善恶的博弈中选择向善。当然，与此同时，从另一个角度来看，还应注意的是，虽然刑法应对人性予以尊重，但也应保持警惕，不能过于扩大化对这种"自我"的认知，以防迷失在"自我"的丛林中深陷泥淖。刑法当然应尊重人性，尊重人的主体性，但应有一定的边界。而这一边界,最起码不能因为规范的制定,对于个人权利的过度保障而导致最终的失格。当超出一定的权利边界时,刑法应发挥其作用,以此保障其他人以及社会的权利和谐。而这也是对人性的保护与尊重,而非对人性的漠视与忽略。

最后,人本主义刑法观还应当保护人的尊严。"人的尊严(human dignity)亦称人性尊严,是一个人与生俱来的、作为人所享有的受到尊重、人格不被侮辱和贬低的权利,是人区别于其他动物的标志之一。"❶ 由此来看,人的尊严应被视为人性的侧面,是人的价值的一种体现方式。换言之,人的尊严是人性在精神层面的一种重要体现形式,应受到刑法在内的法律的保护。正如1948年的《世界人权宣言》中所提出的:"对人类家庭所有成员的固有尊严及其平等的和不移的权利的承认,乃是世界自由、正义与和平的基础。"❷ 人的尊严,作为人性在精神层面的重要表现形式,按照我国古语"己所不欲,勿施于人"理解,当我们认为某一行为可能会有损人的尊严的时候,那么换位思考,也不能对他们实施这样的行为。从某种程度来说,这也是人性蕴含的应有的约束和向善的引导。

(二)相对理性主义原则

正如有学者指出的:"从人文精神的根本特征就在于肯定人本身所固有的理性的权威地位和力量来说,它必然突出地表现为理性精神。"❸ 人本主义刑法观中,在一定程度上承认人是具有理性

---

❶ 宋新. 人的尊严与人格尊严——基于德国基本法和我国宪法的讨论 [J]. 上海政法学院学报(政法论丛). 2017(5):56-64.
❷ 转引自唐健飞. 国际人权公约:人权价值和制度的普适化 [J]. 国际关系学院学报. 2007(4):7-10.
❸ 刘放桐. 马克思主义与西方哲学的现当代走向 [M]. 北京:人民出版社. 2002:19.

主义思维的,而非感性的。但还有学者指出:"残酷的事实极大地动摇了人们对资本主义理性社会的信念,打破了他们对理性万能的幻想,理性的极端化导致人的存在的异化和人文精神的失落。"❶由此来看,人本主义刑法观承认人的理性是相对的,并非绝对的理性主义。对此,结合前文对于理性主义哲学观以及理性人的阐释,笔者认为,应对相对理性主义原则进行如下理解:一方面,人本主义刑法观应承认人可以认识并控制自己的行为;但另一方面,也应认识到人是生活在社会中的,在社会主义和谐社会理念的语境中,人应自主自觉自发地遵守相应的社会秩序,促使自身的行为与社会规范一致。换言之,虽然从本质上讲,人是理性的,但不能忽略人性中存在感性的成分。对于法律而言,自然法学派学者就曾明确指出,法律是理性的:"法律乃是自然中固有的最高理性,它允许做应该做的事情,禁止相反的行为。当这种理性确立于人的心智并得到实现,便是法律。"❷ 更进一步地,对于法律和理性的关系,该学者明确分析道:"人具有和设计这一切的神一样的理性,而且是世间仅有的理性者,因此,人类的法律必然就要符合这无所不包的理性,发源于它,并成为世人眼中习知的座位习俗或元老院命令的法。"❸

人本主义刑法观承认人的相对理性,如上所述,一方面,人本质上讲,确实是相对理性的,且法律是理性的;另一方面,只有承认了人的相对理性,才能找到法律要求人承担责任的理论根

---

❶ 官维明. 近代西方人本主义发展轨迹研究 [J]. 大庆师范学院学报. 2008 (6): 6-9.
❷ [古罗马] 西塞罗. 论法律 [M]. 王焕生,译. 北京:中国政法大学出版社. 1997: 189-190.
❸ [古罗马] 西塞罗. 论共和国 [M]. 王焕生,译. 北京:中国政法大学出版社. 1997: 120.

据。由于人本质上是理性的，能认识到自己行为后果并且控制自己的行为，所以理应为自己行为所带来的不良后果承担责任。正如在刑法中，"如果由于故意或者过失导致对他人损害，他要承担相应的法律责任，如果他不是一个理性人、无法做出理性选择，我们就无法要求他承担责任了"。❶ 由此来看，在刑法中，在刑法调整的范畴之内的主体是理性的人。如本章第一节的分析，肯定人的理性的一面，就代表承认人的自由意志。但人本主义刑法观中承认的是人的相对理性，故应再次明确的是，刑法中作为行为主体的人的自由意志也应是相对的。具体来说，是指人的自由意志受到一定的限制。这里所说的限制，一方面，可能源自人自身认知水平和认知能力的影响；另一方面，也可能受到其所处的社会环境的影响。

（三）和谐共生主义原则

按照前述对人本主义刑法观三个层次的理解，那么和谐共生主义原则必然成为人本主义刑法观的一大核心原则。概括来讲，和谐共生主义原则，是指在尊重人性，承认人是有尊严的主体的基础之上，应注重人与人之间、人与社会之间以及人与自然之间的和谐。

首先，人与人之间的和谐。虽然人本主义刑法观应尊重人性，但这并不是毫无底线的。或者说，人本主义刑法观要求刑法尊重的是抽象意义上的人的人性，而非具体的某一个人的人性。人与人之间的和谐，主要体现在人与人之间相关联所产生的社会关系的和谐。详言之，社会中存在着许多人，社会中的每个人的人性

---

❶ 龙文懋. 人工智能法律主体地位的法哲学思考 [J]. 法律科学（西北政法大学学报）. 2018（5）: 24-31.

都应被尊重和保护。每一个人出于人性都会有属于自己的独特诉求，人与人之间的和谐就要求每个人在满足自身需求的同时应满足一定的条件，即在一定的界限范围之内，不能影响他人合理的诉求的满足。从权利和义务之间的关系来看，每个人在享有权利的同时应承担相应的义务，不存在某个人只享有权利或只承担义务。在我国传统文化中，有"中和"这样的理念，在我国当下的语境中，亦有着"人类命运共同体"的概念。人生而为人，人性亦是自然属性与社会属性的有机统一。应认识到，人作为社会中的个体，是平等的。可能会存在性别、职业、年龄等的不同，但归根结底，每个人都是平等的，每个人的人性都受到尊重和保护。人与人之间相互联系，逐步形成分工抑或合作的社会关系，进而构成整体意义上的社会。对于人与人之间的和谐，既要依靠每个人内心的道德约束，又要法律的规范。

其次，人与社会之间的和谐。从上述提到的人与人之间的和谐继续分析，只有处理好人与人之间的和谐关系，才能进一步对人与社会之间的和谐进行考察。如果人与人之间的和谐是抽象意义上人与其他不特定人，两个个体之间的和谐，那么人与社会之间的和谐，可以理解为抽象意义上的人与其他不特定的人之间和谐的合集。人与人之间形成一定的社会关系，而在诸多社会关系的共同搭建之下，最终形成社会。在这样的情况下，只有人能既接受内源性的道德约束，又接受外源性的规范约束，才能保障社会关系的正常发展，进而保证整个社会的平稳运行。从这一角度来讲，如果将每一个独立个体的人视为一元的，那么社会应是多元的。而人与社会之间的和谐，既应包含对于多元性的认可，每一个作为独立个体的人既应认可所处社会中的文化并自主自觉自发地学习、继承及弘扬；又应承认人与人之间的差异性与独特性，包含对于一元性的接纳和保护，只要在正常的社会规范能够容忍的范围之内，应接纳、尊重并保护每一个个体的特殊性。

最后，人与自然的和谐。这一点旨在说明，虽然我们提倡人本主义，应以人为本，但不能因此就彻底陷入人类中心主义的陷阱之中。换言之，虽然要以人为本，但不能想当然地就将人类视为整个宇宙的中心。人生活在一定的环境之中，在考虑个人的发展以及社会进步的基础之上，不能忽视自然规律，对自然一味地索取。换句话说，人与自然的和谐就要求人既要考虑当下的发展，还应将目光放得长远一些，看到未来的发展。故而，人本主义刑法观在尊重人的主体性的前提之下，还应寻找人与自然和谐共生共同发展的动态运动平衡点。

三、人本主义与刑事法

倘若从历史的角度审视刑法，在一定程度上可以说我国刑法学的发展史和我国上下五千年的历史几乎重合。由此可见，刑法在我国历史悠久，甚至形成最早的部门法学。对刑法学的发展进行溯源，目前有史料可以进行考证的结果证明，战争产生之初就有刑法的身影存在。哪怕早在奴隶制社会中，就存在刑法。虽说从现在的观念来看，奴隶制社会时期产生的刑法无论是理念还是制度都相对落后，但不能否认，刑法由来已久，有着丰厚的历史经验可供当下我国刑法发展借鉴。单就刑法中的"刑"字来看，左侧是开，右侧是刀，意味着开刀，这也与刑法最初留给人们的印象有着高度的重合。这也正是为何长期以来，人们会认为刑法是残酷的代名词。

从奴隶制社会到封建制社会，刑法经过长期的发展，加之我国传统儒家思想的影响，或许在刑法的理念和制度中有零散的对人性的考察和保护，但归根结底，无论是在奴隶制社会，还是在封建社会时期，人本主义思想绝不可能是那个时期刑法的核心思想。如果从造就这一情况的原因来看，笔者认为，可以归结为当时的刑法仅是统治阶级为维护自己奴隶制统治者或封建王权的一种工具。在这样的情况下，刑法的制定与实施其实只是自上而下的一种强制性要求和推广，普罗大众对其的认同显然仅局限于"统治阶级"。所以才有为世人所知的那句"欲加之罪，何患无辞？"从这不难看出，在专制主义盛行的那些历史时期，即便刑法以成文法的形式存在，更多体现出的也仅是统治阶级，甚至是统治阶级中的最高统治者的主观意志。正是如此，对成文法的突破甚至易于喝水进食。所以在对专制主义时期的刑法进行分析时，既要以成文法为研究对象，又应充分对当时的历史环境和时代背景进行考察，这样才能对当时的刑法制定与具体适用有全面的了解。

除上述所言刑法的恣意性之外，专制主义时期的刑法还有一个特性，即道德的介入程度非常深。也就是说，长期以来，起码在专制主义时期，不仅是刑法，甚至是所有的法律都与伦理道德规范联系极为密切，形成你中有我、我中有你，难以对其进行明确的区分。正因如此，刑法在一定程度上将一些原本仅应以伦理道德进行规范的内容纳入刑法的规制范畴。换言之，在漫长的专制主义时期，法律其实是伦理道德规范的卫道士。由此来看，在那个时代，刑法与道德的同质化在一定程度上表现出对个人自由的限制而非保障，是对人个性的一种压制而非尊重。虽然我国古代有些法律制度体现了对人性的尊重，但从整体来看，更多的时候是利用人性中的特性设置严酷的刑罚，而非切实地从各个方面各个细节对人性予以保护。当然，笔者在此并非否定我国古代那些充满人性光辉的法律制度，囿于行文布局的安排，故将会在本书的第二章针对一些典型的制度进行阐释。这些优秀的制度其实哪怕在我国当下的语境也有相当的借鉴意义，且在弘扬民族自信、文化自信的当下，对我国本土历史中优秀经验的梳理将能借鉴更符合我国社会发展的优秀经验。

书归正传，沿着历史发展的脉络，由于启蒙运动的进行，人本主义思想得以提出并推广，在普罗大众之中掀起不小的浪潮。人本主义的思想理念逐步影响着社会规范的更新迭代，渐渐地对社会规范的具体适用产生重要的影响。人们开始尝试以理性的视角对法律和法律规范进行审视与重构。渐渐地，伴随着民主制度的不断发展与完善，大众参与政治生活的广度和深度不断得到拓宽。申言之，大众参与政治生活的重要表现方式，体现在选举与被选举。而近代社会中，最为普遍的对大众参与政治生活的保障就体现在人们能够直接或间接地行使选举权，进而参与到立法活动中。如此一来，立法权逐步发生下移，从专制时期牢牢被把控在统治阶级的手中逐步转移到普罗大众的手中。正因如此，使得法律最开始仅体现统治阶级的意志，到成为普罗大众的普遍性认同的规则的体现。换言之，近代社会的法律体现了大众的普遍意志，而非仅是少数统治阶级的意志，其成立基础是建立在大多数人的广泛认同之上。正是如此，法律理念和法律制度在维护社会整体性利益的同时，对个人的合法权益也起到重要的保护作用；既保障秩序的平稳良好运行，又承认个人性保障个人的自由。

在这一发展态势中，刑法作为与公民个人的生命权利、自由权利等人身权利和财产权利息息相关又具有一定的严厉性的法律，其演变过程更是被大众广为关注。历史的经验用一幕幕鲜活的场面向我们证明：刑法要想达到良法善治的目标，就必然如上所述建立在大众的广泛认同的基础之上。如此一来，人本主义思想就必然是刑法应有的品质，人本主义刑法观是刑法的应有之义。换言之，刑法应以人为本，体现、尊重并保护人性，保障人的基本权利不受侵害，在严厉的同时仍要具备人文主义的关怀。刑法不应是冰冷的毫无感情的机器，而应具备人文主义精神的气质与品质。正如有学者指出："刑法的人文精神是一种蕴含在刑法之中的以人为终极关怀对象的内在气质，也是现代刑法得以产生和发展的内在动因。"❶

人本主义刑法观要求刑法必须具备和体现人文精神，这就要求刑法"应当以人为中心，尊重人在刑事立法与司法中的主体性地位，承认并充分保障人的自由与尊严"❷。刑法归根结底是一种法律规范，从更广阔的意义上看，刑法规范从属于社会规范的。在这一论调的基础之上，刑法规范的任务就在于维护社会的正常运行，避免由于社会秩序的紊乱给大众带来的惶恐不安。从这一意义上看，刑法规范通过对社会生活中的、能够表现出社会危害性的行为进行限定，其实一定程度上就是为公民的日常生活划定行为边界，使大众能够在日常生活中更加理性地预测和控制自己的行为，进而使自己的自由得到最大限度的保障。与此同时，通过对于那些违反刑法规定的禁止性规范的人，以刑罚的方式对其进行规制，也能让普罗大众明白，想要真正地实现自己的个人利益和个人价值，应通过合法的手段，不损害他人、社会和国家的利益。只有这样，才能成为真正的人，即现代社会意义上的理性人，有着人性的人，而非只有兽性的生物。

在人本主义思想的影响之下，影响的不仅是刑事法律。从法

---

❶ 何显兵. 刑法人文精神的转换 [J]. 社会科学研究. 2013 (4)：86 – 92.
❷ 何显兵. 刑法人文精神的转换 [J]. 社会科学研究. 2013 (4)：86 – 92.

律的效力层级上看，宪法也受到人本主义思想的重要影响。正是在宪法中对人性有着明确的尊重和保护，进而对刑事立法和刑事司法起到一定的限制性作用。从这一角度来进行思考，人本主义刑法观应包含的另一个侧面，即人本主义思想对刑事法律的制约，应当理解为，无论是在刑事立法还是刑事司法中，都应恪守比例原则。尤其是面临着多种利益产生冲突需要予以权衡的局面时，应尽可能地选择将损害降到最低的方式来实现对权利的保障。正因如此，刑法很多时候也被认为担任着"守门员"的职责，即只有其他的规范经过充分调整依然无效的时候，才会选择刑法规范。从另一个侧面来讲，这也就要求人本主义刑法观在公民合法合理地行使其权利的时候，刑法应尽可能地避免加以限制。换言之，刑法规范针对一些特殊情况，应设置一定的前置性限制条件，如此一来，可以最大限度地避免大众产生宪法赋予了基本权利而刑法却予以剥夺这样的误解。

在这样的基础之上，人本主义的刑法观要求刑法本质上是有限的，而非无限的。也就是说，刑法不是万能的，刑法的权力也应受到限制，从法律的效力层级来看，应受到宪法的制约；从内在品质上讲，应受到人本主义思想的约束。在人本主义刑法观的论域之中，个人的权利并非一直处于静态不变的状态之中，而是处于一种动态的变化过程中的。也就是说，人本主义刑法观要求刑法规范也应伴随着这样的动态变化而处于一种动态的变化过程中。具体而言，可以从两个方面进行理解。一方面，刑法对于权利的保护的范围会逐渐地拓宽，最为典型的表现就在于新的罪名的产生，这一点从我国陆续出台的刑法修正案中便可见一斑。另一方面，刑法规范中的一些内容将会随着社会的发展进行自我检视，完成迭代更新。换言之，刑法规范在面对着社会不断地变迁，一些已经不符合当下社会观念的罪名应予以适用上的限制、压缩，甚至是废止。从这一意义而言，在立法层面上呈现出相对意义上的出罪化的体现。对于这一角度，投机倒把罪的废止就是最好的证明。

人本主义刑法观要求刑法具有人文精神，这就需要我们认真地思考，刑法中的"人"究竟应如何被体现。言及至此，刑法中的人究竟都包含哪些便成为首要问题。从概括的意义上看，刑法规范中的人，最起码应包含犯罪人、受害人和社会大众意义上的人。人本主义刑法观的要求在于，需要在保证社会秩序能够得以平稳运行的基础上，对这三类人之间的关系进行较好的协调与平衡，对这三类人的合法权益都应予以充分地承认与保护。

对于社会大众意义上的人的这一层面的保护来说，刑法规范是最容易达成的。因为从本质上而言，刑法是公法而非私法，刑法对社会的保障是其内在的一项重要功能。从通常意义上来讲，社会大众意义上的人其实包含社会中每一个人，刑法对于社会大众意义上的人的保护，最为直接的表现就是将人以抽象意义上的人的概念作为刑法规范的保护重点。举例而言，最为直观的表现可以说是我国刑法中明确以"危害公共安全"为大的类别进行具体罪名的设置。而处于刑法条文中危害公共安全犯罪中的罪名，则是具体地从社会大众意义上的人的生命安全、财产安全的不同方面予以维护。故笔者认为，刑法对于社会大众意义上的人这一层面的保障和协调是最为直观、最好理解，也是最容易实现的。

相较于社会大众意义上的人，犯罪人与受害人二者之间的协调与保护就较为棘手一些。当具体的犯罪发生时，社会大众意义上的人里就会出现具体的受害人。此处所说的受害人是指在刑事案件中，真实地受到具体的犯罪行为侵害的人。而犯罪人也是在具体的刑事案件中才会得以出现。此处所说的犯罪人是指实施具体的犯罪行为,应受到刑罚惩罚的人。对于受害人而言,只有刑法对犯罪人进行较好的规制,才能提升刑法自身的公信力,反之则会大大降低公众对刑法的信任。与之相对,站在犯罪人的角度而言,其实刑法对其进行规制的过程就是对其权利进行限制甚至是剥夺的过程。在对犯罪人的权利进行限制或剥夺的过程中,在刑罚理念中最先体现出的理所当然的是报应主义的观念。但在人本主义刑法观中,刑罚自然会有报应主义色彩的一面,但绝不能仅是报应主义的具体投射。从更为深远的角度来看,人本主义刑法观要求对人性进行深刻的认知与保护。那么出于对人性的考虑,刑罚就绝对不能仅具有惩罚的作用,还应为预防犯罪、预防再犯可能性贡献出自己的一份力量。在人本主义刑法观中,对那些具有矫治可能性的犯罪人来说,刑罚还应促使其正确地认知自己的行为,能自觉接受社会规范,尊重自己的同时还应尊重他人,进而保证其最终能够重返社会。

我们需要进一步明确,在人本主义刑法观中如何对以上所言的三类"人"的关系进行权衡,如何能找到三者的平衡点,以期对这三类"人"都起到最大限度的保障。对于这一问题,可以从以下几个方面进行理解。

其一,虽然刑法应保障每一个人的合法权益,但从本质上讲,刑法作为公法,其主要的目的应是保障社会大众的利益,保障社会秩序能够良好地得以运行。在此基础之上,人们才不会陷入由于社会秩序的崩溃而带来的惶恐不安。刑法是借由对于社会大众利益的保护实现对每一个具体的个人的权利的保障。如此而言,人本主义刑法观中,刑法应立足于对个人权利的保护,但根本上来讲,其最主要的基础点则是在于社会保护。从马克思主义辩证唯物主义哲学的观点来看,二者之间是一种辩证统一的关系,并不是绝对矛盾的。

其二,虽然刑法应以社会保护为基本点,但在刑法的立法阶段,应将目光投向一个个具体的人,并以抽象意义上的人为概念予以保护。也就是说,在刑法的立法过程中,假定了每一个人都可能受到犯罪行为的侵害,所以每一个人都应是刑法保护的对象。但立法完成即刑法制定之后,则应从另一个角度来看待,即每一个人都可能触犯刑法。每个人都可能会成为刑法规制的对象。如此说来,人本主义刑法观要求刑法应严格遵守罪刑法定主义原则。一方面,在刑事立法过程中,假定每个人都可能受到犯罪行为的侵害体现了对于社会大众意义上的人成为"受害人"的可能性的考察。在这一层面上,一定程度上是体现了对于受害人的保护。从另一方面来讲,在刑法的具体适用过程中,应遵守罪刑法定主义原则的要求,体现对犯罪人的合法权益的保障。具体而言,人本主义刑法观下,无论是入罪还是出罪,都应符合刑法的具体规定,不能肆意妄为,以此来避免更多的人卷入可能被刑罚规制的风险旋涡之中。当然,需注意的是,由于人本主义刑法观要求对罪刑法定主义原则的遵守,就应对刑法的社会保障功能进行一定程度上的限制。也就是说,不能只在意社会保护而对可能会带来的风险视而不见,应合理合法地限制刑法的范围。

其三,对于受害人而言,人本主义刑法观中想要体现对其进行保护,应在合理合法的范围之内给予受害人一定程度上的自主决定权。比如,张三与李四发生了矛盾,张三一时激愤,重伤了李四。而李四是家中唯一的劳动力。在这种情形下,如果仅把目光局限于对张三定罪量刑,其实一定程度上是对李四及其家人的忽视。李四是家中唯一的劳动力,他的重伤可能带来的是一个家庭的生存问题。倘若刑法给予李四一定的自主决定权，李四可以选择接受张三的道歉及合理赔偿等，以此作为对张三的刑罚适用的一个参考性意见。那么既完成了刑法意义上对张三的否定性评价，并进行更为合理的刑罚处罚，又能避免李四的家庭由于李四的重伤带来的生存危机。如此，从某种程度上讲，赋予被害人一定的自主决定权，其实体现了对被害人的尊重与保护。而给予受害人一定程度上、一定范围内、合理合法的自主决定权其实在当下的刑法制度中已经有所体现，如被害人承诺、刑事和解等。

综上所述，刑事法律中应对上述三类"人"进行充分良好的协调，要在法律的制定与实施中立体地展现这三类"人"的形象，不能偏倚。换言之，无论是社会大众意义上的人、受害人还是犯罪人，都应走进刑事法律的视野。对任何一种主体人的偏重或忽视的刑法都是不符合人本主义刑法观要求的刑法。

CHAPTER 02 >> 第二章

人性在我国古今刑法中的具体体现

在我国古今刑法中,有很多具有代表性的制度都彰显着刑法对人性的尊重和保护。为了更直观地对我国古今刑法制度中人性的体现进行展示,笔者选取极具代表性的相关制度,并加以类型化阐释。概括来讲,我国古今刑法制度中对人性的尊重和保护,主要体现在涉及亲属关系的制度以及涉及违法阻却事由的制度这两个方面。当然,这并不代表刑法中其他制度没有体现、尊重和保护人性,仅是以这两类颇具代表性的制度为例进行分析。接下来将从这两个大类的具有代表性的制度出发进行分析和阐释。

第一节　与亲属关系相关的制度

受儒家思想的深远影响,自古以来,亲属关系都是我国古代法律文化中的一个重要内容。从人性的视角来看，能够体现刑法对人性的尊重与保护的典型代表，主要是亲亲得相首匿、亲属间相盗不为罪、存留养亲、准五服以制罪这四个制度。当然，这并不意味着我国古代的其他刑罚制度没有体现对人性的尊重与保护，只是这四个制度的代表性更强。故接下来将针对这四个制度进行具体的阐释。

一、亲亲得相首匿

"亲亲得相首匿"，又称"亲亲相隐"，源于我国古代社会，是指在亲属关系中，特别是父子、兄弟之间相互包庇和隐瞒的现象。顾名思义，"亲亲得相首匿"即"亲属容隐"，也就是说，当发生犯罪时，具有一定亲属关系的人不仅不能主动告发或作证，还具有帮其隐瞒的义务。换言之，"亲亲得相首匿"所指向的是当一个人的亲属犯罪后，自己可以窝藏、包庇而不需要承担任何法律责任。

"亲亲得相首匿"中的"亲亲"主要指向父子、兄弟，所谓"父慈子孝""兄友弟恭"是"亲亲"的具体要求。如果没有做到父慈子孝、兄友弟恭，那么下级对上级犯乱的事情也将不可避免。所谓"相隐之道离，则君臣之义废；君臣之义废，则犯上之奸生"。❶ "隐"在《论语新解》中被解释为隐藏，具体来说，就是父亲替儿子隐瞒，儿子替父亲隐瞒。❷

"亲亲得相首匿"制度是体现我国古代刑法人性观念的一项典型制度，不仅反映了古代中国的家族伦理观念，也体现着亲情和忠诚的道德观念。

---

❶ [唐] 房玄龄. 晋书·刑法志 [M]. 北京：中华书局. 1974：939.
❷ 钱穆. 钱穆作品系列：论语新解 [M]. 北京：生活·读书·新知三联书店. 2002：341.

(一) 亲亲得相首匿之制度流变

亲亲得相首匿观念最早可以追溯至我国的西周时期。我国学者在研究西周时期儒家思想时就发现，无论是孔子还是孟子，都将舜视作圣人。即便是被人视作圣人的舜，为了保护自己的生身父亲在犯罪之后不被处罚，依旧选择包庇。而这样的行为在当时的思想家看来是正确的。或者准确来说，在当时的思想家的观念之中，这种做法是道德的、可取的。而这样的行为和做法，在通常意义上可以视为我国"亲亲得相首匿"制度有史料支撑能够予以考证的最早表现。我们也需要明确地认识到，在这一历史时期，对于"亲亲得相首匿"而言，其实更多的是在伦理道德范畴内的价值评判，并未涉及法律层面的具体制度。

要说作为法律制度的"亲亲得相首匿"，就不得不将研究目光聚焦于秦律，因为根据当下已有的考古资料，能够证明的是我国古代对于"亲亲得相首匿"作为法律制度予以明确，最早出现在秦律之中。秦墓竹简记载："子告父母，臣妾告主，非公室告，勿听。而行告，告者罪。"❶ 由此可见，秦朝时期"亲亲得相首匿"已不再是单纯的伦理道德规范，而是明确的法律规范。从这一角度来看，当时的思想家在对伦理道德层面无法对人容忍、包庇亲属犯罪这一出于人的本能做出的选择进行责难进行充分的认知之后，为了能够更好地保证这一制度的实施，进而在法律层面形成相应的制度予以明确。

我国传统儒家思想的集大成者，汉代思想家董仲舒延续了秦律中这一思想，他同样认为，倘若父亲为自己的儿子所实施的犯罪行为进行隐匿，是不能用刑法惩罚的。正如史料记载："时有一

---

❶ 张建伟. 中国古代亲属隐匿原则述论 [J]. 政法论丛. 2003 (6)：41-46.

疑狱曰：'甲无子，拾道旁弃儿乙养之，以为子，及乙长，有罪杀人，以状语甲，甲藏匿乙，甲何论？'仲舒断曰：'甲无子，子活养乙，虽非亲生，谁于易之。诗云，螟蛉有子，蜾蠃付之。《春秋》之义，父为子隐。甲应匿乙不当坐。'"❶ 汉宣帝时期更是沿革了"亲亲得相首匿"制度，将其由日常生活中的伦理罚则演变为法律规定，并且对该制度的规定更为精细化。如《汉书·宣帝纪》记载："父子之亲，夫妇之道，天性亦。虽有祸患，犹蒙死而存也！自今子匿父母，妻匿夫，孙匿大父母，皆勿坐。父母匿子，夫匿妻，大父母匿孙，罪殊死，皆上请延尉以闻。"❷ 在承认汉宣帝时期"亲亲得相首匿"的法律制度化的同时，也应看到，在表述中采用"天性亦"的说法。由此来看，起码在汉宣帝时期，对"亲亲得相首匿"这一制度进行法律上的规定，有一定的原因在于亲亲相隐是人的一种本能。换言之，在这一历史时期，一定程度上可以认为，该制度涉及的目的起码包含对人性的尊重和保护。

唐代时期，亲亲得相首匿制度逐渐发展为相对成熟的法律规定，确立"同居相为隐"规则，并对具体适用的范围予以扩大，不再局限于父子君臣，而是进一步将四代亲属，甚至奴仆与主人也纳入其中。❸《唐律》作为我国封建时期立法的典范，后世也在一定程度上沿革其规定。譬如，宋元明清时期的法律规定也大体上承袭唐律之规定。具体来看，《大元通制》将"亲亲得相首匿"等同于"干名犯义"；《大明律》将"亲亲得相首匿"的范围扩张到妻之父母、女婿、奴婢、雇工人等；《大清新刑律》中仍对"亲亲得相首匿"有着明确规定，明确为保护亲人利益而包庇、隐

---

❶ 程树德. 汉律考 [M]. 北京：中华书局. 2003：161.
❷ 程树德. 汉律考 [M]. 北京：中华书局. 2003：161.
❸ 周密. 中国刑法史纲 [M]. 北京：北京大学出版社. 1998：255.

匿亲人犯罪行为的，可以免除或减轻处罚。由此来看，自唐开始，亲亲得相首匿制度的适用范围整体上呈现出扩大态势。

近代以来，亲亲得相首匿制度在一定程度上引起法律的重视和保护。在民国时期，刑事诉讼法规定，如果近亲属犯罪，可以拒绝作证，即便愿意作证，也不能令其为自己的证言宣誓。但在新中国成立后，我国刑事立法与刑事诉讼立法并未沿用亲亲得相首匿的制度，所有涉及案件情况的当事人，无论是否为近亲属，均有依法做证的义务，而一旦知情不报或有所隐瞒包庇，将涉嫌窝藏罪、包庇罪、伪证罪、帮助毁灭、伪造证据罪等罪而受到刑事处罚。而在我国香港地区、澳门地区和台湾地区的法律规范中，尽管相关条款表述有所差异，但均普遍规定了近亲属有拒绝出庭作证的权利，近亲属之间的"不告发""作伪证"的行为可以免除处罚，在一定程度上体现了亲亲得相首匿制度的色彩。

当然，对于近代以来亲亲得相首匿制度的发展状况，不能简单地认为新中国成立之后不再保护这种基于亲缘关系的制度就有违人性。具体而言，每一个法律制度都有其产生和发展的原因，亲亲得相首匿制度也不例外。我们需要结合不同历史时期、不同社会阶段的具体情况来进行具体的分析，而不是认为亲亲得相首匿体现了刑法对人性的尊重和保护，没有规定或承认这一制度就是有悖于人性的表现。那么，基于人性对亲亲得相首匿制度进行审视，又能发现什么呢？接下来本书将从对亲亲得相首匿制度在我国历史上形成的原因入手对其体现的人性进行分析。

（二）亲亲得相首匿之人性分析

在我国古代封建社会的土壤中，亲亲得相首匿制度之所以能绵延数千年而继续存在，必然在法律和伦理层面能寻找到可供支持的制度成因。简单来说，我国古代社会发展过程中会出现"亲亲得相首匿"，除人性观念的影响和表现之外，大致有"家国同构"的社会模式、宗法制度的政治影响以及伦理孝道的文化底蕴三个方面的制度成因，具体如下：

1. 家国同构的社会模式

家国同构一般是指"家"和"国"具有组织结构上的相同性。在封建社会，传统的男耕女织模式对劳动力要求较高，家庭成为农业生产的核心，进一步成为国家政治生活的基本单元。古代封建社会的所谓社会关系，无非是家庭关系的延伸。正如我国近代思想家、政治家梁启超先生曾经说过的："吾中国社会之组织，以家为单位，不以个人为单位，所谓家齐而后国治是也。"❶

由此可见，在传统社会的组织结构中，家族结构是社会结构的基础，家族结构的稳定对社会的安定起着至关重要的作用。家族的稳定意味着社会的稳定，家族内部的团结和秩序也将影响甚至决定整个社会的秩序与和平。如果允许家族成员之间相互告密揭发，可能会导致家族内部出现裂隙与不团结的现象，最终危及社会的稳定。此外，人们一旦有了危害家族利益的行为，就会受到来自家族势力的排斥和惩戒，这对社会而言也是一种不稳定因素。在当时的社会背景下，作为意识形态的伦理观念，既考虑家族、国家利益，也反映家庭与家庭成员的利益，同时这种观念也得到统治阶级的认可，因为社会关系的稳定也是以家庭利益的稳定为前提的，是儒家"家国同构"的伦理特色。

2. 宗法制度的政治影响

传统封建社会为宗族制社会，以家庭宗族为基本单元，被后世概括地称为"宗统"；以家庭宗族为基本向整个社会蔓延拓展，

---

❶ 梁漱溟. 中国文化要义 [M]. 上海：学林出版社. 1987：53.

最终形成"君统"。对于"宗统"与"君统"二者的具体含义,"宗统"是指以血缘关系为基本纽带、以崇拜祖先为信仰的实质内容而形成的宗法结构;"君统"是指以君主的权力为中心、以行政权力为联结方式所形成的政治结构。从这一论述来看,在我国传统的封建社会中,由于宗法制度的作用,有效地将家族利益和国家利益紧密结合,将双方作为利益共同体,一方不稳定必然影响另一方,因此,只有家族稳定,社会才会稳定,只有允许"亲亲得相首匿"制度的存在,才有助于国家的发展。

通过对亲亲得相首匿制度的流变梳理,"亲亲得相首匿"思想之嬗变与西周的分封诸侯王有着紧密联系。西周时期,在分封的七十一个国家中,仅姬姓就达到了五十三个国家,而其他受分封的国家,虽然不是姬姓,却也和姬姓有世代姻亲关系的国家。在这些小国接受分封时,周王会分给他们土地和人口。从本质上讲,在殷周时期,宗法制度是以血缘关系为基础构建起来的。具体来说,宗族的成员在宗族之中为父为子,在宗族之外为君为臣,在这样的宗法制度之中,政治关系是依附于宗族关系而存在的。

从宗法制度的根本来讲,在最初分封时,周天子依照血缘关系逐步分封,目的是想用血缘关系稳定自己的统治,让宗族团结在王室周围。但随着时间流转,各个分封诸侯与周天子之间的血缘关系越来越淡薄,直至出现诸侯混战,威胁到周天子的统治。

秦朝统治者吸取周天子教训,不再以血缘关系为主维持统治,而是采取法家的治国理论,采用严酷的刑罚压制人民,把"君统"与"宗统"分离开来,只是保留"君统",弃"宗统"而不用,导致秦朝统治在后期由盛而衰。汉朝重新将"君统"与"宗统"结合起来,统治思想采取独尊儒术,更把政治生活中的君臣关系比作家族生活中的父子关系，让"宗统"与"君统"相互沟通，使父权与王权相互联结，并把"亲亲得相首匿"作为一种伦理思想在法律中得以巩固，最终是为巩固王权的统治。

3. 伦理孝道的文化底蕴

在中国传统的儒家思想中，"孝"的地位极其重要，从孔子的思想观点及其生平来看，孔子的理想就能借由对儒家"仁"的思想的宣传来维系和恢复我国西周时期所奉行的宗法制度，从而恢复"孝"的观念对君臣关系的调整。对于"孝"，《孝经》中明确指出，"孝"是天地之义，因此，孝的行为既是个人修身养性的方法，也是人们处于家庭生活中所必须遵守的伦理，也是治国平天下的重要手段。在孔子与孟子的思想之中，只要能够遵从孝的伦理，并以孝对亲的方式进而以孝对君王，那么天下也得以平定了。《礼记》之中将日常所说的孝顺行为分为三个等级：第一个等级是言行和内心都尊敬父母，第二个等级是不打骂父母，第三个等级是能为他们养老送终。"亲亲得相首匿"中的"父为子隐、子为父隐"的思想，正是这一"孝"行思想的体现。

从儒家思想的角度来看，"亲亲得相首匿"制度充分地体现了对人性的理解、尊重和保护。进一步分析，可以认为，从儒家思想的观点来看，起码在孟子所提倡的性善论之中，仁义是人先天就有的本性，人与人的本性是相近的。而之所以有些人走向犯罪实际上是"习"的差别。而作为亲属，如果对犯罪嫌疑人实施告发等行为，本质上是在实施与"恻隐之心"相违背的行为，如果法律提倡告发行为，本质是在提倡"恶"的行为，提倡违背人性的行为。

儒家思想向来认为"对君王服从，对父母尊重"是以善为本质的"礼义"，是人之本性，需要在日常生活中遵守，否则就违背了最基本的社会伦理道德，也就违背了人的本性。父子之间存在天性的血缘关系，相隐是情理之中，符合人伦。儒家肯定和倡导父子相隐。因为亲属隐匿是符合人伦纲常的，亲属之间不能互证有罪，否则就会损害亲情纲常，这也是从人类天性爱至亲的角度，解释亲亲得相首匿的立法理由。

换个角度来看，哪怕是与孟子倡导的性善论相对的荀子的性恶论，也不否认伦理道德的教化作用。以此分析，哪怕认为"人之初，性本恶"，那么通过对这种符合当时的伦理道德规范思想和标准的制度的设立，可以明确引导人们逐步地认知、接纳和遵从，以期达到最终向善、行善的目的。故从性恶论人性观进行分析，也应承认亲亲得相首匿制度中对人性的认知、尊重和保护。

借由以上分析，不难发现，亲亲得相首匿制度能够保护亲情，维持家庭稳定，进而促进社会稳定。最起码，亲亲得相首匿制度在当时的历史环境中尊重人性，蕴含着儒家思想的人性基础，这一点是我们无法否定的。当然，在我国当下的语境之中，这样的规定是否与中国特色社会主义法治理论相契合，需要结合我国当下的社会发展进行单独的阐释。但不能因此就否定亲亲得相首匿在我国古代发挥的作用、意义和价值。甚至，亲亲得相首匿制度与我们当代社会所倡导的以人为本、民主和谐的理念在一定程度上相吻合。至于这与我国现行刑法中规定的窝藏包庇罪有一定的背离，在笔者看来，与新中国成立以来的社会环境以及刑法立法有关，与期待可能性理论在我国当下的刑法中有所缺位亦有一定的关联。那么，我国现行刑法对亲亲得相首匿制度的废止是否就意味着与人性的背离？期待可能性理论在我国语境下的刑法中是否应予以肯定和承认？诸如此类的问题，将在本书的后续章节进行详细的阐释，故在此不再赘述。

二、亲属间相盗不为罪

顾名思义,所谓亲属,就是指基于血缘、婚姻这样的事实关系或由于法律的拟制性规定而在人与人之间缔结形成的关系。亲属关系不仅具有社会学意义,还具有法律意义,亲属为得到法律确认,受到法律调整而具有一定的法律效果。在我国传统社会与传统观念的背景下,亲属与家庭的意义是不言而喻的。由于亲属关系的特殊性,发生在亲属间的犯罪行为与一般犯罪行为往往不同。譬如,接下来我们将要讨论的亲属间的相盗行为,就是从事盗窃行为的行为人与被害人之间存在亲属关系。

从现代刑法理念来看,刑法规范是抽象的、理性的、一般性的规定。如此说来,亲属间相盗行为与一般盗窃行为在实质上并无不同,进行区别规制本质上并无区别。但我国古代刑法一般认为盗窃亲属财物的行为与一般盗窃行为的社会危害性、所侵害的法益等均有所区别,应在某种程度上予以"从宽",甚至可以直接规定"亲属间相盗不为罪。"简言之,所谓亲属间相盗不为罪,是指发生在近亲属或家庭成员之间的盗窃行为,虽符合盗窃罪的构成要件或者虽表面上具有违法性侵犯的行为,但应从宽处理或不认为犯罪,是一般盗窃罪认定与处罚的例外规则。

(一)亲属间相盗不为罪之制度流变

从我国现在可考证的史料进行分析,对于亲属间相盗不为罪这一制度,最早在睡虎地秦简中便可见一斑:"贼杀伤、盗他人为'公室',子盗父母、父母擅杀、刑、髡子及奴妾,不为'公室告'。"[1] 不仅如此,从睡虎地秦简中,还发现了"父盗子,不

---

[1] 睡虎地秦墓竹简整理小组. 睡虎地秦墓竹简 [M]. 北京:文物出版社. 1990:118.

为盗"❶ 这样的规定。由此看来，亲属间相盗不为罪这一制度的历史渊源，起码可以追溯到我国的秦朝时期。从上述规定来看，基于亲缘关系，在秦代的法律之中，如果出现子女盗窃父母财物的情况，那么此时有且仅有父母享有控告权，其他人等是无权干涉的。此种情况之下，如果父母决定不予追究，那么子女就一定不会被状告到公堂之上。若是父盗子财物的情况，则与上述处理方式完全不同，即无论孩子是否想要追究，在秦律中，这样的行为都不会被视为犯罪行为，不会受到刑罚的惩罚。

可能有人会有所疑惑，在我国古代，一家人一般都住在一起，财产其实并没有明确意义上的划分，又谈何"盗父母"或"盗子"呢？对于这一点，需要予以明确的是，秦代之所以对亲属间相盗不为罪这一制度进行规定，从一定程度上讲，与当时奉行的别籍异财制度的关系密不可分。具体来说，在我国秦朝时期，法律上规定了别籍异财制度，倘若一家有两名以上成年男性没有分家的话，那么赋税就要加倍。换言之，禁止一家之中父子兄弟同住，到了年龄就要尽快分家。正是在这一制度的影响之下，为了能减少家庭所承担的赋税，民间基本上子辈与父辈不同住，父辈与子辈的财产自然而然地相互分离，没有混同。只有在这样的情况之下，我们此处所言的亲属间相盗的问题才能成立。如果父辈与子辈仍是共同居住的情形，二者的财产其实是一体的，便没有讨论亲属间相盗这一问题的基础。

由于别籍异财制度在我国汉朝时期发生了一定的变化和松动，所以同居共财成为相对来说更为主流的观念。在这样的情况之下，自然就不存在上述的亲属间相盗这一问题研讨的现实基础。故在

---

❶ 睡虎地秦墓竹简整理小组. 睡虎地秦墓竹简［M］. 北京：文物出版社. 1990：98.

我国汉朝时期，法律不再针对亲属间相盗的问题进行规范和调整。

相较于之前，我国唐代的法律对于亲属间盗窃行为的规定更加精细化和明确化。概括来说，唐代法律对于亲属间的盗窃行为进行划分，其依据的标准就是发生盗窃行为的亲属关系是别籍异财还是同居共财。也就是说，唐代法律以亲属是否共同居住、财产是否共同所有为标准，将亲属间的盗窃进一步划分为非同居共财的亲属间的盗窃以及同居共财的亲属间的盗窃。对于不同类别中的盗窃行为，唐律分别进行了规定。对于非同居亲属之间发生的盗窃行为而言，依照唐律中对于盗窃行为的规定，倘若盗窃的是缌麻、小功这两类非同居亲属关系的财物，那么以一般的盗窃行为应承担的刑罚为标准，减罪一等。倘若盗窃的是非同居亲属关系的财物，那么在上述减罪的基础之上再减一等。倘若盗窃的是近亲的非同居亲属关系的财物，那么应在大功的减罪基础之上再减一等。与这一类别相对应，对于同居亲属之间发生的盗窃行为而言，依照唐律的规定，应区分盗窃者与被窃者的尊卑关系然后进行确定。譬如，从长幼关系来看，长为尊、幼为卑，在这种关系之中，倘若以卑窃尊，那么不能按照唐律中对于盗窃犯罪的规定进行处罚，仅以最终杖刑一百的轻罚予以惩处即可。倘若以尊窃卑，甚至不会视为是犯罪。与此同时，还应注意，倘若不是自己独自实施盗窃行为，而是与外人合伙来进行盗窃，在这种情况之下，虽然不会被按照唐律中规定的盗窃罪进行定罪处罚，但比自己独自实施对应行为的刑罚要重，具体来说比单独实施盗窃罪加二等；且一同参与的外人应直接按照唐律中的盗窃罪定罪，但刑罚上则应比照盗窃罪的刑罚量减一等。

由此来看，唐朝对于亲属间盗窃行为的规定，具体呈现出这样几个特点：其一，依照是否同居共财进行类别化的区分，同居与非同居所适用的规定不尽相同。其二，从整体上看，发生在同居亲属之间的盗窃行为应科处的刑罚比发生在非同居亲属之间的要轻缓一些。其三，在非同居亲属之间发生的盗窃行为，具体确定刑罚遵从的是"五服关系"；在同居亲属之间发生的盗窃行为则是以尊卑关系来进行最终的定罪和量刑。明清时期其实沿用了唐律的大多规定。

在新中国成立之后，我国1979年刑法虽未对亲属相盗行为进行专门规定，但1984年11月2日《最高人民法院、最高人民检察院在关于当前办理盗窃案件中具体应用法律的若干问题的解答》中第4条第2项规定，"处理具体案件时，要注意具体分析……""要把盗窃自己家里或近亲属的，同在社会上作案的加以区别。"1985年《最高人民检察院关于在办理盗窃案件中如何理解和处理"自家"或近亲属财物的批复》中也专门对相关的法律适用问题进行解释。最高人民法院、最高人民检察院在1992年12月11日《最高人民法院、最高人民检察院关于当前办理盗窃案件中具体问题应用法律的若干问题的解释》第1条第5项规定，"盗窃自己家里的财物或者近亲属的财物，一般可不按犯罪处理，对确有追究刑事责任必要的，在处理时也应同在社会上作案有所区别。"1997年颁布的新《中华人民共和国刑法》仍未对亲属间盗窃行为做出专门的规定，但在1998年《最高人民法院关于审理盗窃案件具有应用法律若干问题的解释》中第1条第4项规定，"偷拿自己家的财物或者近亲属的财物，一般可不按犯罪处理，对确有追究刑事责任必要的，处罚时也应与社会上作案的有所区别。"

当然，即便当下，对于亲属间发生的盗窃行为进行刑法上的评判时，遵循的亦是这一规定。但就这一规定本身而言，从表述的方式和规定的内容上看，只能视作亲属间盗窃行为刑法规制时应遵循的一般性指导原则,并不是具体的适用标准。换句话来说,这一规定仅表明我国现行刑法对于亲属间发生的盗窃行为处理的态度,具体案件中的适用情况仍需法官进行自由裁量,并未提供一个明确的、富有具体的操作性指引。但我们仍应肯定的是,哪怕是在我国现行刑法的语境之中,发生在亲属之间的盗窃行为也会因亲缘关系的存在,对盗窃行为的定性和最终刑罚的定量产生重要影响。换言之,即便是根据我国现行刑法,亲缘关系在盗窃犯罪中仍发挥着重要作用。

(二) 亲属间相盗不为罪之人性分析

同样地,我国古代社会发展过程中之所以会出现"亲属间相盗不为罪"的伦理观念和法律制度,主要因为家族主义伦理,其在某种程度上与"亲亲得相首匿"具有较强的相似性。

家族主义,是指为维护家族成员之间天然形成的血缘关系、亲属关系以及后天形成的婚姻关系为最高宗旨的社会理念。❶ 家族主义伦理是中国传统社会中的重要价值观,其核心理念是将家庭和家族视作社会中最基本的组织单元,将家庭成员之间的血缘关系和婚姻关系视为最高的宗旨。这种伦理观念强调了家族的凝聚力和归属感,同时也为维护家族的权益和封建伦理纲常提供理论依据。在家族主义的影响下,中国的传统法律制度加强了家族成员之间的联系,将家族内部的血缘关系转化为国家的组织方式,从而形成以家族为基础的社会秩序。传统法律作为统治工具必然会强化家族成员之间的血缘关系扩张家族主义。❷ 正是由于对家族

---

❶ 游志强,杜力夫. 论家族主义对中国传统法律的影响及当代价值 [J]. 华侨大学学报 (哲学社会科学版). 2017 (5): 73–82.
❷ 游志强,杜力夫. 论家族主义对中国传统法律的影响及当代价值 [J]. 华侨大学学报 (哲学社会科学版). 2017 (5): 73–82.

关系、家族权益的强调,才产生亲属间发生的盗窃行为在刑事法律中的特殊规定。

亲属间相盗不为罪,本质上是认为亲属关系在一定程度上能够影响犯罪的可罚性,因为法律是在家庭伦理道德与社会公益之间进行衡量,即寻求惩治犯罪与伦理道德规范的维护这二者之间的利益平衡点。从这一角度来看,哪怕从当下的社会观念理解都没有过多的障碍。简言之,对亲属关系之间发生的盗窃行为区别于一般盗窃行为进行单独的规定,其根本上就表现出我国古代刑事立法与实践过程中对亲缘关系的重视。倘若从国家整体的角度来看,想要维护好国家整体上的平稳运行,保障统治者的统治地位,就应将目光汇聚于国家,或者说社会中的最小集合单元,即家庭。而家庭就是因为亲缘关系的存在而缔结的。正因如此,在我国古代的历史发展中,统治者对家庭给予很多关注,尤其是对家庭伦理道德规范极为重视。这也是因为,虽然在我国古代有丰富的法律,但更多还是从伦理道德规范的层面对人的行为进行规范,不仅如此,即便是法律,也受到伦理道德规范的深远影响。可以说,我国古代的法律是法与道德相互渗透的产物。

从这一角度来看,对亲属关系之间发生的盗窃行为的规定是"礼治"或广义上的"德治"语境之下的必然选择。自西周时期,礼这一概念的提出,在漫长的封建社会中经过不断的调整和完善,最终形成一套独特的、体系性的伦理道德规范,反过来又对我国封建社会产生深远影响。甚至可以说,我国封建社会时期的法律,是以儒家思想奉行的伦理道德规范为蓝本,结合每个朝代的特点而形成的。从某种程度上讲,我国封建社会时期的法律思想是儒家思想的法律化,这种法律思想的内核就是儒家思想提倡的"礼"。

从这一角度继续分析,对亲属关系之间发生的盗窃行为进行规定的法律制度背后是基于儒家思想的"礼"在对亲缘关系重视上的体现。具体到这一制度,关注的是由亲缘关系缔结的我国古代的社会秩序。由此来看,对亲属关系之间发生的盗窃行为进行法律制度层面的规定,最主要的目的是维持我国古代社会秩序的平稳运行,即关注的是社会利益的最终实现。从某种意义上讲,社会利益的最终实现与人性的追求并不是绝对的矛盾对立关系。如前所述,人性是人为了生存与生俱来的本能与天性。人要想在社会中良好地生存与生活,势必要在社会关系中进行考量。如此一来,对社会关系稳定的维持在一定程度上也是对人性的尊重与保护。

不仅如此,除之前提到的儒家思想中对教化作用的提倡体现了对人性的尊重外,还应引起我们注意的一点在于,哪怕是从现代刑法观的角度来看,亲属之间发生的盗窃行为,其所带来的社会危害性以及对法益侵害的程度,都与一般的盗窃行为有所差别。对其进行专门规定,也说明对二者的区别的认知。如此看来,对亲属关系之间发生的盗窃行为专门规定,其实是认识到人性中原有的利弊衡量。虽然相较于一般的盗窃行为而言,发生在亲属之间的危害性相对较小,但同样会产生一定的社会危害性,对这种行为给予较轻的处罚或不处罚,是基于对人性趋利避害特性认知而产生的刑罚理念。即便从这个角度来讲,也应承认亲属间相盗制度体现了刑法对人性的认知、尊重与保护。

三、存留养亲

存留养亲,亦称"留养",是指中国古代被判处死刑、流刑、徒刑的罪犯,其父母或祖父母没有成年子孙依靠时,有关官府按照相关条件奏请，获得皇帝的裁可，让其能在身边赡养年老的父母或祖父母，官府暂时对该罪犯延迟执行刑罚。待年老的父母或祖父母死后，再次执行原来的刑罚，或者根据情况的不同，再次审查原来判决的刑罚后执行新的刑罚。❶ 存留养亲制度是我国古代为解决因犯人判死刑、流刑（某些朝代还包括徒刑）等重刑而导致父母尊长无人侍养等问题特别设置的一项法律制度。

（一）存留养亲之制度流变

存留养亲制度开创于北魏，以周礼恤刑体老精神为出发点，北魏孝文帝下诏允准七十岁以上、无子孙的流刑犯人解除流籍返回故里，又规定："诸犯死刑者，父母、祖父母年老，更无成人子孙，旁无其亲者，具状以闻。"而后犯罪存留养亲因能体现封建统治者宽厚恤刑、仁慈敬老，有助于塑造"以德服人"的统治形象，被历代法典引用。北齐和北周时期都保留并不断完善了这一制度。

至唐代，存留养亲制度进入成熟期。唐代在总结前朝经验的基础上对这一制度进行了细致的补充。唐律《名例律》规定："诸犯死罪非十恶，而祖父母、父母老疾应侍，家无期亲成丁者，上请。犯流罪者，权留养亲，课调依旧。若家有进丁及亲终期年者，则从流。计成会赦者，依常例。即至配所应侍，合居作者，亦听亲终期年，然后居作。"由此可以看出，唐律对存留养亲制度的规定有诸多改变，使其趋于合理，更加完备、成熟。宋代因循唐律，其关于留养的规定基本与唐律无异。《宋史·刑法一》规定："庆历五年，诏罪殊死者，若祖父母、父母年八十及笃疾无期亲者，列所犯以闻。"同时，皇帝也数次以诏、敕、编令的形式来重申此

---

❶ 任大熙，何赞国. 中国法制史上"存留养亲"规定的变迁及其意义 [C]. 理性与智慧：中国法律传统再探讨——中国法律史学会 2007 年学术研讨会文集. 2007：165.

意。明代更是将犯罪存留养亲设为专条,《明律》规定:"凡犯死罪非常赦所不原者,而祖父母、父母老疾应侍,家无以次成丁者,开具所犯罪名奏闻,取自上裁。若犯徒流者,止杖一百,余罪收赎,存留养亲。"这使得犯故意杀人或谋杀等罪行的犯人被排除在存留养亲的适用范围之外,贯彻了明代"乱世用重典"的治国方针。

清代继承了明代关于存留养亲制度的律文,相关条例和律文加以互参,犯罪存留养亲制度得到充分的发展,对存留养亲制度的实际运用也达到历史最高状态。《大清律例》规定:"凡犯死罪非常赦不原者,而祖父母(高曾同)、父母老(七十以上)疾(废)应,家无以次成丁(十六以上)者,(即与独子无异,有司推问明白),开具所犯罪名(并应侍缘由)奏闻,取自上裁。犯徒、流(而祖父母、父母残疾无人侍养)者,止一百,余罪收赎,存留养亲。(军犯准此)"清律的"犯罪存留养亲"条并未改动,而有关留养的例文却层出不穷。《大清律例》关于犯罪存留养亲的例文就有十七条,其中有许多以例破律的事项。清代律例并行,律例是官吏办案的法律准绳。在律与例的使用上,例优先于律,有例即不用律。1910年5月颁布的《大清现行刑律》中仍保存了存留养亲制度,只对其进行较小幅度的修改。但1911年1月清政府颁布了《大清新刑律》,这部由沈家本主持修订的中国历史上第一部仿效外国资产阶级刑法而制定的刑法典中,没有保留存留养亲制度。

民国初年北洋军阀统治时期,北洋政府对《大清新刑律》进行部分删改,并改名为《暂行新刑律》,将其作为基本刑法典颁布实施。存留养亲制度在该刑法典中未被保留。自此,在中国古代封建社会存在了一千四百多年的存留养亲制度完全退出中国法制史的舞台。

（二）存留养亲之人性分析

"存留养亲"制度是我国古代刑法中人性观念的典型体现，其主要制度成因与传统文化密不可分，进一步表现在儒家传统孝文化以及"恤"刑思想两个方面，具体如下：

1. 儒家传统孝文化

众所周知，"孝"是儒家伦理思想的核心，孝道观念在儒家学说体系中居于核心地位。早在孔子创建儒学之前，血缘亲情关系就起到维系宗族团结、协调人际关系的重要作用。之后，孔子从理论的角度对此进行系统深入的阐述，对纵向的"父子"关系和横向的"兄弟"关系分别以"孝""悌"命名。然后，经由孟子等儒家大师的阐发，逐步形成以"孝悌"为核心的理论体系。❶ 对个人而言，"孝"具有浓烈的道德自觉性和强烈的自发性，与人的天性紧密联系，很容易发展成具有良好效果的社会强制规范。对孝道加以推崇和发展，其作用就扩展到更大的层面：在家庭之内体现为父权、家长权，在社会中体现为君王权力至高无上。所以"孝"不仅得到社会民众的接受和遵守，也得到统治者的青睐。汉武帝时，"罢黜百家，独尊儒术"，儒学成为封建正统思想，作为思想核心的"孝"成为古代治理国家的最高原则，并以之为孝文化之本，体现在法律上，则是以孝悌作为立法的准则和司法的依据。

在古代中国，正统思想文化所倡导的孝道，是家庭和社会价值观中的核心部分，正如《曾子大孝》中所说："民之本教曰孝，其行之曰养。"而"孝道"最基本的要求和内容就是"养亲"，存

---

❶ 陈金全. 中国传统司法与司法传统 [M]. 西安：陕西师范大学出版社. 2009：77.

留养亲制度正是深刻契合了"老有所养,终有所送"的孝亲意蕴,既不否定犯罪罪责,而又体恤犯亲缺侍,统治者以宽刑之仁,成孝亲之义,这也是设立存留养亲的法意所在。

2. "恤"刑思想

"恤"刑思想体现了中国历代法律文化中的转变,从极端的酷刑和重刑轻罪的传统,转向更加谦抑和人性化的治罪方式。中国历代法律文化都带有工具实用主义烙印,法律历来被视为镇压老百姓的工具。由于法又等同于"刑",乱世用重典的传统把"重刑轻罪""以刑去刑"推到极致。然而,极端的酷刑导致秦朝迅速灭亡,说明严密的刑法和残酷的刑罚不仅不能保证国家的长治久安,反而可能导致其灭亡。从社稷江山的长期稳定出发,汉代儒家所提倡的"省刑慎罚"得到大力提倡和发扬。至此,"以礼入法""礼法结合"成为中国法律文化的主导潮流。

从表面上看,统治者的"恤刑原则"似乎是为了更好地保护普通民众的利益,但其实是与统治者的切身利益密切相关。统治阶级为了使自己的统治长久,在不损害自己根本利益的前提下,适当地给人民群众一定的好处,不仅不会危害其统治,反而有益于缓和阶级矛盾,因此统治者既用重刑威慑人民,又采取一定的"恤刑原则"。恤刑政策代表了中国古代传统法律文化的特色,它符合人性的基本需求,既发扬了中华民族尊老爱幼的传统美德,又有效地巩固了封建政权的统治,维护了社会的稳定和长治久安。

存留养亲制度的设立使那些本应处死或处徒、流等罪的人得以暂免于刑罚,使其能在家里侍养其年老的父母,既能使这些孤寡老人老有所养,不至于造成社会问题,又能使犯罪人本身得到一些实惠,充分体现了统治者的"恤刑原则",尽管统治阶级本身的出发点并非为了这些人的利益,但客观上的确减轻了人民的负担。

中国传统法律文化有着色彩鲜明的人文主义，中国传统法律的整体结构是建立于天、地、人三位一体的思想之上的。❶ 存留养亲制度正是在天理、国法与人情的有机结合下产生并发展的，它的设立使得国家刑律与人类亲情的直接对立冲突获得了较为迂回、缓和的解决途径。

存留养亲制度体现了中国传统法律文化中的人性关怀和温情，是法律与人情有机结合的产物。这一制度充分考虑了人类最基本的亲情，为年老、疾病的父祖辈提供关怀和照顾的同时，也为家庭保留了最后一道抵御崩溃的防线。在古代社会，依赖家庭养老的老人如果失去支柱，很可能陷入绝境，成为社会的累赘。存留养亲制度使这些老人有了生存的希望，也挽救了这些家庭的生命。因此，这一制度有助于缓和社会矛盾、减弱社会冲突、维护社会的和谐秩序，彰显了中国传统法律文化中的人文主义精神。

存留养亲制度不仅是制裁犯罪分子，更重要的是给予他们改过自新的机会。在留养期间，犯罪分子可以接受感化和教育，重新审视自己的行为，在家人的关爱中重新建立信心并融入社会。这有利于预防犯罪，减少社会的不稳定因素。因此，存留养亲制度的设想既考虑了对犯罪分子的惩罚，也注重了他们的改造和社会再融入，体现了法律在人性关怀方面的追求和努力。❷

四、亲缘关系（家庭关系）与人性的关系

通过对上述三个基于亲缘关系形成的具有代表性的刑法制度

---

❶ 王小丰. 存留养亲及其价值分析 [J]. 广西政法管理干部学院学报. 2004 (3)：91-94.
❷ 盖煜聪. 论存留养亲制度的合理性及现代适用 [J]. 社会科学论坛. 2014 (11)：100-106.

的分析不难发现，它们都彰显着刑法制度中的人性光辉。概括来看，以上三个制度对人性的尊重与保护都能从我国儒家思想中"仁"与"爱人"为基础构建起的伦理道德规范，通过我国传统儒家思想中对教化作用的肯定得以体现。就以上三个制度而言，都是基于亲缘关系形成的。从这一视角进行分析，这三个刑法制度对人性的体现、尊重与保护最显著的表现即在于伦理、亲缘关系与人性之间的关系。亲缘关系，从其内涵与外延而言，与现代意义上我们所说的家庭关系在某种意义上是一致的。故本部分的内容将从人性与伦理、人性与家庭的关系进一步研究，以此分析基于亲缘关系形成的刑法制度对人性的体现。

对于人类的文明生活而言，最具有标志性的体现便是道德化的社会生活。❶ 从整体来看，这种可以作为人类文明生活标志的道德化的社会生活并非一成不变，而是伴随着社会的发展呈现出动态的变化、发展过程。而亲缘关系，或者说家庭关系，亦是在社会发展的进程中不断地变化、发展的。从历史的发展来看，亲缘关系，亦是家庭关系，最早的时候并非由现代意义上的法律进行规范的，而是由伦理道德规范进行约束的。正如有学者就曾经明确地基于此，指出："无论在逻辑体系还是历史体系中，家庭都在深层次上关联着道德与法律，构成二者关系的价值资源及其难题。"❷

从本质上讲，伦理与法律一定是不同的。但二者在价值追求以及规范内容等方面，存在一定的"同构性"。黑格尔曾经明确分析过的："在中国人那里，道德义务的本身就是法律、规律、命令

---

❶ 饶宗颐，主编. 华学 [M]. 北京：紫禁城出版社. 1998：14.
❷ 樊浩. 法哲学体系中道德—法律生态互动的价值资源难题 [J]. 天津社会科学. 2004（4）：30 - 35.

的规定……这些道德包含有臣对君的义务，子对父、父对子的义务以及兄弟姐妹间的义务。"❶ 黑格尔的这一论述就是基于亲缘关系对伦理道德和法律之间"同构性"关系的侧面说明。但对于伦理和道德而言，其产生的基础和内在逻辑是不同的。不难发现，亲缘关系伦理或家庭伦理的产生基础是什么成为一个重要问题。正因如此，在笔者看来，想要说明基于亲缘关系形成的刑法制度体现、尊重和保护人性，就需要从伦理和家庭关系与人性的本质关系入手。也就是说，从人性与伦理道德的关系入手，进而对家庭关系进行人性视角的分析，由此可以说明，基于亲缘关系的刑法制度必然会体现、尊重和保护人性。❷

（一）人性与伦理道德

如前所述，从某种程度上说，人性是一个复合概念，即人性中既包含"人的动物性"，又包含"人的特性"。从这一角度来看，"人的动物性"与人生而有之的生理需求是相互对应的；而"人的特性"则与人的精神需求形成对应关系。基于此进行分析，不难发现，人性是没有善恶的，善恶只是伦理道德层面的价值评判。由此可以看出，人性与道德并不是一样的。

结合对人性的这一理解方式，"人的动物性"是人生存于世最基本的需求和本能，因此，从一定程度上来讲，无法对其进行道德层面的评判。正如有学者曾指出："例如所谓饮食男女，俱是由人所有之性发出者。在相当范围之内，吃饭并不是道德的行为，

---

❶ ［德］黑格尔. 汉译世界学术名著丛书：哲学史讲演录［M］. 贺麟，王太庆.等，译. 北京：商务印书馆. 1983：297.
❷ 当然，同时需要指出的是，这里所说的基于亲缘关系形成的刑法制度，仅指以上述三个制度为代表的、能够体现家庭关系，或亲缘关系道德性一面的制度，那些有违人伦，或不具备道德性的制度，并不在此范畴之内。

亦不是不道德的行为。这是我们所知者。男女交合亦是如此。"❶ 这里并不是说"人的动物性"在任何时候都不能被伦理道德评价。比如，人为了吃饱肚子而抢劫、人为了满足欲望而强奸等诸如此类的行为，当人作为生物的本能越界，即超出应有的范围，可以并且应被纳入伦理道德的评判范畴。

与之相对，"人的特性"是人作为人，区别于动物的一种属性，是能以伦理道德为标准进行价值衡量和评判的。在此需要予以明确的是，"人的特性"之中，进行伦理道德评判时，既应考虑有无的问题，还应将程度纳入考量的范畴。具体来说，一个人救助了一只流浪猫，说明这个人是有同情心的，但不能直接得出结论这个人是善的，但一个人倾尽所有从事流浪动物收容的工作，起码在这一件事情上可以认为他是富有同情心的，进而认为起码在这件事情上他是善的。❷ 如果从"人的动物性"与"人的特性"两个角度进行分析，人性与伦理道德评判之间有关的结论是怎么得出的呢？在笔者看来，要想解答这一问题，就需要对伦理道德评价的对象进行深入的分析。换言之，人性与伦理道德之间的关联，需要以伦理道德的评价对象为切入点进行认知。

道德，简单理解就是人应如何行为。人的行为理应是能被赋予道德评判的对象。当然，不仅是人的行为，在大部分情况下，进行道德评判时会将人做出具体行为时的心理纳入评判范畴。如此说来，道德的评价对象应是人的行为以及人行为时的心理二者的集合。但也应注意到，并不是人所有的行为都是道德评价的对象。比如，无论是用筷子吃饭还是用刀叉吃饭，都是人具体的行为，但仅这些是不能以道德评价是非善恶的。如此说来，对道德

---

❶ 冯友兰. 三松堂全集（第四卷）[M]. 郑州：河南人民出版社. 1986：115.
❷ 王海明. 人性论 [M]. 北京：商务印书馆. 2005：21.

的评价对象应进行限缩的理解,即只有以利害善恶为中介的人的行为以及这些行为的心理才应是真正的道德的评价对象。对行为以及心理的关系而言,行为是心理的外在呈现,而心理是行为的内在动因。如此说来,道德是以人性的需要为出发点,进而从具体的人与人之间、人与社会之间的行为中所蕴含的利害关系中产生的。换言之,道德是以人性为基础的,对人的行为进行调整的规范体系。在此基础上可以认为,道德规范是人作为人而非动物的方式存在于世。申言之,道德是对人性的肯定以及对动物性的克制与超越。也就是说,道德既是一种行为规范,又是人超越自身动物性的重要表现。既然是对动物性的超越,那么就意味着道德使人的社会性得以存在,即人以社会性的方式而存在。换个角度进行理解,即道德使"人的特性"有行为内容与标准的内在性规定。

毋庸置疑的是,无论是基于"人的动物性",还是受"人的特性"的支配而做出的行为,都是以人性为基础,以其行为内在所包含利害的有无作为道德评判能否进行的标准。当然,这里所说的利益,不能简单地理解为是物质性利益,而是应概括性地对利益进行解读,即所有人类价值感情的满足。恰恰是利益的范畴如此,人类价值感情的追求并非一成不变,而是伴随着社会的发展处于动态的变化中。也就是说,在不同的国家和地区、在不同的历史时期,人类所追求的价值感情不同,导致道德评价中的利益要素也不尽相同。从这一角度来看,利害关系,或者说利益,不仅是道德评判对象界定的重要标准,更是道德评判过程中的重要工具。换言之,对人的行为的道德评判结果,也是"利益"这一要素的重要侧面。既然人性包含"人的动物性"与"人的特性",不妨从这两个角度分别进行分析。

以人的动物性为视角进行分析，人为了生存而产生的最基本的生理需要无论是在任何一个国家和地区的任何一个历史时期，都是人存活于世最初级、最原始、最基本的需求。从原始社会到现代社会，个体与其所在群体的存续虽然是本能，但都应服从并维护对其所处的具体国度的具体历史时期中被大众广泛认同的公共利益。在这一服从与维护的过程中，形成了人的生存最基本需求的认同以及对动物性行为的限制的道德规范。从其产生的意义和价值来看，道德不仅为个体提供了一定的秩序标准，更能最大限度地保证群体的生存能力、改善群体的生存状态。

以人的特性为视角进行分析，道德规范是基于人的精神需要而横行的，为了对个体之间以及个体与社会之间产生的利益矛盾进行协调和平衡形成的。基于这样的道德规范，以谋求群体中各个个体的共同发展以及精神需求的共同实现。出于这样的考量，以此为价值追求，道德规范在群体中得以不断地发展和完善。由此看来，倘若从人性整体的视角来看，道德的意义就在于人的动物性的合理满足以及人的特性的不断提升。如此说来，人性的呈现与完善，其实都离不开道德规范的倡导、约束、引导和塑造。为实现这一价值追求，道德规范应随着社会的发展和时代的变迁不断地自我演进与变革。

从利益的角度来看行为的目的，都有利己、利他、害己与害他四个不同的侧面和维度，其中，利己一定是最为恒久、常见的表现。费尔巴哈曾以此为视角进行分析，认为合理的利己主义是道德的基础，因为"本人的利己主义的满足也是同别人的利己主义的满足有关联性的。"❶ 从对行为目的进行分析的这一角度来看，

---

❶ ［德］费尔巴哈. 费尔巴哈哲学著作选集（上卷）［M］. 荣震华. 李金山，译. 北京：商务印书馆. 1984：434－435.

我们所说的人对于利害的认识，会影响人性意义上对于行为的意义和价值的认知与认同。正是因此，才产生了是非、善恶这样的道德评价标准，才会形成和衍生出我们所谓的道德观念。基于此，社会意义上道德的目的，便在于"通过减少过分自私的影响范围、减少对他人的有害行为、消除两败俱伤的争斗以及社会生活中其他潜在的分裂力量而加强社会和谐"。❶

在我国当下的语境中，对于社会主义和谐社会的提倡，在一定程度上是以上述人性和道德之间的关系为理性基础的。综上所述，道德源于对人性肯定的基础，个体与其所在群体得以存在与发展的需要，并以增进每一个个体的利益为最终目的和价值追求。正因如此，对于人性和道德之间的逻辑关系，笔者认为：基于人性产生利益驱动，并进一步外在呈现为人的行为，而道德正是对人的这样的行为进行善恶评价的标准与规范。

(二)人性、亲缘关系（家庭关系）与家庭伦理

从家庭这一概念的形成而言，在当下的语境中，既有血缘和婚姻这样的因素，又包含法律拟制规定的成分。倘若从人性的视角来看，人性中"人的动物性"与人的生物需求相对应，"人的特性"与人的精神需求相对应；投射到家庭的形成，笔者认为，可以将家庭存在的目的划分为生物目的和社会目的。因而，就当下语境中家庭的缔结方式而言，血缘与婚姻更多的与生物目的相关，而法律拟制的成分与社会目的相关。

但对家庭产生的历史发展进行溯源，不难发现，实质意义上的家庭在这一抽象意义上的概括性概念出现之前就已存在。甚至

---

❶ ［美］E. 博登海默. 法理学：法律哲学与法律方法［M］. 邓正来，译. 北京：中国政法大学出版社. 2004：388.

毫不夸张地说，家庭最早可以追溯到原始社会末期。从一定程度上说，家庭的形成与私有制的产生和父系社会的影响有着密不可分的关联。一方面，在自然状态下，家庭是基于人的两性结合与血缘而形成的具有社会功能的社会关系；另一方面，法律拟制的规定之下，会在个体之间形成一种与上述类似的具有社会功能的社会关系。具体来说，之所以现代法律语境中法律拟制可以视为家庭产生、亲缘关系缔结的，原因在于其会促使形成的社会关系在其应有的社会功能上有着与自然状态中家庭的同质性。

从这一角度来看，最早的家庭，其实是人性的产物。从另一个角度来看，家庭的确是社会关系中最为基本、最为自然、最早的社会单元。正如卢梭曾指出的："一切社会之中最古老且唯一自然的社会，就是家庭。"❶ 伟大的思想家恩格斯也曾明确指出："每日都在重新生产自己生活的人们开始生产另外一些人，即增殖。这就是夫妻之间的关系，父母和子女之间的关系，也就是家庭。"❷ 我国还有学者从人性的角度对家庭进行定性分析："从人性的角度来说，家庭是情爱、性爱、占有欲、嫉妒心、义务感、责任心共同作用的产物。"❸ 从这一角度来看，基于血缘与两性结合而形成的自然状态下的家庭是以人性为基础，与人性之间的关系自然是无可厚非、显而易见的。而基于法律拟制规定而形成的家庭，在一定程度上可以理解为在现代法律语境之中亲属法基于对自然状态下家庭的形成的反思，针对现实中存在的问题和困境，在尊重、保护人性的基础之上做出的相关规定。如此看来，无论家庭关系

---

❶ [法] 卢梭. 社会契约论 [M]. 何兆武，译. 北京：商务印书馆. 2003：5.
❷ [德] 马克思，[德] 恩格斯. 马克思恩格斯全集（第三卷）[M]. 中共中央马克思恩格斯列宁斯大林著作编译局，译. 北京：人民出版社. 1960：32.
❸ 唐雄山. 人性平衡论 [M]. 广州：中山大学出版社. 2007：127.

得以缔结的原因为何,都与人性有着密不可分的关系,都是伦理道德或法律对人性的认知与尊重的体现。

不难发现,家庭伦理简单来说就是调整家庭内部各个成员个体之间关系的行为规范,其产生原因是人性的两重性。故笔者认为,家庭伦理也应从生物目的和社会目的两个角度进行分析和阐释。

对于家庭伦理形成的生物目的而言,基于血缘、婚姻缔结而形成的亲缘关系,就是我们此处说的自然状态下的家庭关系,这也是家庭产生和存在的根本条件。由此来看,血缘和婚姻是家庭产生和存在的大前提,而家庭又成为后代的延续和培养的最基本的社会单位。上述这些是家庭得以存在的最基本条件。结合前述分析,在家庭这一最基本的社会单位中,需要在伦理道德层面对所有的家庭成员共同的以人性为基础产生的生理需求和精神需求进行规范。正因如此,家庭伦理是重要的,更是必要的。具体可以进行如下理解:

家庭伦理是家庭内部各个成员之间的行为准则,所以可以理解为家庭伦理,源于人作为构成社会的最基本的个体自身行为的原始需要。从这一角度来说,家庭的本质,就是人类保证存续的一种形式,即人选择以家庭的形式来进行族群的繁衍。如此,家庭作为最小、最基本的社会单元,天然地具有对后代的养育义务和责任。正如,有学者曾明确指出:"家庭存在的理由,从生理方面来看,是因为在母亲怀孕和哺乳期间父亲的帮助是孩子得以生存的必备条件。"[1] 从现实生活中的具体表现来看,婴儿诞生后,其生存和成长发展都离不开父母的照拂,倘若没有父母给予必要

---

[1] [英]伯特兰·罗素. 性爱与婚姻 [M]. 文良文化,译. 北京:中央编译出版社. 2005:122.

的保障,很难存活。基于此,反观我国传统儒家文化中的家庭观念,其侧重父母子女关系形成的独特的家庭伦理关系,就是家庭产生的生物目的最基本的呈现。而在我国当下的语境中,虽然男女平等的观念已经深入人心,但传统家庭产生的生物目的依旧对普罗大众的道德观念与道德评判产生了深远影响。

对于家庭伦理形成的社会目的而言,如果说家庭伦理形成的生物目的是将目光聚焦于家庭内部,那么社会目的则是将关注点汇聚在家庭之于社会中而体现出的社会性。如前文所述,由于法律的拟制性规定而形成的家庭,更多的是侧重家庭的社会目的的考虑。具体来说,就家庭的社会目的而言,家庭伦理的关键与生物目的维护人的族群存续相对应,维护的是人,是家庭内部的各个成员,对精神需求予以满足的保障。从这一意义上讲,家庭伦理是满足家庭成员精神需求的一种必然存在。

从这一角度来看,家庭之所以能得以存在并延续,最主要的原因在于家庭的存在使得家庭内部各个成员之间作为亲属获得人存活于世为满足精神需求所需的情感。而这种可以具体化为夫妻之间、父母与子女之间、兄弟姐妹之间的情感,是源于人性自身而产生的一种自然情感,具有相当的独特性。之所以这么讲,是因为这种自然情感,是其他社会单元很难提供和给予的。人在社会中存在着诸多的社会属性,扮演着诸多的社会角色。但从根本上说,每个人来到世界之后,最初的社会身份都是婴儿,因此,来自父母的情感是弥足珍贵、极为重要的。正是因为孩子是每个人来到这个世界的最初身份,最先接触的、人生中接触时间最长的、接触得最为深入的就是父母,所以父母对孩子的影响也是最大、最重要的。基于此不难发现,根植于我国本土文化的父母观念中就有非常生动的诠释。譬如,立足于我国的传统文化,父母一旦有了子女，就会不由自主地为其计深远。父母对孩子是无私的，会因孩子而调整自己后续的人生规划和人生道路。其中，最为直观的表现就是物质层面的付出与投入。父母为了孩子的生存与成长会不断地积累物质财富，常常会变得："他们有孩子以后比有孩子以前还贪婪得多。通俗一点说，这种结果是属于本能，这就是说，它是自发的，是从潜意识中产生的。"❶ 如此来看，这种变化能找到合理的解释，也就是说，这不是没有缘由的，这是由情感决定的。除物质财富外，父母还会作为最早的老师传授给孩子知识和技能，保证孩子在成长过程中，从最初的自然的生物人向社会人慢慢地过渡与转变。在这个过程中，家庭中的各个成员能够不断地感受到家庭的道德影响，使家庭伦理道德焕发出家庭情感的原有色彩。

由此进一步分析，不难发现，家庭成员内部亲属之间的情感往往都是以爱为纽带进行连接的。而这里所说的爱，从属性上说，不仅具有自然情感的一面，也具有伦理情感的一面。正是由于家庭的存在，使这种情感被深深地打上道德印记，升华到家庭伦理道德层面。由此说来，道德层面所规范的家庭成员内部亲属之间情感的行为准则是家庭伦理的本体内容。正如有学者所说："作为精神的直接实体性的家庭，其成员由于意识到自己所爱的伦理性在统一之中，即自在自为地存在的实质中的个体性，从而使自己在其中不是一个独立的人，而成为一个成员。"❷

综上所述，笔者认为，无论是家庭生活，还是家庭内部各个

---

❶ [英]伯特兰·罗素. 性爱与婚姻 [M]. 文良文化, 译. 北京：中央编译出版社. 2005：130-131.
❷ [德]黑格尔. 汉译世界学术名著丛书：法哲学原理 [M]. 范扬, 译. 北京：商务印书馆. 1961：175.

成员之间的亲属关系,都会受到家庭伦理道德观念的指引、约束和支配,家庭内部各个成员之间的关系也被家庭伦理道德观念构成的义务予以规范。正因家庭伦理道德的存在,在家庭内部各个成员之间,会被附加一些强制性的道德义务。而这种强制性的道德义务,便是伦理道德规范在家庭中的专有特征和具体体现。同时,需要予以明确的是,家庭伦理道德也是处于动态的变化发展过程中的,除却社会形态、社会观念,婚姻伦理的发展与变化也会对家庭伦理道德产生重要的影响。结合我国古代家庭伦理的发展与变迁就能直观地感受。具体而言,家庭伦理的动态变化主要体现在家庭内部各个成员的行为规范或行为准则。更进一步来看,从"孝""悌"思想到"三纲五常"的演化与转变,就是家庭伦理在我国古代动态发展过程的重要表现之一。与此同时,虽然家庭伦理处于一种动态的变化过程,但由于家庭内部各个成员的人性抽象概括的上述的生物目的和社会目的,从本质上来讲是不变的,所以在家庭伦理的发展过程中,其传承性具有恒久、恒定的特性,不会发生转移和改变。

(三)涉及亲缘关系的刑法制度与人性

通过对人性与伦理,人性、家庭关系与家庭伦理关系的梳理,可以明确,伦理道德是对人性产生了利益驱动,并进一步外在呈现为对人的行为进行善恶评价的规范标准。换言之,伦理道德,就是在人性的基础上得以构建和完善的。而家庭关系的产生也是基于人性中包含的生物需求和精神需求而产生、存续与发展的。正是在这一动态的过程中,家庭伦理才得以形成和发展。

反观前述三个涉及亲缘关系的刑法制度,似乎有不一样的认知。从上述三个制度产生的原因及背景来看,一方面,都是以亲缘关系为逻辑起点;另一方面,都与我国传统的家庭伦理道德观念有着密不可分的关联。结合上述对于人性与伦理道德、家庭关系以及家庭伦理关系的梳理，这些代表性的刑法制度中所蕴含的人性认知以及对人性的尊重和保护就显而易见。就我国古代的伦理道德规范而言，虽然其中的一些内容从我国当下的语境来看是封建糟粕，但不能否认的是，我国传统文化中的精华经由历史长河的洗涤与锤炼，最终成为蕴含在中国人民族精神中的重要养分。譬如，即便在我国当下的语境中，尊老爱幼依旧是一种美德。那么，根植于我国历史土壤而形成的那些伦理道德规范，能不能视为我国古代时期人们人性的一个侧面或者体现呢？经过扬弃的传统美德能否成为当下语境中人性的一部分呢？在笔者看来，上述问题的答案都是肯定的。笔者认为，上述提到的家庭伦理，抑或是扩大至整个伦理道德的动态变化与不变的传承性，都是根植于中国人人性内的特质与属性。

从我国古代来看，提倡的传统儒家思想背景下的伦理道德规范从本质上讲，就是在当时的环境中以人们对人性的认知为出发点构建起的一种善恶评价标准。虽然伴随着历史的发展，其内在的具体内容会发生一定的演化与变革，但从根本上讲，在其演进的过程中依然能保存的那些品质与内核一定是基于人性而存在的。从这一角度来看，应对上述提出的两个问题给予肯定的答复。

综上所述，以亲亲得相首匿、亲属间相盗不为罪、存留养亲为代表的涉及亲缘关系的刑法制度，能得以制定、实施并延续的原因在于，在其存续的历史阶段和社会环境中，制度本身充分地认识、尊重和保护人性。

第二节　与违法阻却事由相关的制度

纵观我国古今的刑法制度，其中有些制度是针对行为的某些特殊状态设计的。其中最为大众熟知的便是正当防卫制度与紧急避险制度。2024年贺岁档电影《第二十条》更是以诙谐幽默但不失庄重严肃的视角向我们生动地呈现了正当防卫制度的意义。从法学的视角来看这部电影，尤其从刑法学的视角来看，是否有所偏颇暂且不论，单就折射出的正当防卫制度表露出的人性关怀，真切地打动了相当一部分观影者。从人性的视角看古今的刑法制度，其中一些极为典型的涉及现代刑法观念中的违法阻却事由的相关内容在黑暗中闪烁着人性的熠熠光辉。本节便以正当防卫与紧急避险为代表进行阐释。与上一节分析的涉及亲缘关系的相关制度不同，正当防卫制度与紧急避险制度既有相似之处，又有本质区别。虽然二者都是违法阻却事由，都与人基于人性做出的行为选择相关，具体而言，与前述的功利主义思想以及其中包含的那部分心理强制说的观念有直接关联，但其体现人性的着眼点有所不同。故而本节的分析方式将与上一节有所不同，不再针对制度分析之后概括性分析其与人性的关系，而是在每一个制度梳理后直接对其体现、尊重与保护人性的地方进行阐释。

一、正当防卫

对于正当防卫制度而言，无论是在我国现行的刑法还是民法中，都有一定的规定。概括来讲，正当防卫制度所规定的是公民以正当防卫的行为进行一种私力救济，使其免于被进行违法或犯罪的法律评价的重要保障。相较之下，刑法中规定的正当防卫制度更具有代表性和典型性。现实生活中关于正当防卫制度的案例连连出现，于欢案、于海明案、涞源反杀案、唐雪案等一系列案例都引起社会的广泛关注。从人性的视角来看，本书认为正当防卫制度体现了刑法对人性的尊重和保护。对于正当防卫制度而言，最为核心的表现在于其背后的思想基础。故接下来笔者将从我国正当防卫制度的历史溯源以及正当防卫制度的思想内核两个角度进行分析，以说明正当防卫制度中的人性光辉。

（一）我国古代"正当防卫"制度之溯源

事物的本质与其发展历史息息相关，从其发展的历史进程能更好地对其本质加以认知。正如列宁曾明确指出："在社会科学问题上有一种最可靠的方法，它是真正养成正确分析这个问题的本领而不致淹没在一大堆细节或大量争执意见之中所必需的，对于科学眼光分析这个问题来说是最重要的，那就是不要忘记基本的历史联系，考察每个问题都要看某种现象在历史上是怎样产生、在发展中经历了哪些主要阶段，并根据它的这种发展去考察这一事物现在是怎样的。"❶ 然而，对于正当防卫制度而言，对其进行历史溯源是比较特殊的。主要原因在于，在我国的语境之下，正当防卫制度的原型存在的历史时期较早，甚至在成文法出现之前就已存在。但当下意义上的正当防卫制度，最终迎来标准化、立法化的呈现则是在近现代。由此看来，我国的正当防卫制度虽然有着本土的发育土壤，但在立法层面却是一种转化而来的制度。正因如此，正当防卫的合法性在于对我国历史中存在的原型的扬

---

❶ [俄] 列宁. 列宁选集（第四卷）[M]. 中共中央马克思恩格斯列宁斯大林著作编译局，译. 北京：人民出版社. 1995：26.

弃，故正当防卫制度的发展模式与其他制度的整体规律有所不同。就正当防卫行为本身而言，这是人基于生而有之的本能在面临危险状况时自然而然地做出的行为，是"毋须鼓励亦可为之"的行为。而从成文化的正当防卫制度而言，这是基于人的本能会做出的行为，对其加以合理的前提和范围限定的立法呈现。一方面，表现出对于人们出于本能对不法行为的反抗的鼓励；另一方面，通过限制表明维护社会秩序平稳运行的法律秩序的立场。从这一角度来看，正当防卫制度是一种"不加规制无以为之"的特殊规定。根据上述阐释，毋庸置疑的是，正当防卫行为，抑或是正当防卫制度在价值层面的正当性的证成超前于法定化的现实呈现。但需要予以明确的是，正是成文法的认可与规范，才使得正当防卫行为超脱于基本行为而成为刑法学意义上的独立概念。

对于正当防卫制度的历史原型问题，我国刑法学者对我国奴隶制社会以及封建社会中的法律制度进行了详尽的梳理与概括，最终将一些具有代表性的历史原型纳入正当防卫制度的历史考察中，其中包括但不限于以下内容。

我国正当防卫制度的历史大致上可以划分为秦代之前，唐代之前，唐代，元、明、清时期。接下来将分别对上述每一个历史时期中相关史料的考证进行分析和介绍。

其一，秦代以前的正当防卫思想。对于我国正当防卫制度的历史而言，一般认为我国《尚书·舜典》中的"眚灾肆赦"[1]是正当防卫制度的历史源头。而这一认识其实源于日本学者冈田朝太郎对于这一制度的评析。除却上述"眚灾肆赦"，秦代以前，于

---

[1] 李学勤，主编. 十三经注疏·尚书正义（卷四）[M]. 北京：北京大学出版社. 1999：65.

《史记·五帝本纪》中也存在类似的记录。❶ 不仅如此,还有学者对《周礼》进行研读和分析,认为其中一些观点也是正当防卫思想的具体体现,如"弗辟,则与之瑞节而以执之。"❷ "凡盗贼军乡邑及家人,杀之无罪。"❸ "凡报仇雠者,书于士,杀之无罪。"❹ 由此来看,在秦代以前,虽然在我国学者的观点中认为上述史料体现了正当防卫的思想并且有一定的具体实践,但从史料的具体表述来看,都是一些相对零碎的记录,并未形成体系性或成文性规定。

其二,唐代以前的正当防卫思想。我国当代刑法学家蔡枢衡先生曾指出,"夫为寄,杀之无罪"是秦代的正当防卫制度。❺ 无独有偶,我国刑法学者高格教授曾指出,"无故入人室庐舍,上人车船,牵引人欲犯法,其时格杀之,无罪","立子奸母,见,乃得杀之"这些亦是正当防卫思想在汉代《汉律》中的具体表现。❻ 我国台湾地区学者桂齐逊老先生针对张家山汉墓中出土的竹简专门强调,"捕盗贼、恶人,及以告劾捕人,所捕格斗而杀伤之,及穷之而自杀也,杀伤者除……"应理解为汉代刑法中规定的在执行公务中的正当防卫行为。❼ 从以上内容来看,较之于秦代以前、唐代以前,尤其是秦汉时期,已经在律法中对正当防卫制度有所规定,虽然没有采用"正当防卫"的名称,但规定的具体内容体现了正当防卫制度,并且还针对特殊情景,即执行公务中的正当

---

❶ [西汉] 司马迁. 史记(卷一)[M]. 北京:中华书局. 1959:24.
❷ 徐正英. 常佩雨,译注. 周礼(上册)[M]. 北京:中华书局. 2014:300.
❸ 徐正英. 常佩雨,译注. 周礼(下册)[M]. 北京:中华书局. 2014:768.
❹ 徐正英. 常佩雨,译注. 周礼(下册)[M]. 北京:中华书局. 2014:768.
❺ 蔡枢衡. 中国刑法史[M]. 南宁:广西人民出版社. 1983:176-178.
❻ 高格. 正当防卫与紧急避险[M]. 福州:福建人民出版社. 1985:3.
❼ 桂齐逊. 唐律与台湾现行法关于"正当防卫"规定之比较研究[J]. 中西法律传统. 2008(00):95-164.

防卫行为进行了专门规定。以此来看，较之于之前的正当防卫制度已经有了长足的发展。

其三，《唐律》中的正当防卫思想。如果说唐代以前刑法对正当防卫思想和制度有所体现，也只能说是对具体的行为进行表述。相较之下，《唐律》是我国正当防卫思想和制度发展进程中具有里程碑意义的关键节点。其主要原因在于，《唐律》开始尝试对正当防卫思想和制度以具体规定的形式进行类型化规定。在《唐律》之后，这样的规定亦在一定程度上为后世所延续。故笔者认为，《唐律》的规定更具代表性，并在此以《唐律》中的具体规定进行阐述和分析。首先，唐律中明确规定："诸斗，两相殴伤者，各随轻重，两论如律。后下手理直者，减二等；至死者，不减。"❶ 从这一规定来看，其规定的具体情境是"诸斗，两相殴伤者"。进一步来说，这一规定的适用范围限定在打架斗殴。由此看来，这一规定的着眼点在于人在打斗中进行自我防卫，即防卫自己的规定。其次，《唐律》中还规定"诸祖父母、父母为人所殴击，子孙即殴击之，非折伤者，勿论。折伤者，减凡斗折伤三等。至死者，依常律（谓子、孙元非随从者）"。❷ 不难看出，《唐律》在我国古代伦理社会亲缘关系思想的影响之下，直系亲属被殴打时，子孙可以进行正当防卫。再次，唐律中还规定："诸夜无故入人家者，笞四十。主人登时杀者，勿论；若知非侵犯而杀伤者，减斗杀伤二等；其已就拘执而杀伤者，各以斗杀伤论，至死者加流役。"❸ 从这一规定来看，《唐律》对发生于"诸夜无故入人家"这一特殊情境下的正当防卫进行了规定。倘若认为上述两条内容是以防卫对

---

❶ 曹漫之，主编. 唐律疏议译注 [M]. 长春：吉林人民出版社. 1989：732 - 733.
❷ 曹漫之，主编. 唐律疏议译注 [M]. 长春：吉林人民出版社. 1989：775 - 776.
❸ 曹漫之，主编. 唐律疏议译注 [M]. 长春：吉林人民出版社. 1989：654 - 655.

象或保护对象为标准,分别规定的是防卫自己与防卫他人的正当防卫,那么这一条则是以发生的情景是否特定为标准对特定条件下发生的正当防卫行为的规定。一定程度上可以认为,《唐律》的这一规定有着"特殊正当防卫"规定的神韵。但这一条既包含发生的特殊情境,又包含可以进行正当防卫行为的主体。最后,《唐律》中针对另一个特殊情形,即捉拿罪犯时亦作了专门规定:"诸捕罪人而罪人持仗拒捍,其捕者格杀之,及走逐而杀,走者,持杖、空手等。若迫窘而自杀者,皆勿论。诸被人殴击折伤以上,若盗及强奸,虽傍人皆得捕系,以送官司。捕格法,准上条。即奸同籍内,虽和,听从捕格法"❶ 对这一规定进行分析,一方面,这一条规定的是追捕罪犯这一特殊情境下的正当防卫;另一方面,在实施正当防卫行为的主体限定条件中,似乎规定了除负责捉拿罪犯的官员外,也允许其他人实施正当防卫行为。相较于上一个特殊情境而言,在这一情境之下,实施正当防卫行为的主体范围得到一定程度的扩大。由上述分析不难发现,《唐律》对于正当防卫以类型化的规定,既有现行正当防卫制度中一般正当防卫的影子,又有特殊正当防卫的神韵;既能防卫自己,又能防卫他人。不仅如此,在特殊情境下,对于实施正当防卫行为的主体也进行有所区别的规定。由此看来,《唐律》中正当防卫思想和制度的规定相较之前的规定更加细化、类型化。

其四,元、明、清时期的正当防卫思想。需要事先予以明确的是,此处所说的元、明、清时期,在时间节点上是指自《唐律》之后到清代立法改革之前的这一段历史时期。正如前文所述,《唐律》的规定在后世一直被沿用。故此处针对正当防卫思想和制度

---

❶ 曹漫之,主编.唐律疏议译注 [M].长春:吉林人民出版社.1989:942-943.

在元、明、清时期的法律规定与《唐律》中较为显著的差异性规定进行分析。元代的刑法中明确规定了当父亲被杀害，子女杀之，仅需支付一定的赔偿。从元代的这一规定来看，一方面，体现了对替父报仇行为进行正当防卫属性的认知；另一方面，这也是对《唐律》规定的正当防卫的突破，即对于赔偿的规定。从现代刑法思想的角度来看，这种"以钱论命"的思想应受到批判，毕竟人的生命是无价的。但从某种角度来看，这种赔偿可以给予受害者家庭一定的物质救济。换言之，虽然"以钱买命"的思想不值得被提倡，但这种对受害人进行物质赔偿的做法一定程度上也体现了那个时代人们对人性的认知与尊重。除元代的这一规定外，明清时期在防卫他人，即利他防卫的正当防卫实施的时间节点和法律后果上对《唐律》的规定进行了细化。如"若祖父母、父母，为人所杀，而子孙不告官擅行凶人者，杖六十。其实时杀死者，勿论。"❶ "父祖方被杀之时，子孙实时将行凶人杀死者，弗论。须在实时，方勿论。稍迟，即以擅杀论也。"❷

（二）对我国古代"正当防卫"思想的人性反思

从某种程度上讲，上述我国古代关于正当防卫的思想和制度设计，是从人性角度出发对最原始的正当防卫的考量。之所以这么说，是因为在现代刑法学的观念中，对正当防卫制度的讨论是根植于对正当防卫权的理解和探讨中的。需要声明的是，这里所说的正当防卫权是法律层面的权利，而非直接根植于人性本能的产物，即在讨论的过程中存在一个对人性认知（概括性地将人性中出于本能的行为倾向概括为权利），并进行法律意义上的权利探

---

❶ 田涛．郑秦，点校．大清律例 [M]．北京：法律出版社．1998：468．
❷ [清] 沈之奇．大清律辑注 [M]．怀效锋．李俊，点校．北京：法律出版社．2000：784–785．

讨的过程。换言之，从这一角度来看，我国古代对于正当防卫思想的认知是源于最本真、最天然状态下的人性产生的，其正当性源于人人生而有之的人性。而在近现代法学的观念之下，正当防卫的正当性源于正当防卫权的正当性。简单来说，二者对于正当防卫的正当性的分析语境是不尽相同的。

倘若用不同的途径对我国古代正当防卫思想进行人性视角下的反思，则会产生不一样的结论。如果从现代对权利的认知角度，借由权利的正当性分析正当防卫的正当性这一途径来看，我国古代刑事法律中存在的正当防卫思想可能需要打上引号和问号。举例而言，甲父乙与丙发生了争斗，丙持刀刺向乙，就在此时甲想要棒击丙，但意外打中其父乙。针对这样的案情，我国有学者认为案例中甲的行为应被认为是正当防卫行为，并且因此认为汉代的法律就承认了正当防卫的合法性。❶ 但结合案情来看，自始至终并未从正当防卫的视角进行解读和剖析，而是着眼于对汉代"斗父"的制度进行讨论的。在这样的基础上，很难直接认为甲的行为不构成汉代刑法中的"斗父"行为就意味着其行为构成正当防卫，或甲的行为构成正当防卫行为就必然不能被认定为"斗父"。二者之间并没有在权利的语境中形成必然的逻辑关联。不仅如此，从权利正当性的分析路径来看，甚至很难在没有具体介绍乙和丙斗殴缘由的情境下对是否正当防卫行为进行充分论证。

还是对这一案例而言，倘若从最原始的人们对于人性的理解和认知来看，是具有一定正当性的"正当防卫"思想。无论乙和丙是因为什么事情而发生的斗殴，甲作为乙的儿子，在面对这一情景时，出于对亲属生命安全的保护采取行动，是符合人性的本

---

❶ 王政勋. 正当行为论 [M]. 北京：法律出版社. 2000：80.

能要求的。那么,即便这一行为不符合现代刑法意义上的"正当防卫",也不能否认和磨灭其在人性视角下的合理性。

如果从近现代刑法学对正当防卫权正当性的分析途径来看,那么我国古代上述的很多正当防卫的思想都不是现代刑法中真正意义上的正当防卫。有学者认为,我国古代存在的"正当防卫"思想的体现,有的是将其直接视为在特定情境中的允许复仇的规定。❶ 有的学者在承认是正当防卫思想萌芽的基础之上,认为是对正当防卫与复仇这二者之间界限的模糊化。❷ 更有学者认为,我国古代律法中规定的"正当防卫"本质上是现代法律意义上的扭送,而非正当防卫。❸ 从这一途径进行分析,只能认为我国古代刑法思想中存在着现代意义上的正当防卫的雏形特征和思想萌芽,不能认为是现代意义上的正当防卫。

诚然,从当下的语境来看,上述梳理的我国正当防卫思想可能并不属于当下刑法学意义上的正当防卫,但也应当承认,当下刑法学意义上的正当防卫不是复仇的、私刑的或权利的"正当防卫",但不能由此否认上述我国古代存在的"正当防卫"思想中对人性的认知。当自己、自己的近亲属或没有关系的他人处于险境时,选择采取行动压制或摆脱困境,是人的本能反应和天然需求。上述制度认识到人生而为人的这种本能并予以规定。不仅如此,按照马克思唯物主义历史观的观点,从当下的环境看待历史是不可取的,历史只能放在历史环境中考察。故笔者认为,无论出于什么原因,上述制度从本质上来讲的确是我国古代刑法对人性的

---

❶ [日] 穗积陈重. 复仇与法律 [M]. 曾玉婷. 魏磊杰,译. 北京:中国法制出版社. 2013:53-65.
❷ 李隆献. 复仇观的省察与诠释·宋元明清编 [M]. 台北:台大出版中心. 2015:141.
❸ 王垚. 正当防卫权利的法理研究 [D]. 长春:吉林大学. 2020:35-36.

尊重和保护的重要体现，这是毋庸置疑的。

（三）我国近现代正当防卫制度之梳理

相较于我国古代正当防卫思想或制度的发展演变，自清政府时期，"师夷长技以制夷"的思想深入人心。虽然在之前的历史中，正当防卫的思想已经以文字的形式被明确规定，但并未形成对正当防卫权的明确且具体的认知。自1905年颁布《刑律草案》开始，正当防卫思想基本都是以单独的刑法条文，以对正当防卫权的确定为形式，正式地对正当防卫制度进行规定。故接下来将从具体的法律规定入手，对1905年至今的刑法中规定的正当防卫进行梳理，并对发展过程中的具体细节性变化予以说明。

从近现代刑法学思想的角度来看，1905年《刑律草案》是我国历史上第一部在中国人的主持下完成起草的现代刑法。该草案第50条的规定，更被视为我国当下有史料予以佐证的现代刑法意义上的正当防卫权法律规范的开篇。从这一角度来说，1905年《刑律草案》的起草在我国刑法学的发展道路上具有划时代的意义。1905年《刑律草案》第50条规定："凡受不正之侵害，出于防卫自己或他人之生命、身体、财产而行为者，不论其罪。其行为逾防卫程度外者，依本刑减轻一等或二等。"❶ 从这一规定的具体内容来看，1905年《刑律草案》中对正当防卫的规定脱离了对实施正当防卫行为的主体身份的限制。从本质上讲，1905年《刑律草案》是在刑法上以抽象意义上概括的人对正当防卫进行规定，既明确了防卫自己，又明确了防卫他人；既明确了正当防卫行为的适用前提，又明确了正当防卫的适用效果；对于行为主体而言，不再限制为受害人本人或其近亲属。

---

❶ 黄源盛，纂辑. 晚清民国刑法史料辑注 [M]. 台北：元照出版有限公司. 2010：23.

1905年《刑律草案》之后，由我国学者沈家本先生与日本学者冈田朝太郎共同主持完成起草的1907年《刑律草案》应运而生。其中对于正当防卫亦进行了明确规定，同时，从某种程度上讲，这一版的《刑律草案》成为我国后世刑法发展与完善的蓝本。从刑法规范的发展整体来看，后世的刑法大多以这一版本的《刑律草案》为基础版本进一步修改与完善。1907年《刑律草案》第15条规定："凡对于现在不正之侵害，出于防卫自己或他人权利之行为，不为罪；逾防卫程度之行为得减本刑一等至三等。"❶ 与1905年《刑律草案》的规定进行对比可以发现，其中对于法律适用的效果有所变化，从"减轻一等或二等"变为"减本刑一等至三等"。故从法律上来说，对于正当防卫行为的"容忍"是有所增强的。

1910年《修正刑律草案》对1907年《刑律草案》中正当防卫的规定又有所修改和调整。1910年《修正刑律草案》中的第15条及其附则分别规定："凡对于现在不正之侵害，出于防卫自己或他人权利之行为，不为罪；逾防卫程度之行为得减本刑一等至三等。"❷ "凡对尊亲属有犯不得适用正当防卫之例。"❸ 由此可以看出，较之于1907年《刑律草案》而言，在正当防卫的规定中加入一定的源于亲属关系的限制，将对尊亲属的行为从正当防卫的规定排除在外。从本质上讲，这一条的修改受到我国传统儒家思想的影响。具体来看，这是因为1907年沈家本和冈田朝太郎起草的《刑律草案》诞生之后，宪政编查馆，即中央部院堂官、地方各省都统内外衙门将之公布并广泛地征求修改意见。在这一过程中，

---

❶ 陈兴良. 正当防卫论 [M]. 北京：中国人民大学出版社. 2017：11.
❷ 黄源盛，纂辑. 晚清民国刑法史料辑注 [M]. 台北：元照出版有限公司. 2010：204.
❸ 黄源盛，纂辑. 晚清民国刑法史料辑注 [M]. 台北：元照出版有限公司. 2010：204.

1907年的《刑律草案》对于正当防卫的规定在当时的大众看来，产生了新刑律与旧纲常之间的矛盾与冲突。这一矛盾和冲突在社会层面受到广泛的争议，所以当时的清政府提出"不可率行变革"的具有强烈倾向性的修改意见。所以，1910年的《修正刑律草案》中才对正当防卫进行伦理性限制，明确规定对尊亲属实施的符合条件的行为亦不能认定为正当防卫。由此可以看出，这一修改是囿于社会大众的普遍认知而造就的产物。笔者认为，由于我国传统文化的影响，根植于中华民族发展历史而形成的民族性格对于当时历史环境下的人来说，成为人性的一个重要方面。

在广泛征求修改意见后，最终于1911年形成《钦定大清刑律》。1911年《钦定大清刑律》中的第15条与《暂行章程》中的第5条分别规定："对现在不正之侵害而出于防御自己或他人权利之行为，不为罪。但防卫行为过当者，得减本刑一等至三等。"❶ "对尊亲属有犯，不得适用正当防卫之例。"❷ 由此不难发现，上述1910年《修正刑律草案》的附则中所规定的内容，最终并未呈现在《钦定大清刑律》的正文中，仅在《暂行章程》中予以规定。通过史料不难发现，这一举措在最终确定之前经历了一定的波折。虽然在清末修律礼法之争中，"礼派"代表人物劳乃宣强烈要求将有关尊亲属的内容纳入《钦定大清刑律》的正文中，但最终还是受到资政院的坚决反对。由此看来，即便当时存在礼法之争，并且由于新规与纲常的矛盾，迫不得已将对尊亲属的行为排除在外，但最终仍是现代法学理念占据上风。虽然仅将对尊亲属的规定放置于《暂行章程》，但在笔者看来，这一举措不仅不是对人性的违背，反而是对人性进一步的尊重。虽然我国的民族性格中有着尊

---

❶ 黄源盛，纂辑. 晚清民国刑法史料辑注 [M]. 台北：元照出版有限公司. 2010：298.
❷ 黄源盛，纂辑. 晚清民国刑法史料辑注 [M]. 台北：元照出版有限公司. 2010：298.

老爱幼、亲属间相互扶助的优良美德，是中国人人性的一个侧面。但需要注意的是，哪怕是亲属之间，存在危险情景时，求生保全自身的本能可能会突破后天形成的人性性格。故笔者认为，《钦定大清刑律》的这一处置方式在一定程度上是现代刑法理念语境之下对人性的尊重、肯定和弘扬。

这一点从1912年《暂行新刑律》中亦能得以呈现。1912年，我国迈入北洋政府时期。由于当时历史环境的影响以及当时历史发展趋势的探索，故在1912年《暂行新刑律》的第15条中规定："对现在不正之侵害而出于防御自己或他人权利之行为，不为罪。但防卫行为过当者，得减本刑一等至三等。"❶ 这一法律文件问世于北洋政府当政初期，从这一规定可以看出，基本是对《钦定大清刑律》的沿用与承袭。但沿袭的基础之上，对于原《暂行章程》中的伦理纲常性规定予以废止。

然而好景不长，由于袁世凯复辟帝制的野心昭然若揭，1914年《暂行新刑律》补充条例的第1条规定："刑律第十五条与尊亲属不适用之，但有下列情事之一者，不在此限：一、嫡母、继母出于虐待之行为者。二、夫之直系尊亲属出于义绝或虐待之行为者。"❷ 由此来看，袁世凯为了顺利地复辟帝制，在立法层面做出一些调整，将原本已被废止的伦理纲常性的规定重新予以规定。从某种程度上讲，这一行为无疑是开历史倒车。

上述调整仅是以补充条例的形式出现，1915年《刑法修正草案》便将袁世凯复辟帝制的最后一层遮羞布撕下。1915年《刑法修正草案》第15条规定："对于现在不正之侵害而出于防卫权利

---

❶ 杨云天. 论我国刑法中正当防卫的规定和发展过程——一种学说史的梳理[J]. 东南大学学报. 2022（S1）：93-96.

❷ 黄源盛，纂辑. 晚清民国刑法史料辑注[M]. 台北：元照出版有限公司. 2010：512.

之行为，不为罪。但防卫过当者，减本刑一等或二等。前项之规定，除左列各款外，对于直系尊亲属之防卫行为不适用之：一、嫡母、继母出于虐待之行为者。二、夫之直系尊亲属出于义绝或虐待之行为者。"❶ 从这一规定来看，有两个方面需引起注意，其一，对正当防卫进行的来自伦理纲常的限制再一次在刑法的正文中明确规定，这一规定的内容和形式是袁世凯复辟时期"立法自必依乎礼俗"宗旨的直接体现。其二，在刑法的规定中，正当防卫制度的适用后果相关表述从"得减"变为"减"。虽然这一规定是袁世凯复辟帝制的证明，但不能忽视这一表述带来的变化，即从得减主义向必减主义的发展趋势。由此来看，这一规定对正当防卫行为防卫过当时适用的刑罚量理论上趋于轻缓化。

在这之后，《刑法第二次修正案》于1918年正式问世。该修正案第29条规定："对于现在不法之侵害而出于防卫自己或他人权利之行为，不罚。但防卫行为过当者，得减轻或免除本刑。"❷ 从这一条的规定结合《修正刑法草案理由书》（以下简称《理由书》）进行分析，可以发现以下几个方面的重要内容：其一，虽然没有在修正案的正文中予以明确，但《理由书》中专门强调了正当防卫行为不必以不得已为前提条件，相较于当下我国的刑法规定较宽，但也可以说是为刑法的进一步适用解释留足空间。其二，从正当防卫的刑罚后果来看，在防卫过当的情形中，原本的必减主义再度回归得减主义。但也可以发现，刑罚的设置不再以"等"作为量刑的幅度界定标准，更趋向于现代化的刑事立法。在一般

---

❶ 杨云天. 论我国刑法中正当防卫的规定和发展过程——一种学说史的梳理 [J]. 东南大学学报. 2022 (S1)：93 – 96.
❷ 杨云天. 论我国刑法中正当防卫的规定和发展过程——一种学说史的梳理 [J]. 东南大学学报 (哲学社会科学版). 2022 (S1)：93 – 96.

的正当防卫情形中，直接规定的是不罚，即免除刑事责任，从正当防卫的认定与适用角度来看，是对法官自由裁量权范围的极大扩张。其三，虽然并未在正文中明确，但在《理由书》中对尊亲属不得正当防卫仍持肯定态度。但与之前规定的理由有所不同，在这一次的修正案中，之所以肯定对尊亲属不能正当防卫，是因为在法律层面上赋予尊亲属惩责权，由此否定了惩责权行使行为的不法侵害性。虽然客观上仍否认对尊亲属可以进行正当防卫，但从理由的阐释中可以发现，不再是单纯的伦理纲常限制，而是从法律的角度对权利予以剖析与界定。相较1914年与1915年的规定，有一定的进步之处。其四，从法律意义上看，对于正当防卫中不法侵害的界定由之前的不正说正式向不法说转变。一直到被誉为民国以来最为完善的刑事立法，1919年《改定刑法第二次修正案》第36条规定："对于现在不法之侵害而出于防卫自己或他人权利之行为，不罚。但防卫行为过当者，得减轻或免除其刑。"❶在这两个修正案中，并没有产生实质性的变化。

此后，我国便进入了一段较为混乱艰难的历史时期。在这一历史时期，将从南京政府和革命根据地两个方面对正当防卫制度规定的情况进行梳理。就南京政府对于正当防卫的立法情况来看，1928年《中华民国刑法》第36条规定："对于现在不法之侵害而出于防卫自己或他人权利之行为不罚，但防卫行为过当者得减轻或免除本刑。"❷ 1935年《中华民国刑法》第23条规定："对于现在不法之侵害而出于防卫自己或他人权利之行为不罚，但防卫行

---

❶ 杨云天. 论我国刑法中正当防卫的规定和发展过程——一种学说史的梳理 [J]. 东南大学学报（哲学社会科学版）. 2022（S1）：93-96.
❷ 王宠惠. 中华民国刑法 [M]. 李秀清. 点校. 北京：中国方正出版社. 2006：7.

为过当者得减轻或免除本刑。"❶ 从表述来看，无论是 1928 年还是 1935 年的《中华民国刑法》，相差无几。但需要注意的是，在这两部法律中，都将正当防卫规定在刑事责任的范畴之内，只不过二者对于具体规定所属章节的具体名称有所不同。就革命根据地时期的正当防卫立法来看，1931 年《赣东北特区苏维埃暂行刑律》第 7 条规定："对现在不正当之侵害，而出于防卫自己或他人之权利的行为不为罪，但逾防卫行为过当者，得减本刑一等至二等。"❷ 这样来看，革命根据地时期对于正当防卫的规定，与 1905 年和 1907 年《刑律草案》的规定内容极为相似。

1949 年，中华人民共和国正式成立，我国对于正当防卫制度的法律规定即将迈入新的历史时期。具体而言，1950 年《中华人民共和国刑法大纲（草案）》第 9 条规定："下列行为，不成立犯罪：一、因防卫国家政权、国家财产或自己、他人正当权利的现在不法侵害，而未超过必要限度者。"❸ 应先予以明确的是，1950 年《中华人民共和国刑法大纲（草案）》是新中国成立之后第一个刑事立法的规划性文本，具有划时代的意义。但我们也应注意到，在这一条的具体规定中，虽然所表述的内容是我们当下认知的正当防卫行为，但条文中并未直接使用正当防卫这一概念。

1954 年《中华人民共和国刑法指导原则草案（初稿）》第 5 条第 1 款规定："为了防止公共利益或个人的人身和权利免受正在进行的犯罪侵害，不得已而对犯罪人实行的正当防卫行为，不认为是犯罪。但是防卫行为显然超过必要限度，应当认为犯罪，根据

---

❶ 转引自王垚. 正当防卫权利的法理研究 [D]. 长春：吉林大学. 2020：43.
❷ 姜伟. 正当防卫 [M]. 北京：法律出版社. 1988：7.
❸ 高铭暄，赵秉志. 主编. 中国刑法立法文献资料精选 [M]. 北京：法律出版社. 2007：201.

具体情况可以减轻或者免于处罚。"❶ 从 1954 年的这一份法律文件来看，较之于 1950 年的规定，有着长足的完善。具体可以从以下几个方面进行理解：其一，以往正当防卫的规定在描述不法侵害的时候用词都是"现在"，而在 1954 年《中华人民共和国刑法指导原则草案（初稿）》中，使用"正在进行"的表述予以代替，由此可见，在这一条文中，对于正当防卫行为的防卫时间的限定更加直接、明确。其二，在该条文中出现了"不得已"的表述，不仅与之前的规定相比限缩了解释的空间，而且"不得已"本身仍是一种相对模糊概括的表述方式，一定程度上对于普罗大众实施正当防卫行为而言，存在一定的利弊争议。其三，从该条规定列举的内容而言，是"人身和权利"，由此看出二者是并列关系，"人身"从"权利"中单独出来，被赋予独立的地位和意义。其四，虽没有明确规定必要限度是什么，但从这一条规定的内在联系也可以看出，相较于 1954 年《中华人民共和国刑法指导原则草案（初稿）》补充了对防卫过当行为的刑罚后果规定。其五，在该条的规定中，在正当防卫可予以保护的内容中去掉"他人"。

在此之后，1957 年《中华人民共和国刑法草案（初稿）》（第 22 稿）第 17 条规定："为了使公共利益、本人或者他人的人身和权利免受正在进行的不法侵害而采取的正当防卫，不负刑事责任。正当防卫超过必要限度，应负刑事责任；但是可以减轻或者免除处罚。"❷ 对于这一规定，笔者认为，可以从以下几个方面展开理解：其一，从该法律文件的名称可以看出，在立法层面，整体的

---

❶ 高铭暄，赵秉志. 主编. 中国刑法立法文献资料精选 [M]. 北京：法律出版社. 2007：229.
❷ 高铭暄，赵秉志. 主编. 中国刑法立法文献资料精选 [M]. 北京：法律出版社. 2007：251.

立法流程与之前有所不同。从某种意义上讲，这一形式法律文件，是我国刑事立法工作中第一次真正进入正式的立法程序的文本，在我国刑法理论发展的历史上扮演着重要的角色。其二，从条文的规定来看，与前一规定相比，主要存在两个方面的不同。一方面，该条规定中将"他人"重新纳入正当防卫之内，恢复了对他人受到不法侵害时所实施的正当防卫行为的强调与重视；另一方面，之前条文中的表述由"不认为犯罪"转变成"不负刑事责任"。由此来看，在这一立法文件中，对犯罪与刑事责任进行了一定程度的划分。对于正当防卫行为而言，虽是为了避免不法侵害，但从本质上说，其仍然具有一定的社会危害性。由此看来，这一立法文件中对于正当防卫权的认知是在以往立法的基础上跨越性的进步。

1963年《中华人民共和国刑法草案（第33稿）》第17条规定："为了使公共利益、本人或者他人的人身和其他权利免受正在进行的不法侵害，采取的正当防卫行为，不负刑事责任。正当防卫超过必要限度造成不应有的危害的，应当负刑事责任；但是可以减轻或者免除处罚。"❶ 从这一规定来看，相较于之前的"人身和权利"而言，演化成"人身和其他权利"。从这一角度来看，如果说将人身独立于权利是认知上的一大进步，那么1963年的这一表述便标志着对人身和权利的认知更加明晰，即认识到了二者之间的包含与被包含的关系，人身是权利的一种，且是权利中最为重要且独特的一种。另外，该条规定对于防卫过当也有法律意义上的界定，即"造成不应有的危害"。从刑法学理论，尤其是正当防卫理论的发展来看，此处是我国刑事立法中对正当防卫认知加

---

❶ 高铭暄，赵秉志. 主编. 中国刑法立法文献资料精选 [M]. 北京：法律出版社. 2007：278.

深的重要表现,对于防卫过当行为的进一步界定,对立法的理解和司法的适用都有着重要的意义和作用。

1979年《中华人民共和国刑法草案(法制委员会修正第二稿)》(第37次稿)第17条规定:"为了使公共利益、本人或他人的人身和其他权利免受正在进行的不法侵害,采取的正当防卫行为,不负刑事责任。正当防卫超过必要限度造成不应有的危害的,应负刑事责任,但是应当减轻或免除处罚。"❶ 由此可见,在针对防卫过当行为的刑罚适用上,这一文件所持的态度由"可以"转变为"应当",相较于迁移规定而言,明显更为积极,从刑罚理论上讲也更为轻缓一些。同年,新中国第一部刑法典,1979年《中华人民共和国刑法》终于诞生。该法典第17条规定:"为了使公共利益、本人或他人的人身和其他权利免受正在进行的不法侵害,而采取的正当防卫行为,不负刑事责任。正当防卫超过必要限度造成不应有的危害的,应当负刑事责任,但是应当酌情减轻或者免除处罚。"❷ 相较于1979年《中华人民共和国刑法草案(法制委员会修正第二稿)》(第37次稿)中的表述而言,在防卫过当时的刑罚适用上增添了"酌情"二字,表明对于正当防卫中的防卫过当而言,刑罚应在轻缓化的基础之上有所限制,即应当"酌情"。虽说仍是对法官赋予较大的自由裁量权,但表明在立法过程中对于刑罚适用审慎的态度。而这种审慎的态度,从本质上来讲,其意义在于,要促进罚当其罪,但又不能过于严苛地把握减轻,使条文成为束之高阁只具有象征意义的"神像"。在笔者看来,我国

---

❶ 高铭暄,赵秉志.主编.中国刑法立法文献资料精选[M].北京:法律出版社. 2007:305.

❷ 高铭暄,赵秉志.主编.中国刑法立法文献资料精选[M].北京:法律出版社. 2007:337.

1979年《中华人民共和国刑法》的规定，充分体现了对人性的尊重和保护。

面对社会的发展与进步，1988年《中华人民共和国刑法（修改稿）》的第17条对1979年《中华人民共和国刑法》中的内容进行调整，规定："为了使公共利益、本人或他人的人身和其他权利免受正在进行的不法侵害，采取正当防卫行为对不法侵害者造成一定损害的，不负刑事责任。防卫行为超过必要限度造成不应有的损害的，应当负刑事责任，但是应当酌情减轻或者免除处罚。"❶这一表述相较于之前有几个显著的变化，具体可以从以下几个方面进行理解：其一，对正当防卫行为的内在属性进行了更为明确的规定，即"对不法侵害者造成一定损害"，这是对刑法中规定的正当防卫行为内在属性和特征的重要界定。换言之，这也表明在我国的刑法立法过程中，对于正当防卫行为的理解更为具体化。其二，对正当防卫行为的对象进行了严格的限定，即"对不法侵害人"。从这一表述来看，正当防卫既是对防卫人人性的尊重和保护，又是对不法侵害实施者人性的尊重和保护。由于不法侵害人的行为造成了威胁，那么正当防卫行为的实施对象也只能限制于不法侵害人。这一规定不仅是对正当防卫行为的限制，更体现了对不法侵害人的合法权益的一种保护，是现代刑事法理念的重要体现，即责任自负的侧面。其三，在防卫过当的规定中，以"防卫行为"替代"正当防卫"表明对正当防卫行为，尤其是超越必要限度的正当防卫行为的"不法性"有更为明确的认知。

1996年8月出台的《中华人民共和国刑法（修订草案）》（征求意见稿）第18条规定："为了使国家、公共利益、本人或者他

---

❶ 高铭暄，赵秉志. 主编. 中国刑法立法文献资料精选 [M]. 北京：法律出版社. 2007：498.

人的人身、财产和其他权利免受正在进行的不法侵害,而采取的制止不法侵害的行为,是正当防卫行为。正当防卫的行为对不法侵害人造成损害的,不负刑事责任。正当防卫的行为人明知或者应当知道防卫行为明显超过必要限度造成重大损害的,应当负刑事责任,但是应当酌情减轻或者免除处罚。对以暴力方法实施杀人、抢劫、强奸、绑架以及严重危害国家、公共利益的犯罪行为,采取防卫行为,造成不法侵害人伤亡后果的,不负刑事责任。对以破门撬锁或者使用暴力方法非法侵入他人住宅的,采取防卫行为,适用第四款规定。"[1]从这一法律文件的表述来看,就能直观地发现,较之于之前有较大的改动。具体可以从以下几个方面进行理解:其一,对于正当防卫的内涵和目的而言,有了更新的认知,即不再局限于对不法侵害者造成损害,而是将正当防卫行为的内涵特征界定为"制止不法侵害"。这既是对正当防卫行为属性的本质理解,又是对正当防卫行为最终目的的表述,从立法上看有一定的进步意义。其二,从正当防卫保护的利益角度来看,这一法律规定中明确了国家利益以及财产利益的可防卫性,标志着我国刑事立法进程中对于正当防卫特性的理解更为深入和广阔。人作为个体,会对自己身处的国家产生依赖,会对自己合法拥有的财产占有和保护,这些都是人性使然。从这一角度来看,这一规定也意味着刑事立法对于人性的理解更为透彻。其三,这一规定将对正当防卫行为的界定与刑法评价进行分离。这是我国刑事立法技术进步的重要表现,能最大限度地避免立法和适用过程中的循环解释,也能更为直观、简洁、准确地揭示正当防卫的内涵和意义。同时,对正当防卫行为的实施者赋予法律意义上的称呼,

---

[1] 高铭暄,赵秉志.主编.中国刑法立法文献资料精选[M].北京:法律出版社. 2007:533.

即"正当防卫的行为人",为之后对正当防卫制度的讨论提供统一的称呼,形成极大的便利。其四,对于防卫过当的规定更为精细化。一方面,将防卫过当行为的认定标准从"超过"进一步明确为"明显超过",是一种相对来说更为宽泛但也更为准确的界定。详言之,超过一丝一毫是超过,但对这样的行为认定为防卫过当,是有违正当防卫制度设立初衷的,即只有明显超过必要限度的行为才应被认定为防卫过当。另一方面,在防卫过当行为的后果上,也从"不应有"进一步具象化为"造成重大损害的",由此,对司法实践中的具体适用标准进行一定的明确,提供更为具体、更具针对性的指导。其五,必须认识到,这一法律文件是我国刑事立法史上对正当防卫进行立法时第一次明确地对特别防卫做出的规定。在极端的情形下,不再要求防卫的限度,给予人性极大的尊重和保护,具有相当的进步意义。

在广泛征集修改意见的基础之上,1996 年 12 月颁布的《中华人民共和国刑法(修订草案)》第 20 条规定:"为了使国家、公共利益、本人或者他人的人身、财产和其他权利免受正在进行的不法侵害,而采取的制止不法侵害的行为,对不法侵害人造成损害的,属于正当防卫,不负刑事责任。正当防卫明显超过必要限度造成重大损害的,应当负刑事责任,但是应当减轻或者免除处罚。受害人受到暴力侵害而采取制止暴力侵害的行为,造成不法侵害人伤亡后果的,属于正当防卫,不属于防卫过当。"❶ 从这一规定来看,较之于之前的条文表述,以下几点需要引起我们的重视:其一,对于正当防卫的特征进行更为具体、全面的概括,将之前条文中认识到的"对不法侵害人造成损害"以及"制止不法侵害

---

❶ 高铭暄,赵秉志. 主编. 中国刑法立法文献资料精选 [M]. 北京:法律出版社. 2007:607.

行为"两个侧面都予以肯定。其二,从现代法学的权利观念来看,这一条文的规定表明我国在刑事立法的过程中,认识到条文中规定的情形仅是正当防卫权的表现形式之一,而非全部,故在表述上从"是正当防卫"转变为"属于正当防卫"。其三,在对防卫过当的评价中,评判法律后果时去掉"酌情"二字。其四,对于特殊防卫的规定而言,对于上一法律文件中列举的情形进行充分的概括,使用更为一般化的表述,即仅将特殊防卫限制在暴力侵害的行为中。

而对于特别防卫的问题,修改更为明显的则是体现在 1997 年《中华人民共和国刑法(修订草案)》(修改稿)第 20 条:"为了使国家、公共利益、本人或者他人的人身、财产和其他权利免受正在进行的不法侵害,而采取的制止不法侵害的行为,对不法侵害人造成损害的,属于正当防卫,不负刑事责任。正当防卫明显超过必要限度造成重大损害的,应当负刑事责任,但是应当减轻或者免除处罚。对正在进行行凶、杀人、抢劫、强奸、绑架以及其他严重危及人身安全的暴力犯罪,采取防卫行为,造成不法侵害人伤亡和其他后果的,不属于防卫过当,不负刑事责任。"❶ 由此看来,在这一修改草案中,对于特殊防卫规定的修改较大,主要表现在以下几个方面:其一,在特殊防卫的适用情形的陈述上采用了"列举+兜底式"的叙述方式对特殊防卫的适用范围进行立法重构,尤其是对"严重危及人身安全的暴力犯罪"的强调。这说明从面临的紧迫性和危害性上对人性的选择进行一定的限制,既尊重和保护了人性的本能选择,又用理性的规定尽可能地对感性的冲动行为做出警示。其二,特别强调特殊防卫中"造成的不

---

❶ 高铭暄,赵秉志. 主编. 中国刑法立法文献资料精选 [M]. 北京:法律出版社. 2007:693.

法侵害人伤亡和其他严重后果"并不是防卫过当,对正当防卫权在特殊情境下的行使给予最大限度的放宽。其三,在防卫的对象上,将严重危及国家公共利益的犯罪行为从特殊防卫的范畴中予以去除。而这一草案中对正当防卫的规定的表述,在之后的1997年《中华人民共和国刑法(修订草案)》中得以延续,故不再重复性介绍。

经过广泛的意见收集与讨论,最终形成1997年《中华人民共和国刑法》第20条中明确规定的:"为了使国家、公共利益、本人或者他人的人身、财产和其他权利免受正在进行的不法侵害,而采取的制止不法侵害的行为,对不法侵害人造成损害的,属于正当防卫,不负刑事责任。正当防卫明显超过必要限度造成重大损害的,应当负刑事责任,但是应当减轻或者免除处罚。对正在进行行凶、杀人、抢劫、强奸、绑架以及其他严重危及人身安全的暴力犯罪,采取防卫行为,造成不法侵害人伤亡的,不属于防卫过当,不负刑事责任。"❶迄今为止,本条的规定依然被沿用。

(四)对我国近现代正当防卫制度的人性反思

如上所述,在近现代的刑法学意义上,对于正当防卫制度的正当性的探讨是立足于正当防卫权的正当性。在这一分析路径上存在一个大前提,即权利。根据法律史著名学者凯利的探究,自卫权的理论其实历史悠久,甚至可以追溯到希腊;但一直到格劳秀斯的《荷兰法律导论》正式发表,自然权利的思想才真正诞生于世;而自然权利理论的出现,先于国家且自然正当的现代防卫权理论才应运而生。❷其中,霍布斯和洛克二人的观点极具代表性

---

❶ 《中华人民共和国刑法》第20条。
❷ [爱尔兰]约翰·莫里斯·凯利. 西方法律思想史[M]. 王笑红,译. 北京:法律出版社. 2010:19.

地从权利的正当性论述正当防卫权的正当性。从某种意义上看，他们在论述与分析的过程中所采用的具体方式与西方社会的社会契约论传统一脉相承。

就霍布斯而言，他对于契约成立之后整个社会的秩序是非的重视和强调。他的基本观点在于，一旦国家得以建立，那么公民就理所当然地应用于掌权者的命令，公民不能控诉后者不义，也不能未经其允许解散国家。在霍布斯的观点里，命令和服从与否从本质上来讲是两件事，在契约达成后，主权者的命令是合法的，即便命令的内容是残忍无道的，但这并不代表被命令的人必须选择服从。

在对自我防卫权的重视这一方面，洛克与霍布斯的目标一致，只不过二人在论证自我防卫权时的逻辑有所不同。在洛克的观点中，他并不是从命令与服从的关系进行分析的，与之相反，他是以自我防卫权与人的生命与自由为逻辑基点展开的。从洛克的观点出发，那么人的生命与自由是自然法赋予人们的天然权利，而自我防卫权就是避免人的生命和自由遭到损害的保护盾。正因如此，人有权毁灭那些给他的生命和自由带来威胁或已经造成侵害的事物或人。由此不难发现，洛克的观点源于对自然法的反思和剖析。甚至从一定程度上说，理性法不能有悖于自然法，一旦某一行为触犯了自然法，那么理性法中对于这一种行为约束应当失效。正因如此，防卫人只能运用智力和强力的法则，像杀死任何一只野兽一样，毁灭那向他挑起争端或者对他的生命满怀恶意的侵害者。❶

综上所述，以霍布斯和洛克为代表的社会契约论学者"通过

---

❶ [英] 约翰·洛克. 政府论 [M]. 叶启芳, 瞿菊农, 译. 北京: 商务印书馆. 1964: 9–10.

将重心由自然义务或责任转移到自然权利",构建起以个人和自我为中心的政治秩序。❶ 进一步进行分析,不难发现,无论是霍布斯还是洛克,他们都是把个人的权利,或者说自然法赋予人的权利作为其各自理论的出发点和落脚点。其中,个人保全作为最重要的一项内容,是人生而有之的权利,源于人性中对生的渴望和追求的本能,毋庸置疑地应成为位于其他权利和义务之上的权利。对此,洛克也曾明确指出:"人们联合成为国家和置身于政府之下的重大的和主要的目的,是保护他们的财产。"❷

仍需予以明确的是,无论是从刑法教义学的角度出发,还是从刑法实证研究的角度出发,都认为防卫权对于个人权利的保护有着重要作用。无论是霍布斯还是洛克,都是借由自我保全的观点对这一意义进行阐释和分析。在笔者看来,无论是什么样的分析路径,既然逻辑基点是自我保全,那么从根本上讲,还是人生而为人、趋利避害的天然特性趋势的本能行为。其他论述只是建立在认识到这一点后形成的权利观点进行后续的阐释。所以归根结底,自我保全的核心似乎与刑事古典学派主张的心理强制说有着千丝万缕的关系,从本质上讲还是对人性的认知、尊重与保护。

由此来看,无论是我国古代刑法中的"正当防卫"思想还是我国现行刑法中规定的正当防卫制度,都充满了不同历史时期的立法者对人性的认知、尊重与保护。故笔者认为,起码在正当防卫的思想和制度上,刑法散发着耀眼的人性光芒,流露出冰冷外表下的一抹温情。

---

❶ [美]列奥·施特劳斯. 自然权利与历史 [M]. 彭刚,译. 上海:生活·读书·新知三联书店. 2016:253.
❷ [美]列奥·施特劳斯. 自然权利与历史 [M]. 彭刚,译. 上海:生活·读书·新知三联书店. 2016:77.

二、紧急避险制度

法谚有云:"紧急时无法律。"当然,这一法谚中所说的"紧急"既包含接下来要谈论的紧急避险,也应包含正当防卫、自救行为和紧急救助等情形。就紧急避险而言,当下在刑法学界已经广泛接受并予以讨论。在世界范围内,各国的刑事立法或判例都已接纳和呈现紧急避险。从通俗意义上看,若说正当防卫是"正"与"不正"的对抗,那么紧急避险就是"正"与"正"的矛盾与冲突。正因如此,紧急避险的历史发展与正当防卫不尽相同,有着不一样的曲折历程。从人性的视角对我国紧急避险制度进行反思和检视,要求必须以紧急避险在我国的发展为研究的出发点和落脚点。故理应先对我国不同时期的紧急避险思想和制度的发展演变进行充分梳理,以期更好地在我国当下的语境中以人性为切入点对其进行理解、认知和把握。

(一)我国紧急避险之溯源

在我国的古代,包括刑法在内的所有法律都受到我国传统儒家思想的深远影响。从某种程度上讲,与现代刑法意义上认知的紧急避险思想和制度的理论内核有所偏差。概括地分析,紧急避险思想和制度在我国古代萌芽发端相对来说极早,但并未在法律中呈现出现代刑法意义上的明确的、概括的抽象意义层面的一般性规定。同样地,从上述提到的马克思唯物主义历史观的观点来看,即便我国古代紧急避险思想和制度与现代刑法学理论中的内容不尽相同,但仍应肯定其在我国刑法学发展历史上,乃至整个法学的发展历史中的地位、作用和意义。

对紧急避险思想和制度在我国上下几千年的发展历史中进行溯源,不难发现,紧急避险在我国萌芽非常早,甚至最早可以追溯到舜帝的统治时期，即我国经常提到的"三皇五帝"时期。《尚书·舜典》中的"眚、灾肆赦；怙、终，贼刑。"❶ 可以看作我国紧急避险思想和制度的源头。正如后世思想家朱熹曾指出的："眚灾肆赦，言不幸而触罪者，则肆而赦之，此法外意也。"❷ 对"眚灾肆赦"进行理解，不难发现，"眚"是一种状态，具体是指人在天灾人祸导致的粮食减产情形下，饿殍载道、饥饿濒死的状态；"灾"主要指人祸；"肆"是指杀人食之，即把人杀了并以人肉为食；"赦"是指在刑法层面认为行为不构成犯罪，与封建主义社会时期的"勿论"有异曲同工之意。❸ 那么，对于"眚灾肆赦"这句话进行理解，应是："因饥馑或者附后而杀人吃人的，舍而不问罪，但第二次杀人吃人者，或者一次杀人吃人三人以上的，就处以割喉而不断头的死刑。"❹ 由此看出，在"眚灾肆赦"的规定中，能看到紧急避险思想最初的身影。

我们仍需注意的是，虽然从发端来看，我国的紧急避险思想极早就萌芽了，但纵观我国古代的发展历史不难发现，在之后历朝历代的规定中，只能找到一些零星碎片的、针对特殊情况的规定，并没有形成现代法律意义上的一般性规定。《唐律》是我国封建时期集大成的立法典范。其中对紧急避险思想有着较多体现。诸如，曾经有学者对其中与军事相关的规定进行研究，指出："'军中号令、理贵机速'，用舍从权的根本目的是'务在成济'，

---

❶ 李学勤. 主编. 十三经注疏·尚书正义（卷四）[M]. 北京：北京大学出版社. 1999：65.
❷ 鲁嵩岳. 慎刑宪点评 [M]. 北京：法律出版社. 1998：286.
❸ 宁汉林. 魏克家. 中国刑法简史 [M]. 北京：中国检察出版社. 1999：126.
❹ 宁汉林. 魏克家. 大陆法系刑法学说的形成与发展 [M]. 北京：中国政法大学出版社. 2001：100.

即在紧急情况下保证整个军事任务的完成，这也是为维护一个更大的权益而不得不损害一个权益的情况是发生在非一般的情况下。"❶ 在该学者的观点中，对不同的权益进行衡量，在特殊的情况下，发生权益衡量的时候，倾向于选择保护更大的权益，其实与紧急避险的思想是有一定的相似之处。

《唐律疏议》中也有规定："其畜产欲抵啮人而杀伤者，不坐、不偿。注：亦谓登时杀伤者。即时绝，皆为故杀伤。疏：议曰：其畜产有啮人者，若其欲来觚啮人，当即杀伤，不坐、不偿。故注云'亦谓登时杀伤者'。其事绝之后，然始杀伤者，皆依故杀伤之法，仍偿减价。畜主亦依法得罪。"❷ "诸官私畜产毁食官私之物，登时杀伤者，各减故杀伤三等。偿所减价，畜主备所毁。……疏：议曰：畜产不限官私。或毁食官私之物者，毁谓有所唐突，或甑蹋之类。因其毁食，物主登时即杀伤者，各减前条'故杀伤'罪三等。"❸ 由上述《唐律疏议》中的具体规定，不难发现，唐代时期人们对于动物伤人等特殊情况中的紧急避险有着较多规定。故笔者认为，紧急避险的思想和制度在《唐律》中得到较大的发展，并被后世沿革、继承与发展。上述最后一项关于"犯夜罪"的规定体现的最为明显，其适用范围于唐代，在地域上局限于京城的范围之内；而在元、明、清时期，"犯夜罪"的适用范围，从地域上来讲，已不再仅局限于京城的范围，而是将之进行一定程度的扩大。

除上述法律中的具体规定外，从唐代时期的具体司法判例中也能看出，紧急避险的思想和制度，起码在唐代时期人们的接受

---

❶ 钱大群. 唐律研究 [M]. 北京：法律出版社. 2000：226-227.
❷ [唐] 长孙无忌. 等，撰. 唐律疏议 [M]. 北京：中华书局. 1983：284.
❸ [唐] 长孙无忌. 等，撰. 唐律疏议 [M]. 北京：中华书局. 1983：283.

程度已经非常高了。正如："奉判：郭泰李膺，同船共济。但遭风浪，遂被覆舟。共得一桡，且浮且竞。膺为力弱，泰乃力强。推膺取桡，遂蒙至岸。膺失桡势，因而致殒。其妻阿宋，喧讼公庭，云其亡夫，乃由郭泰。泰其推膺，取桡是实。郭泰李膺，同为利涉；扬帆鼓鞞，庶免倾危。岂谓巨浪惊天，奔涛浴日。遂乃遇斯舟覆，共被漂沦。同得一桡，俱望济己。且浮且竞，皆为性命之尤；一强一弱，而致死生之隔。阿宋夫妻义重，伉俪情深。哀彼沉魂，随逝水而长往；痛兹沦魄，仰同穴而无期。遂乃喧讼公庭，心仇郭泰。披寻状迹，清浊自分。狱贵平反，无容滥罚。且膺死无由落水，落水本为覆舟。覆舟自是天灾，溺死乃伊人咎。各有竞桡之意，俱无相让之心。推膺苟在取桡，被溺不因推死。俱缘身命，咸是不轻。辄欲科辜，恐伤猛浪。宋无反坐，泰亦无辜。并各下知，勿令喧扰。"❶从这一判例来看，虽然并没有形成实际的判决文书，但在其论述过程中已经将案件的具体经过以及最终的裁决意向和理由表述得非常清楚。从对理由的解释来看，这一判例中最终得出的结论，其实是紧急避险思想在唐代司法实践中的具体呈现。由此看来，唐代时期，紧急避险的思想不仅停留在法律的规定中，更在司法实践中有着具体表现，进而说明紧急避险在当时是被接受的。

鸦片战争是一个重要的历史节点，在此之后，西方思想在我国得以大规模地传播。清政府时期，为了拯救并维护自己的统治地位，尝试以其他国家的立法模式和法律体系为蓝本进行新的法律制定。1911年的《大清新刑律》便是这一修法过程的重要结晶。其中，对国外的紧急避险制度进行引进，予以明确规定。可以毫

---

❶ 转引自汪世荣. 中国古代判例研究［M］. 北京：中国政法大学出版社. 1997：72-73.

不夸张地说，正是这次修法为我国刑法中对紧急避险的后续研究和发展奠定了一定的制度基础。在此之后，《中华民国暂行新刑律》第16条明确规定："避不可抗拒之危难强制而出于不得已行为不为罪。但加过当之损害者，得减本刑一等至三等。前项之规定于有公务上或业务上特别义务者不适用之。"❶ 由此可见，紧急避险制度在法律上不仅予以一般性规定，更对特殊义务群体的紧急避险内容进行专门说明。在此之后，1928 年《中华民国刑法》第37条规定："因救护自己或他人生命、身体、自由、财产之紧急危难而处于不得已之行为不罚。但救护行为过当者，得减轻或免除本刑。前项关于救护自己之规定，于公务上或业务上特别义务者，不适用之。"❷ 由此来看，在这一规定中，对紧急避险行为所维护的权益进行了更为具体细致的一些列举性规定。随着社会的发展，1935 年版《中华民国刑法》第24条规定："因避免自己或他人生命、身体、自由、财产之紧急避难，而出于不得已之行为，不罚。避免行为过当者，得减轻或免除其刑。前项关于避免自己危难之规定与公务上或业务上有特别义务者，不适用之。"❸ 从这一规定出发，相较于之前的规定，在紧急避险的法律后果的规定更为宽松化和精细化。一方面，认为一般的紧急避险行为不应受到刑法的处罚；另一方面，对于紧急避险行为过当的，奉行得减主义。相较于之前的紧急避险规定，对紧急避险的法律后果的规定是向着轻缓化方向发展的。

新中国成立之后，在制定刑法的过程中对紧急避险亦是十分

---

❶ 杨云天. 论我国刑法中正当防卫的规定和发展过程——一种学说史的梳理 [J]. 东南大学学报（哲学社会科学版）. 2022（S1）：93 - 96.
❷ 王宠惠. 中华民国刑法 [M]. 李秀清. 点校. 北京：中国方正出版社. 2006：7.
❸ 杨云天. 论我国正当防卫的规定和发展过程——一种学说史的梳理 [J]. 东南大学学报（哲学社会科学版）. 2022（S1）：93 - 96.

重视的,并在刑法的总则部分对其予以确定。1979年版《中华人民共和国刑法》第18条规定:"为了使公共利益、本人或者他人的人身和其他权利免受正在发生的危险,不得已采取的紧急避险行为,不负刑事责任。紧急避险行为超过必要限度造成不应有的危害的,应当负刑事责任;但是应当酌情减轻或免除处罚。第一款中关于避免本人危险的规定,不适用于职务上、业务上负有特定责任的人。"❶ 在1979年《中华人民共和国刑法》颁布实施之后,伴随着经济的高速发展,改革开放的浪潮席卷中国大地,在经济体制转型的关键时期,出现诸多新情况。为应对我国计划经济向社会主义市场经济转变过程中对1979年刑法提出的挑战,立法机关结合当时的具体情况,提出一定的修改意见。在这一过程中,紧急避险制度在我国得到不断的完善和发展。历经我国立法机关修正案的不断讨论以及修改意见的广泛征求,最终1997年《中华人民共和国刑法》第21条规定:"为了使国家、公共利益、本人或者他人的人身、财产和其他权利免受正在发生的危险,不得已而采取的避险行为,造成损害的,不负刑事责任。紧急避险超过必要限度造成不应有的损害的,应当负刑事责任,但是应当减轻或免除处罚。第一款中关于避免本人危险的规定,不适用于职务上、业务上负有特定责任的人。"

(二) 紧急避险制度之人性分析

正如英国哲学家休谟曾提出的观点:"一切科学对于人性总是或多或少地有些联系,任何学科不论似乎与人性离得多远,它们总是会通过这样或那样的途径回到人性。"❷ 法学学科,作为哲学

---

❶ 高铭暄,赵秉志. 主编. 中国刑法立法文献资料精选 [M]. 北京:法律出版社. 2007:337.

❷ [英] 休谟. 人性论 [M]. 关文运,译. 北京:商务印书馆. 1991:6.

社会科学领域的重要学科，自然不会超脱其外。而刑法学作为法学范畴内的一个重要部门法，更会在研究过程中与人性有着千丝万缕的联系。刑法是以人的行为作为主要规制对象的部门法学，刑法规范必须以人性为出发点和落脚点，才能拥有存在及适用本质上的合理性。❶ 因此，"犯罪是人实施的，刑罚是科于人的。因此，作为刑法的对象，常常必须考虑到人性问题。可以说对人性的理解决定了刑法学的性质。"❷ 正因如此，从人性的视角对紧急避险制度进行再审视和分析，探究紧急避险制度内在的人性基础，才能很大程度上地保证大众对于该制度，甚至是整个刑法的普遍认同。

从某种程度上讲，结合我国当下刑法中对紧急避险的具体规定来看，其核心与利益之间的衡量有着无法避免的联系。当谈及利益的衡量时，就难以避免地联想到刑事古典学派费尔巴哈的心理强制说与边沁为代表的功利主义思想。人在紧迫的情况之下，从自身的保全出发，进行利益上的衡量，最终选择能够自我保全的行为予以实施。这么来看，其实是符合学者们对于人性的认知和假设的。从这一点来看，紧急避险制度毋庸置疑是人性在刑法中的一个重要表现。

从另一个角度来看，刑法与伦理道德之间具有本质的联系。虽然如前文所述，我们认为，人性是人生而有之的特性与本能。或许人们会形成误解，即人性自人出生以后是一成不变的。但需要指出的是，人性是复杂的、立体的。从本质上讲，人性是人生而有之的特性和本能，是毋庸置疑的，即本质上人性是普遍的、

---

❶ 陈兴良. 刑法的人性基础 [M]. 北京：人民大学出版社. 2006：1.
❷ [日] 大塚仁. 犯罪论的基本问题 [M]. 冯军，译. 北京：中国政法大学出版社. 1993：2.

必然的、不为人所改变而固然存在的。但在承认人性本质的基础之上，倘若从量的视角进行分析，即不从"有无"而借道"多少"，就可以发现，人性会受到环境、社会等因素的影响，通过后天的努力，而发生后天的变化，是特殊的、偶然的、可以自由选择的。❶ 对于这一点我国孟子的性善论、荀子的性恶论、告子的性无善无不善论与董仲舒的性三品论都有所肯定，即在他们看来，无论人性的本质属性是怎样的，后天的教化都会为人性最终向善靠拢与转变添砖加瓦。从这一角度而言，中华儿女出生于中华大地之上，中华民族在上下几千年的历史发展中形成的民族性格与民族精神，亦是专属于我们中国人人性内部的一个重要侧面。正是人性中这一"量"的侧面，法律和伦理道德规范才能对人性进行认知、评判与指引。正因如此，在人性的视角下进行刑法学的分析才有最本质的意义和价值。

从概括的意义上讲，本书前述分析理性人与经验人之争时，主要是从哲学的层面对人性进行探讨，而在分析性善论与性恶论之辩时，则是在哲学层面利用伦理道德规范的内容进行阐释。倘若仅从伦理道德的视角看待人性，对人性的认知大致可以划分为利他主义、利己主义和己他两利主义这三个主要流派。接下来，本书将从这一角度对紧急避险制度内在的人性基础进行剖析和阐述。

1. 紧急避险与利他主义

利他主义，从其发展渊源来看是一个舶来词，是由法国著名哲学家孔德发展而来的。虽然利他主义这一概念性的词汇总结是舶来的，但其内核是有中国儒家思想影子的。也就是说，利他主

---

❶ 王海明. 人性论 [M]. 北京：商务印书馆. 2006：12.

义虽然是孔德大力发展的,但其本身的创造者并非他人。甚至从其代表的主要观点来看,利他主义本质上是新老儒学思想中"仁"的观念与西方新老基督教伦理观融合形成的。从其产生与发展的历史渊源来看,在古代利他主义思想便已由萌芽迅速地发展成熟,直到中世纪,始终在思想上占据绝对的统治地位,哪怕直至近现代社会,依然能寻找到利他主义影响存在的蛛丝马迹。利他主义者坚定地认为,利他主义从本质上来讲就是无私奉献。正因如此,利他主义就是以无私利他奉献作为对行为价值判断的善恶标准的伦理道德原则的一种理论。不难发现,利他主义的忠实拥趸们坚定地提倡,从伦理道德的角度来看,只有无私利他风险的行为才能拥有正向的道德评价。与之相反,倘若行为的目的不是无私奉献而是利己,那就应对这样的行为进行负面的道德评价。

在伦理道德的视角下,其以是否源于道德为标准,将无私利他奉献的行为内因从"爱人之心"和"完善自我品德之心"两个方面进行分析。一方面,在利他主义者的观点中,这种无私利他奉献的行为内因是"爱人之心"而非"完善自我品德之心"。另一方面,利他主义思想的提倡者们进一步对上述两个要素进行区分。简而言之,"爱人之心"是人生而有之的、无须经过后天的学习和教化就拥有的自然、非道德感情,这是人和动物所共有的品质;而"完善自我品德之心"则与之对应,并非人生而有之,而是经由后天的学习和教化才获得的,为人所特有的品质,是一种道德感情。正如有学者指出的:"一个人之所以无私利人,是因为他有爱人之心——一方面他有报恩心,他懂得他的个人利益是社会和他人给的;另一方面是因为他有同情心,他能以己推人。"❶

---

❶ 王海明. 人性论 [M]. 北京:商务印书馆. 2006:389.

从这一角度继续分析，以利他主义为对照来审视紧急避险制度，不难发现，紧急避险制度的本质是，行为人为了保全较大的利益而损害他人较小的合法利益而实施的具有"危害性"的损害行为。言及至此，似乎还不能直接判定利他主义的人性观念是否是紧急避险制度的人性基础，仍需进一步、更为深入的分析。

从紧急避险的行为方式来看，紧急避险本质上是一种损害性行为。而将视角转移至其行为的目的就会发现，依照我国现行刑法的规定，紧急避险的行为目的是保护国家、公共利益、本人或他人的人身、财产和其他权利。从紧急避险行为的目的来看，倘若是为了保护国家、公共利益与他人的人身、财产和其他权利，那么遵从利他主义的观点，会将这样的行为评价为正向的、善的、道德的。但倘若为了保护自身的利益，那么在利他主义的观念看来就应被评价是一种负面的、不道德的，甚至是不人性的。毕竟按照上述介绍，紧急避险行为实质上会损害他人的利益，那么从利他主义出发，保护自己利益而损害他人利益的行为一定是负面的。由此，我们不禁产生疑问，难道紧急避险制度有悖于人性吗？这一问题的答案在我国的语境下一定是否定的。笔者认为，具体应从以下两个方面理解：

其一，从紧急避险的历史发展和本质而言，其是人作为人在面临危险情况时的一种自我保护和自我救济的权利。无论是在什么样的社会环境中，在紧急危难的情况下人寻求自救是一种自然的、下意识的选择和反应。而这种选择和反应，如同渴了要喝水、饿了要吃饭、困了要睡觉一样的自然本性。从这一分析来看，利他主义恰恰忽略掉了，这也是利他主义最为致命的缺陷。

其二，从利他主义的思想基础来看，利他主义与我国新旧儒家思想中的"爱人"有所不同，甚至是背离的。在我国儒家思想中,尤其是新儒家思想中,提倡的"爱人"是存在"爱有等差"的。也就是说,人性中的"爱人"并不意味着要平等地爱每一个人。基于人性,人会进行一定的衡量,即谁给自己带来的欢愉或利益更多,那么这个人就与自己的距离越近,自己所给予的爱其实就更多,会更多地为其谋求和保护利益。由此来看,虽然利他主义是一种极具伦理道德色彩的人性价值评价标准,但忽略了人的天性和本能。由此来看,利他主义所奉行的无私利他奉献"可以作为人行为的目的和价值追求,但是只能是人所实施的行为的偶尔的、暂时的目的,而不可能是人的行为的永恒的、惯常的目的"。❶ 对此,马克思也持赞同观点,认为:"人的利他主义的范围是有限制的并且是间歇性的。"❷ 据此,将目光转移至紧急避险制度中的受害者,不难发现,当他人的合法权益处于紧急危难的情境时,如果受害人奉行利他主义,那么他就不会认为自己的利益受到侵害,甚至从利他主义的观念出发,受害人还会自愿地为他人而舍弃自己的生命。这显然是出于道德的制高点给人带来的一种非自然、非人性的期盼。正因如此,结合我国现行刑法的既有规定,毋庸置疑,在紧急避险受害者的视角下,紧急避险制度与利他主义的观念也不能完美契合。

由此看来,利他主义的内在逻辑存在一定的本质缺陷。正因如此,无论是从避险人行为目的的角度,还是从受害者的角度来看,利他主义的人性观念都不能与我国既有的紧急避险制度规定完美契合。故我国语境下的紧急避险制度的人性基础不应是利他主义。

---

❶ 王海明. 人性论 [M]. 北京:商务印书馆. 2006:390-391.
❷ [德] 马克思. 资本论(第一卷)[M]. 中共中央马克思恩格斯列宁斯大林著作编译局,译. 北京:人民出版社. 1975:202.

2. 紧急避险与利己主义

所谓利己主义，是指人实施某一行为是因为在其看来该行为能达到利己的目的。但在利己主义内部也并非完全统一，根据对利己的看法不同，又进一步区分为合理利己主义和个人主义。在合理利己主义看来，人的一切行为从本质上讲都是为了自己能收获愉悦、获得利益，社会或他人都可以是人为达到自己的目的而采取的手段。正因如此，在合理利己主义的观点中，对于"为己利他"是提倡而非反对的。而这里的"利他"最终也是在"为己"的基础上，与利他主义中的"利他"不同。详言之，在合理利己主义的观念看来，每个人行为的最终目的是利己，但人毕竟是社会性生物，想要达成利己的目的仅依靠自身的力量有时很难实现，所以只能依靠社会，借由其他的手段和方法保证最终利己目的的实现。也正因如此，在合理利己主义中，社会、集体和他人的作用是至关重要的，有着非比寻常的意义和价值，故而奉行集体价值至高无上。从这一角度来看，从一定程度上可以认为，合理利己主义的宗旨要求人的行为的最终目的是利己，但手段是利他的。与合理利己主义相对，个人主义的观念则认为，无论是行为的目的还是手段，都应是利己的。也就是说，个人主义极力地主张，人实施行为是以利己为最终目的，为了达成目的，也应依靠自身的力量。正是在这种观念的支配之下，在个人主义中，社会、集体和他人不仅不应是高高在上、至高无上的，反而应是无足轻重，甚至是利己目的达成的障碍。针对于此，有学者专门指出，在个人主义中，"不能以依靠社会和他人为手段。否则，便不能不失去自由、听任社会和他人摆布，从而所造就的便是社会和他人为自己选择的自我，不是具有独特个性的、本真的自我"❶。也正是由于利己主义内部合理利己主义与个人主义的分歧，就利己主义与紧急避险的关系而言，也应从两种利己主义的观点进行分析。

从合理利己主义的观念来看紧急避险制度，依照我国现行刑法的既有规定，紧急避险制度的目的上不仅存在利己的内容，也存在利他的部分。如此来说，与合理利己主义目的利己手段利他的主张是相悖的。甚至可以说，在合理利己主义的视角之下，紧急避险制度中所包含的利他的目的是不合理的。这就意味着，倘若以合理利己主义为我国语境下紧急避险制度的人性基础，那么应对目的中的利他成分予以摒弃。申言之，我国现行刑法中既有的紧急避险制度中所包含的那部分以利他为目的的紧急避险行为与合理利己主义的人性基础是不能完全匹配的。不仅如此，倘若从行为的手段来看，合理利己主义要求手段方式是利他的，而紧急避险制度中规定的紧急避险行为实质上是对他人利益的损害。在这一点上，紧急避险制度与合理利己主义也是相悖的。但这并不意味着我国现行刑法中既有的紧急避险制度本身有问题。客观地讲，合理利己主义的思想与我国紧急避险制度不相符，最主要的原因还是其自身固有的缺陷，具体可以从以下两个方面理解：

其一，即便人实施行为的目的在于利己，但在这一过程中能够运用的方式方法手段也不会仅是利他的。利他与害己这二者之间在内涵与外延上不能直接等同。但从生活中的实践情况来看，人们为了实现利己的目的，有时采取的手段可能是害己的，而非利他的。举例而言，学生为能金榜题名，头悬梁锥刺股地苦读。金榜题名是学生最终的利己目的，而头悬梁锥刺股地苦读是实现

---

❶ 王海明. 人性论 [M]. 北京：商务印书馆. 2006：406 - 409.

目的的具体手段。就这一实施方式来看,并不包含利他的因素,反而更多的是"害己"。从这一角度来看,就与我国学者的观点有着异曲同工之妙,在我国学者看来,就利己的手段而言,利他只是诸多手段中的一个,或者说是主要的一个手段而并非全部。❶

其二,从上述介绍可以发现,合理利己主义强调的是行为的目的是利己,但对于行为的原因、内在驱动力等问题并没有明确的分析。甚至从某种程度上说,在合理利己主义观念的内部,是将上述内容都混同为行为的目的进行理解。倘若依照这样的分析逻辑,既然行为的最终目的是利己,那么行为的原因和内在驱动力也都只能是利己。换个角度来看,合理利己主义的观点对于行为的结果和目的之间的关系也没有进行区别探讨,而是一而概之。在此基础上就应认为,哪怕人具体实施的某一行为,其直接造就的结果是"利他"的,只要让自己获得了快乐,那么从目的的角度而言,该行为依旧促使人实现了利己的目的。❷ 换句话来说,合理利己主义由于对利己目的的侧重而忽视了行为具体带来的实际结果。如此看来,无论是从具体行为的实施原因、内在驱动力角度,还是从具体行为带来的实际后果来看,合理利己主义都有其天然的缺陷,但也应承认合理利己主义看到利己中有利他的因素存在。

从个人主义的观念来看紧急避险制度,似乎与我国现行刑法中规定的紧急避险制度亦是相悖的。就紧急避险的本质而言,的确是对他人的合法权益造成损害而实现从现实面临的紧迫的危难状态中脱离。但不能否认的是,我国当下既有的紧急避险制度中包含了对国家、社会利益和他人合法利益的保护目的。在这样的

---

❶ 王海明. 人性论 [M]. 北京:商务印书馆. 2006:403.
❷ 王海明. 人性论 [M]. 北京:商务印书馆. 2006:402.

情境下，很难说符合个人主义观念所提倡的利己目的。甚至从一定程度上讲，这些目的与个人主义倡导的极致的利己是相互矛盾和对立的。值得肯定的是，个人主义认识到了人性中的个体性要素，承认了人趋利避害、好利嫉恶的特性。但需要注意的是，人的存在是复杂而立体的，既有人与人之间的不同之处，即个体性，又有人作为人的共通性，即类的属性。由此来看，仅作为个别的人的存在，并不能真实全面地揭示展现人作为人而存活于世的意义和价值，不能帮助人全面立体地认识人自己。❶ 正因如此，我们应认识到，每个人都是独一无二的，但人又是真实地存在于整个社会中，无论是社会、集体还是他人，都对人的存在有着非比寻常的意义和价值。在此基础之上，或许应综合合理利己主义和个人主义的观点，即源自人本性之中的利己的目的诉求，其最终的达成，"恒久来说，只能依靠他人、以利他为手段，只有偶尔才能依靠自我、以利己为手段"❷。

综上所述，不难发现，无论是合理利己主义还是个人利己主义，自身都存在一定的固有缺陷。正是由于这些固有的缺陷，分别从这两种利己主义的视角对我国现行刑法中既有的紧急避险制度的审视，都会发现有相冲突和矛盾对立的地方。故而，利己主义也不应是我国现行刑法中既有的紧急避险制度的人性基础。

3. 紧急避险与己他两利主义

无论是利他主义还是利己主义，从上述的分析中能清晰地看到，都各自存在一些固有的缺陷。简言之，无论是利他主义还是利己主义，二者都是片面的。正是因为认知到了利他主义与利己

---

❶ 高兆明. 伦理学理论与方法［M］. 北京：人民出版社. 2005：360.
❷ 王海明. 人性论［M］. 北京：商务印书馆. 2006：414.

主义的偏颇，己他两利主义的思想应运而生。在己他两利主义看来，人实施某一具体的行为，可能出于利己的目的，也可能出于利他的目的，为了达成行为的初始目的，过程中采用的手段和方式可能是利他的，也可能是利己的；可能是害己的，也可能是害他的，由此看来，相较于利他主义和利己主义，己他两利主义在理论上有着天然优势。具体来说，正如我国学者所指出的："与己他两利主义的人性论相比较，利他主义人性论夸大人的行为偶尔目的可能无私利他方面，抹煞恒久目的只能利己方面，因而以为人的行为可能恒久无私乃至完全无私；利己主义人性论夸大人的行为恒久目的只能利己方面，抹煞偶尔目的可能无私利他方面，因而以为人的行为只能利己。"❶ 从这一角度来看，己他两利主义的观点对利他主义和利己主义各自的缺陷与不足进行了弥补。具体而言，从行为目的来看，己他两利主义认为，人之所以会实施某一具体的行为，其根本的目的存在着利己、利他、害己和害他这四个面向。换言之，利己、利他、害己、害他共同构成己他两利主义观念中的行为目的。但仍应注意，在己他两利主义的观念中，利己是恒久的、通常的目的，而利他、害己和害他是偶尔的、特殊的。与之相对，在行为的手段或具体的方式方法上，己他两利主义认为，人为了达成自己想要实现的目的，可能采取的手段亦有利己、利他、害己和害他四种方式。同样地，在实践的过程中，应居于最重要的地位的是利他，而利己、害他、害己的方式都只能是偶尔存在。❷

将研究的目光重新聚焦于我国语境下的紧急避险制度，不难发现，我国现行刑法中既有的紧急避险可以进一步划分为两个具

---

❶ 王海明. 人性论［M］. 北京：商务印书馆. 2006：438.
❷ 王海明. 人性论［M］. 北京：商务印书馆. 2006：133.

体的类型,即己害他的紧急避险和他害他的紧急避险。而这两个类型的划分,主要是根据紧急避险行为的目的不同。也就是说,出于保护本人的人身、财产和其他权利免受侵害而实施的紧急避险行为属于己害他的紧急避险;与之相对应,为了保护国家、社会利益或他人的人身、财产和其他权利免受侵害而实施的紧急避险行为属于他害他的紧急避险。但也应注意到,现实生活中发生的紧急避险行为是复杂的,在一些特殊情境中,会发生己害他的紧急避险与他害他的紧急避险竞合与结合的情况。正如有学者指出的:"人们在实际上所进行的伦理行为,往往并不是纯粹的、简单类型,而大多都是其混合的符合的类型。"❶ 笔者认为,有时候,个人的利益和国家、社会与他人的利益很难进行准确的切割。在这些情况中,个人利益的背后是整个国家、社会或他人的利益,而国家、社会和他人的利益可能会具体投射于个人的利益。举例而言,张三是古董收集爱好者,某天张三家突发大火。李四是张三的至交好友,由于自己出门忘了带手机,为了尽快地通知消防队员来到张三家进行灭火救援,避免挚友张三的收藏付之一炬,抢夺路人甲的手机拨打火警电话。在此案例中,李四的行为当然符合紧急避险的构成要件的,并且李四实施紧急避险的行为目的是保护张三的古董收藏不会因火灾而被毁损。李四的目的当然是为了避免好友张三的合法权益遭受损失。倘若将这一案例中的李四替换为张三,在理解目的时,就会有不一样的变化。倘若张三自己采取了上述的紧急避险行为,一方面,肯定是为了保护自己的合法权益不受损;另一方面,张三所保护的古董文物,对于整个国家和社会而言,有着相当的历史文化意义和价值。

---

❶ 王海明. 人性论 [M]. 北京:商务印书馆. 2006:53.

综上所述，从我国现行刑法中既有的紧急避险制度来看，在目的上既有利己的因素，又有利他的形态，能被伦理道德层面己他两利主义的人性观所涵盖。从行为的角度来看，己他两利主义的人性观念已能给出圆满的解释。由此看来，笔者认为，从伦理道德层面上的人性观念来看，己他两利主义理应是我国语境下紧急避险制度的人性基础。刑法在其制定与实施的过程中，既不奢求每个人都是品德高尚的代言人，又会允许大众在社会或法律能容忍的范围之内得到一定程度的宽宥。而这一点正是刑法中最为璀璨的那一抹人性光辉。

当然，本节内容主要是以正当防卫制度和紧急避险制度为代表来阐释刑法中对人性的尊重和保护。这并不意味着违法阻却事由只有正当防卫和紧急避险这两项内容，更不意味着违法阻却事由中只有这两项制度体现了刑法对人性的尊重和保护。前文有所提及，被害人承诺制度中，刑法赋予被害人一定的权利对自己所享有的合法权利进行处分。从这一点来说，是对被害人理性的尊重，在一定的范围之内，被害人的承诺可以在一定程度上影响案件的最终走向。之所以会允许这样的制度，也是因为刑法认识到被害人在某些情况下，能够出于人性的本能做出最有利于自己的选择。从这一点来说，也是对人性的尊重和保护。

不仅如此，除却本节上述列举的古今刑法中的具体制度，我国刑法中还有很多制度和思想都体现了对人性的尊重，囿于篇幅限制，不能逐一梳理和分析，如我国现行刑法中规定的犯罪中止。在犯罪过程中，自动放弃犯罪或自动有效防止犯罪结果发生的，是犯罪中止。犯罪中止存在两种情况：一是在犯罪预备阶段或者在实行行为还没有实行终了的情况下，自动放弃犯罪；二是在实行行为实行终了的情况下，自动有效地防止犯罪结果的发生。刑法提出犯罪中止的概念，并且对未遂犯和中止犯处罚做出相应的规定。从刑法规定上看，刑法对未遂犯处罚明显重于中止犯。究其原因，固然有基于公平正义下对罪责刑相适应原则的考量，但更为重要的是，这种规定存在人性的根基。因为此时，刑法给予行为人在犯罪过程中自己选择利与弊从而实现结果的机会，而不是一味地打压犯罪人。犯罪中止的规定，有利于犯罪人的改过自新，根据最本质的人性，即趋利避害从而选择对自己最有利的结果，这是刑法引人向善，体现了对于人性的尊重和保护。刑法鼓励犯罪分子能及时停止自己的行为或者及时消除危害后果，希望犯罪分子响应法律的号召，基于内心的意志自由做出正确的选择，相反，一旦行为处于未遂或既遂状态，行为人将享受不到"免除处罚或减轻处罚"的政策。

再比如，一般来说，对于盗窃后窝藏赃物的行为，虽符合"掩饰、隐瞒犯罪所得、犯罪所得收益罪"的构成要件，但在司法实践中，对窝藏赃物的行为并不会再加以评价。对于事后不可罚行为的理论基础，有构成要件理论和竞合解决理论。构成要件理论认为，行为人对于其所盗窃、诈骗、抢劫等不法取得的财物不可能再次据为己有，即侵占罪的制定并不是对不法取得财物行为后的处分行为加以处罚，因此，不法取得财物行为后的支配行为并不是侵占罪中所说的侵占行为。竞合理论则认为，不法取得财物行为后的支配行为仍符合侵占行为的概念，之所以对其不处罚，是因为立法者在立法时已将这种事后的行为考虑在内，根据竞合原理，对其不应再加以处罚。此外，也有学者从法益侵害的角度解释事后不可罚行为的理论基础。所谓事后不可罚行为，是指状态犯在实行行为完成后，为维持或利用不法状态以确保犯罪利益得以实现的行为，虽在形式上符合某一犯罪构成，但因未超过原法益所侵犯的范围和程度，法律对该事后行为可以综合评价在状态犯中，因而不可罚的行为。❶ 也就是说，事后不可罚行为的理论根据在于其未出现侵犯新的法益的情形。笔者认为，从人性的角度出发，行为人在不法取得相关财物后，无论是持有、使用或毁坏等都是其先前行为的必然后果，况且行为人之所以要实施相关不法行为，本就是为了持有、使用或毁坏等目的，若再对事后的相关行为加以处罚，显然违背人性。

综上所述，无论是在我国古代还是现代，刑法中都有相应的制度体现对人性的尊重和保护，这一点值得我们肯定。这些制度背后蕴含的先进优良经验，是我国刑法学理论和实践今后发展过程中应当汲取的养分。更进一步来说，这些都是我国刑法中熠熠发光的内容，其不仅是现代刑法学理念下的产物，更蕴含着中华民族历史发展中的优良品质。立足于我国历史上的和既有的制度进行分析，虽吸纳舶来经验的优秀成分，但更多的则是扎根于我国本土文化的产物，这是不容忽视的，更是当下提倡民族自信、文化自信所需的。

---

❶ 贾学胜. 事后不可罚行为研究 [J]. 现代法学. 2011 (5)：77–84.

CHAPTER 03 >> 第三章

人性视角下我国刑法自省之期待可能性本土化构建

概括来看,作为现代刑法发展进程中的一个重要理论问题,期待可能性理论在通说观点之中,实际源自欧洲,并非我国本土原本就有的一种刑法理论。虽然期待可能性理论并非是我国土生土长的,但我国刑法学界对期待可能性理论是非常重视的,学者们对其进行了一定的探究。不仅如此,从历史的角度进行考察也可以发现,其实从我国传统思想以及我国古代的一些刑法制度中可以看到一些期待可能性理论的身影。在我国当下的语境中,期待可能性理论有其独特的意义和价值,尤其是在人性的视角之下,期待可能性理论在极大程度上体现出对人性的肯定、尊重与保护。但其仅在我国刑法理论讨论和司法实践中有所体现,在我国现行刑法中,并没有对其进行明确的规定。由此来看,虽然在刑法理论界被广泛讨论,在司法实践中也得到一定的认可,但在我国刑法立法层面,期待可能性存在一定的缺位。故笔者看来,在人性的视角之下,应在我国刑法中对期待可能性予以明确。这不仅是人性的呼唤,更是我国刑法理论完善以及司法实践适用的渴望与真实需求。正因如此,本书尝试在梳理期待可能性理论流变的基础上,探究其内在的人性因素,从而提出期待可能性理论在我国立法中进行本土化构建的一些注意事项和具体路径。

第一节 期待可能性之发展脉络

世间的万事万物都有其自身独特的产生、发展过程。对于人类而言,对世间万事万物的认识也不是一蹴而就的,亦存在着发现、发展的过程。法学理论与法律制度,亦是这世间万事万物中的一个组成部分,必然会遵循这样的规律得以存续和发展。正如有学者曾指出的:"我们的基本法律概念和法律制度,是在一漫长的历史发展过程中逐步获得其主要意蕴的。"❶ 在笔者看来,想要对期待可能性理论进行人性视角下的我国本土化刑法理论与制度的构建,也必然遵循这样的一种逻辑分析进路。故接下来将针对期待可能性的思想、理论与实践进行历史考察。

现代刑法学意义上的期待可能性理论的思想最早可以归结为"法不强人所难"这一在欧洲中世纪时期兴起的著名法谚即法律不能强求任何人履行不可能履行的事项。❷ 迄今为止,这一法谚所蕴含的思想已经成为各个国家和地区刑法理论研讨中被公认的基本

---

❶ [美]伯尔曼. 法律与宗教 [M]. 梁治平,译. 上海:生活·读书·新知三联书店. 1991:28.
❷ 张明楷. 刑法格言的展开 [M]. 北京:法律出版社. 2003:200.

法学命题。具体来看，期待可能性思想、理论与制度在世界范围内各个国家和地区的发展，可以从大陆法系、英美法系以及我国的流变进行梳理。

一、期待可能性在大陆法系国家和地区之流变

如前所述，期待可能性理论发源于德国。而对于期待可能性理论背后的期待可能性思想而言，在整个欧洲范围内来看，有着较为久远的发展历史。在"法不强人所难"这一期待可能性思想的基础上，经由著名的"癖马案"，期待可能性理论和制度才得以逐步形成并发展。

由此说来，正如通说观点认为的那样，现代刑法意义上期待可能性制度的概念发源于 19 世纪末 20 世纪初的著名判例"癖马案"，又被称为缰绳缠绕者案。其中，被告人是被雇主长期雇用的一名马车夫。在其驾驭的马匹中，有一匹马是人们所称的缰绳缠绕者，即喜欢用尾巴压低缰绳，以此使自己的尾巴与缰绳缠绕在一起进行玩乐。但这种不良癖好会使得缰绳在被马尾缠绕的时候被压低而无法正常使用，对马车的行驶造成重大安全隐患。无论是马车夫还是其雇主，对这一情况都十分清楚，并且在被雇用的期间，马车夫曾经就向雇主提议要更换这匹有着缰绳缠绕癖好的马匹，但雇主对此表示反对。1896 年 7 月 19 日，悲剧发生。由于有着不良嗜好的这匹马夹紧缰绳，为了能正常驾驶，被告人马车夫尽力尝试拉出缰绳，但经过努力尝试，他不但没有成功拉出缰绳，反而使马匹变得狂躁。狂躁的马匹彻底失控，将路边的一名铁匠撞倒并使其陷入马车之下，导致铁匠骨折。经一审和二审，法官认为，应考虑是否能要求马车夫在驾车的时候达到相当程度的注意和关注，进而宣告马车夫无罪。从这一判例的具体情况来

看,倘若马车夫因为雇主拒绝更换马匹就拒绝继续驾车,很有可能失去这份工作。而在案件发生时期,失去工作是一件十分痛苦的事情,甚至会影响马车夫之后的生计。正因如此,法官认为:在这种情况下不能过分要求被告人达到过失程度的注意和关注,不能要求被告人冒着丢掉自己工作的风险而拒绝驾驭这匹可能给其他人带来身体伤害的癖马,并据此认为被告人不具有法律上的错误,不能追究其刑事责任。❶

法官对这一判例的分析和阐释引发了德国刑法学界的广泛关注,并对德国刑法理论中的刑事责任问题产生深远影响。在德国学者对刑事责任讨论的热潮中,弗兰克于1970年提出责任要件除了要求行为人有着相当的心理要素,还应要求具备相当的"责任能力"和"正常的附随情状"。自此,德国刑法学界在讨论刑事责任问题的时候,行为人是否具有适法可能性便成为一个不能忽略、不容小觑的重要因素,这便是我们当下所谈论的期待可能性。

在德国刑法学界,早期奉行的是心理责任说,即犯罪行为是客观的,犯罪行为人的责任是主观的,二者兼备的行为才是刑法中应予以讨论的犯罪行为,应受到刑罚处罚。在弗兰克正式提出期待可能性的概念后,德国刑法学者们对刑事责任的问题进行了深入的反思与讨论,进而由心理责任说逐步向规范责任论转变。与心理责任说不同的是,规范责任论认为,责任的基础并非行为人的过错心理,而是对规范的违反。"行为人的责任是行为人的内心世界与将行为评价为非法的法律规范之间的联系。"❷"'规范责任'将故意和过失理解为规范要素,要求行为人具有实施合法行

---

❶ 刘远. 期待可能性 [M]. 北京:北京大学出版社. 2009:402-405.
❷ [德] 李斯特. 德国刑法教科书 [M]. 徐久生,译. 北京:法律出版社. 2006:251.

为的期待可能性,认为即便有责任能力及故意、过失,但没有期待可能性的话,也仍没有责任。"❶ 从这个角度来看,弗兰克提出的期待可能性的概念已实际成为规范责任论的理论核心。更进一步来看,在某种程度上可以认为,期待可能性理论就是规范责任论,二者在本质上具有相当的一致性、同质性。如此说来,在某种意义上就可以认为,期待可能性理论的演变过程就是规范责任论的发展过程。

遵照这一思路,在弗兰克正式提出期待可能性这一概念之后,该理论又经历了戈登施密特、弗罗伊登塔尔和施密特这三位具有代表性的刑法学者的发展,最终形成相对完备的期待可能性理论体系。直到"一战"之后,以期待可能性为核心的规范责任论成为德国刑法理论中的通说,与此同时,期待可能性理论也被广泛应用于立法和司法活动中,成为德国刑法理论犯罪论体系中罪责判断的重要标准和理论学说。

但整体来说,虽然期待可能性在"一战"之后占据通说地位,但好景不长,不久之后就出现浪潮般的反对声和批判。尤其在20世纪30年代,由于纳粹主义的影响,期待可能性理论学说受到极为猛烈的抨击与谴责。在"二战"之后,德国刑法的基础理论得到了长足的发展。在这一过程中,最具代表性、与期待可能性联系最为紧密的,应是威尔泽尔倡导的目的行为理论。不得不承认的是,在目的行为体系中,规范责任论迎来新的完善和健全。在目的行为论看来,行为并不是完全客观的,而是主观目的选择的结果,"目的性可以使得感觉、认识和意欲等心理活动,依心理作用对象的结构而活动。"❷ 如此一来,规范罪责的理论基础更为

---

❶ [日]大谷实. 刑法总论 [M]. 黎宏,译. 北京:法律出版社. 2003:235.
❷ 许玉秀. 当代刑法思潮 [M]. 北京:中国民主法制出版社. 2005:74.

坚实，但在这一过程中，期待可能性并没有如同之前的发展趋势得到加强，甚至还呈现出一定的下降态势。在这一历史时期的德国，其观点在于期待可能性在故意犯罪中的广泛适用存在一定问题，故在应对故意犯罪的认定时，应限制性地加以适用。但与此同时，也应看到，在过失犯罪和不作为犯罪中，期待可能性还是被视为一般的阻却责任的事由。

如此来看，毋庸置疑的是，虽然德国刑法在这一历史时期对期待可能性的地位有所降低，但这仅针对将期待可能性作为一般性的阻却责任的事由而言。若对当时德国刑法理论的犯罪论体系进行整体分析，不难发现，期待可能性仍是得到承认的。换句话说，在这一历史阶段中，期待可能性作为超法规的责任阻却事由受到学者们的质疑和批判，这仅使德国刑法理论学界对期待可能性的认可程度发生了一定转变。当然，这一发展态势与立法情况是紧密相关的，即德国现行《刑法典》第35条明确规定了期待可能性在故意犯罪中的合法地位。既如此，就没有必要将其视为超法规的理论观念，否则就与既定的成文法内容产生背离。

在大陆法系国家和地区，日本效仿了德国刑法学中的阶层性理论体系。日本对于期待可能性理论的研究，最早可以追溯到20世纪20年代。自1928年，木村龟二将期待可能性理论引入日本后就掀起了研究风潮，诸多学者都对期待可能性理论的研究表现出空前的热情。伴随着日本学者对此研讨的不断深入，该理论最终于"二战"之后占据日本刑法理论的通说地位，且对我国刑法学的研究产生了重要且深远的影响。

从整体来看，虽然期待可能性理论发源于德国，只是后期被日本引入国内，但期待可能性理论在德国和日本的发展却不尽相同。在德国，期待可能性理论最开始被学者们视为规范责任论的理论核心，但在后期逐步丧失核心地位。而在日本，一直都对期待可能性理论十分重视，即便在战后时期，仍将其视作一般性的责任阻却事由。正如日本学者田中敬一指出的那样："现在虽然被认为'期待可能性理论的实践作用相对低下'，但在学说中，处于规范的责任论的核心，给予作为阻却责任论理论以支柱的作用，并且认为期待可能性的不存在是超法规的阻却责任事由，是压倒的通说。"❶ 由此不难看出，期待可能性理论在德国和日本的发展走上了不同的道路。

但还应注意的是，近年来期待可能性理论在日本也逐渐式微。虽然日本的刑法学界依旧对期待可能性理论的意义和价值十分重视，但德国刑法理论发展的态势同样引起日本学者的注意和重视，认为应在超法规事由的基础之上限制性适用期待可能性理论。受此影响，在日本的司法实践中，尤其是在 20 世纪 50 年代以后，地方法院、简易法院仅处理了 3 个相关案件，可以说，期待可能性理论的司法实践几乎处于停滞状态。❷

不仅是德国和日本，瑞士、俄罗斯、意大利、法国等大陆法系的其他国家和地区也都在刑法中有着明确的体现。我国台湾地区在罪责判断的问题上，对期待可能性理论可以说给予了充分的重视。在我国台湾地区，对期待可能性理论的态度总体上虽然是肯定的，但对于其在刑法中的地位这一问题的看法有着较大的分歧。从这一角度来看，在一定程度上也可以认为我国台湾地区对于期待可能性的态度相较于德国、日本而言，更为谨慎一些。

---

❶ 马克昌. 德、日刑法理论中的期待可能性 [J]. 武汉大学学报. 2002 (1)：5-11.
❷ 黎宏. 日本刑法精义 [M]. 北京：中国检察出版社. 2004：184.

二、期待可能性在英美法系国家和地区之体现

与大陆法系国家和地区对期待可能性理论和制度的研究不同，英美法系的国家和地区在犯罪构成理论体系上采用的是双层次的犯罪构成结构。从犯罪构成理论体系而言，期待可能性理论与双层次的犯罪构成结构并不能完全适配，所以英美法系国家和地区在刑法理论和制度中并未形成"期待可能性"这样的术语、概念或称呼。但不能否认的是，英美法系国家和地区在合法辩护事由中有着期待可能性理论实质内容的呈现。故笔者认为，即便英美法系国家和地区没有形成体系性的期待可能性理论和制度，也应对期待可能性与英美法之间的关系进行一定的阐释和介绍。

在英美法系国家和地区，通常采用的是双层次的犯罪构成结构，即犯罪本体要件与合法的辩护理由。对于这二者的关系而言，有学者就曾经明确分析："仅仅有违法（行为符合犯罪要件），尚不足以提出刑事责任。刑事责任要求被告人没有有效的辩护事由。"❶ 而我们所说的期待可能性的实质内容主要体现在英美法双层次的犯罪构成机构中的合法的辩护理由。

就合法的辩护理由而言，其是英美法系中所特有的一个概念，主要是指被告人能主张减轻或免除自身责任的事由的总称。在英美法系中，合法的辩护事由有很多种类，譬如，美国刑法中通常会依据辩护事由性质的不同进行分类：一类是包含正当防卫与紧急避险在内的正当化事由；而另一类则是包含被迫行为、合法的上级命令、警察圈套、精神病、被害人承诺等内容在内的可宽恕的事由。在英美法系中，不同的辩护理由，其内在的免责原理在

---

❶ [美] 胡萨克. 刑法哲学 [M]. 谢望原, 译. 北京：中国人民公安大学出版社. 2004：28.

解释的时候是有着明显区别的。就正当化事由而言，其辩护理由在于认为正当化事由的行为本质上对于社会而言，是没有危害的，甚至是有利的。与之相对，可宽恕的事由的根本辩护理由在于，行为人所实施的相关行为本质上的确对社会造成了一定危害，只是由于行为人主观层面的原因，应得到宽宥。

由此可见，英美法系中的犯罪构成理论与大陆法系中的犯罪构成理论存在一定的差异，但从本质上来讲，二者对于责任的判断都持审慎态度。正是这种审慎的态度，使英美法系中的责任的思想观念与大陆法系存在一定的相似之处。更进一步，正是由于这种相似之处的存在，为期待可能性存在于英美法系中提供了可能性。具体而言，可以从以下两个方面来理解：

第一，在责任理论上，英美法系遵循的也是规范责任论。从犯罪构成理论上来讲，英美法系并没有专门的有责任构成要件的判断，且主观心理状态的分析有且仅有四种要素，但从本质上来讲，英美法系对于责任的理解与大陆法系有异曲同工之处。正如我国学者曾指出的，英美法理论中的犯罪心态应有两个维度的含义：一是规范内容，即应受道德规范和法律规范的谴责与否定；二是心理内容，即具有知何意的心理要素，这就意味着在认识基础上的意志关系。❶ 具体而言，这一点在美国许多州的刑法中都得到明确的规定，即美国许多州刑法中的应受谴责性的概念，是作为几种犯罪形态的上位概念，从某种意义上来讲，这其实就是对犯罪心态的社会评价。❷ 正因如此，从这一角度来看，英美法系其实在责任理论中所坚持的也是规范责任论，这就为期待可能性的成长与发展提供了丰沃的土壤。

---

❶ 储槐植. 美国刑法 [M]. 北京：北京大学出版社. 2005：53.
❷ 储槐植. 美国刑法 [M]. 北京：北京大学出版社. 2005：54.

第二,虽然在英美法系中并未明确规定期待可能性,但上述提到的可宽恕事由从本质上讲就是期待可能性思想的具体体现。与大陆法系以概念为出发点不同,在英美法系,更多是以社会实践为出发点。虽然二者有这样的差异,但这只是思维方式的不同,在具体认定犯罪时所考虑的内容是一致的。也就是说,英美法系在犯罪构成的认定过程中,也存在违法性与有责性的判断。从这一角度来看英美法系中的可宽恕事由,不难发现,其中包含的内容的确与大陆法系犯罪构成理论体系中有责性要件的判断有一定的相似之处,尤其是在期待可能性思想这一关键点上,二者不分伯仲。具体而言,在英美法系中,安乐死经常会被放在可宽恕事由中进行讨论,而在大陆法系中,讨论的关键点就在于安乐死能否适用期待可能性。❶

三、期待可能性在我国之沿革

从时间线上来看,期待可能性这一理论问题,早在 20 世纪 80 年代就已经引起我国刑法学界的广泛关注。迄今为止,我国的刑法学者们已经对其展开了较为深入的探讨。由此可见,期待可能性理论在我国刑法理论研究中得到了充分的重视和发展。从某种程度上来讲,期待可能性理论之所以会受到我国刑法学者们的推崇,一方面,源于其自身的理论价值和实践意义;另一方面,由于期待可能性是一种立体多维度的理论,即其关联的并非刑法理论中的某一方面,而是穿梭于刑法理论的多个方面,涉及刑法

---

❶ 参见史乃兴. 事实上的非犯罪化——论德国刑法中期待可能性理论及其对我国刑法的功能性借鉴 [J]. 德国研究. 2004(2):71-75,80. 张爱艳. 非犯罪化与安乐死——以违法性阻却事由和期待可能性理论为视角 [J]. 政法论丛. 2005(2):64-68.

理论中的多个问题。正因如此,期待可能性理论在我国的本土化构建中,某种意义上是关系到我国刑法理论发展方向的重要命题。从我国刑法学者们对期待可能性理论的研究历程就可以直观地对这一意义进行认识和理解。概括来讲,我国刑法学界对期待可能性理论的研究历程,大体上可以分为两个重要的阶段:

(一) 研究历程之概括性梳理

20世纪80、90年代是期待可能性理论在我国发展的第一个阶段,这一阶段主要是我国刑法学者们对期待可能性理论的初次认识。其间,我国刑法学者们初次对期待可能性理论进行了解和认知,并对期待可能性理论的研究聚焦于对该理论的基本内容进行介绍、对合理性展开分析以及对其与我国传统法律文化的契合性进行阐释。由此来看,这一阶段的研究内容主要在于以下几个方面:其一,向刑法学界以及普罗大众介绍期待可能性理论的基本内容;其二,对期待可能性自身的意义和价值进行分析;其三,以我国传统法律文化的契合性对期待可能性理论进行思考和阐释;其四,在上述三个方面阐述的基础之上提出应将期待可能性理论引入我国刑法之中。正是由于这样的研究重点,这一阶段的研究成果大多是从比较刑法的视角展开论述的。

20世纪末至21世纪初是期待可能性理论在我国发展的第二个阶段,这一阶段主要是我国刑法对期待可能性理论的借鉴。相较于第一阶段的初始,这一阶段更多的是繁荣。经由第一阶段的酝酿和发展,我国学者对期待可能性理论的研究更加深入,在第一阶段的基础之上,开始对期待可能性理论的理论背景和理论基础进行鞭辟入里的思索与探究。伴随着我国刑法学者对期待可能性理论认识的不断加深,这一阶段的核心观点在于,期待可能性理论当然应引入我国刑法理论与实践、立法与司法中,并应以对我国犯罪构成理论体系的完善为标准。由此看来,在这一阶段,我国刑法学者已经意识到应对期待可能性理论进行我国本土化的重构。但这一观念在第三阶段发生一定的变化,从对期待可能性理论的本土化塑造转向对我国刑法中犯罪构成理论体系的完善。

从 2004 年至今是期待可能性理论在我国发展的第三个阶段,这一阶段主要是对我国刑法对期待可能性理论反思。从具体的研究成果来看,这一阶段学者们的研究热情空前高涨,学术论文的数量甚至超过了以往二十年的总和,呈现井喷式增长。具体而言,以期待可能性理论为基点展开对其合理性和机能的分析,进而分析我国现有犯罪构成理论体系的缺陷与完善路径。由此可以看出,在这一阶段,我国对于期待可能性理论的研究范围从其自身扩展至整个犯罪构成理论。但与此同时,需要指出的是,期待可能性的本土化塑造与我国刑法中犯罪构成理论体系在期待可能性理论影响下的反思其实是两个完全不同的研究方向,但这两个研究方向又可以在一定程度上结合并互相影响。一方面,这两种研究思路的出发点是不同的:一是以我国现有的刑法理论为基础来思考期待可能性理论的本土化塑造;二是着眼于对期待可能性理论的分析对我国现有理论体系的完善与健全。从这一角度来看,这两种研究方向是截然不同的。另一方面,对期待可能性理论进行本土化的塑造,不仅要使其符合我国的法律文化,还要使其与我国现有的刑法理论体系相契合。从这一角度来看,本质在于期待可能性理论本土化塑造过程中出现了一些与我国现有的刑法理论体系相冲突的情况,需要对我国现有的刑法理论体系进行完善和健全。从某种程度上来说,二者的核心目的都是以我国刑法理论体系的完善和健全为最终的追求和目标。申言之,二者其实在一定程度上是一致的。第三阶段的研究重心虽然说是反思,但本质上是对第二阶段的进一步深化。

(二) 研究影响之具体性展开

毋庸置疑，期待可能性理论在我国刑法学界掀起的研究思潮，对我国刑法理论的发展与完善有着重大的意义和价值。一方面，借由对期待可能性理论的介绍，使我国学者对其他国家和地区刑法理论的认识进一步加深。另一方面，为我国刑法理论的进一步发展与完善提供了理论工具和反思视角。在我国刑法学界，目前已共识性地认为期待可能性理论可以作为一个契机，打破我国刑法理论体系中的瓶颈。从这一点来看，期待可能性理论的本土化塑造对我国刑法理论体系的完善与健全是极为重要的。具体而言，可以从以下几个方面进行理解。

第一，促进我国刑法理论体系对期待可能性理论这一超法规事由价值的认知与理解。从根植于我国传统思想的法文化来看，期待可能性蕴含的"法不强人所难"的理念与我国传统刑法中的伦理观念不谋而合。"法不强人所难"这一深刻的内涵与我国传统刑法中的伦理特征，即以"礼"与"理"为基础的秩序观和正义观的内核有着相当的契合性。❶ 从前述的分析中可知，我国传统刑法观，尤其是我国古代的法律文化中基于亲属关系形成的法律制度观念，本质上是对人自保本能的一种理解、尊重和保护。而现代刑法理论中又着重强调对法律的约束与限制，认为法理应诞生于民情之中，否则很难被普罗大众遵守。由此可见，我国传统文化的思想与期待可能性的人性基础、谦抑主义等内容是异曲同工的。正因如此，虽然从"血统"上来看，期待可能性理论是其他国家和地区刑法理论发展中的产物，但在我国的论域中，并非无

---

❶ 任喜荣. 伦理刑法及其终结 [M]. 长春：吉林人民出版社. 2005：24.

根之木、无源之水。期待可能性理论在我国的法律文化中，亦能寻找到富有我国本土化色彩的理论基础，有着我国大众能够普遍认同的思想根基。从这一角度来看，甚至可以认为，我国刑法理论或者说我国法律文化中，自古以来就不缺期待可能性的思想，甚至还有一定的制度体现，比如正当防卫、紧急避险的思想内核便有一定的期待可能性思想的影子。而其他国家和地区对期待可能性理论的认可，其实为我国刑法承认这一超法规事由注入一剂强心针。从具体的研究成果来看，早在期待可能性研究的初期，我国学者对其在我国刑法中的理论价值和实践意义就有极大的期望。❶

第二，促进我国比较刑法的研究。概括来讲，对期待可能性理论的研究，是我国比较刑法从介绍与批判转向借鉴与反思的重要推动和具体表现。众所周知，新中国成立之后，我国的刑法理论体系是以苏联的刑法理论体系为蓝本进行继承和扬弃形成的。在我国刑法现代意义上的理论研究初期是以苏联等社会主义国家的刑法为主，而对于德、日等大陆法系国家以及英、美等英美法系国家的刑法更多的研究态度是介绍与批判。这种情况在苏联解体后发生一定的转变，我国比较刑法的理论研究将目光转移到与我国刑法有着相似特征的德国、日本刑法上。如前所述，我国对于期待可能性理论的研究就是在比较刑法这一研究发展趋势中进行的。借由我国刑法理论学界对期待可能性理论的研讨，又反过来推动我国比较刑法的发展和完善。通过研究，我国的刑法学者们认识到大陆法系中的刑法理论对于我国刑法理论发展的重要意

---

❶ 参见丁银舟. 郑鹤瑜. 期待可能性理论与我国犯罪构成理论的完善 [J]. 法商研究. 1997 (4): 55 – 91. 姜伟. 期待可能性理论评说 [J]. 法律科学. 1994 (1): 23 – 27.

义，进而将更多的精力投入比较刑法的研究中。这一点从研究比较刑法的学者群体扩大和学术成果的增多两个方面可以直观地发现。就期待可能性理论而言，其内在逻辑与大陆法系刑法理论体系中诸多内容有着紧密的联系。对期待可能性理论研究的深入，本质上是我国比较刑法对大陆法系刑法理论研究不断深入的过程，还是我国比较刑法研究水平不断提升的过程。

第三，促进我国刑法理论对刑事责任理论的认知与讨论。期待可能性理论并不是刑法中孤立的制度或学说，其中蕴含着丰富的理论要点。甚至可以说，期待可能性理论其实本身就蕴含着大陆法系一整套的理论思想体系。其中，尤为显著的一个表现在于，我国对于期待可能性理论研究的不断深入，促进了我国刑法理论对于规范责任论的认知。不仅如此，我国刑法理论奉行的是四要件的犯罪构成理论，其中与大陆法系国家的犯罪构成理论体系不同的是，并没有将责任划分为一个独立的构成要件，而是杂糅式地进行分析。对期待可能性理论认知的深入，其实一定程度上也促进我国刑法学者对大陆法系刑法理论体系中的多层犯罪构成理论认知的不断深入。除此之外，对期待可能性理论的研究和讨论，某种意义上也加深了我国刑法学者对于出罪理论的思考。

总而言之，在我国当下的语境中，就我国刑法理论体系而言，对于期待可能性理论研究的不断深入使得对我国现有的犯罪构成理论体系的理解无论是在广度还是深度上都有着长足的进步。以此为基点，学者们在对我国传统的犯罪构成理论体系的研究中不再局限于四个要件的顺序抑或是内容。甚至不再拘泥于外在形式，而是从理论上概括地分析和阐释。由此可见，对期待可能性理论研究的不断深入，其实对我国刑法理论体系的完善和健全起到重要的推动作用。

需要明确的是，本书对期待可能性理论进行反思的主要逻辑在于：通过对期待可能性理论背后的人性基础的分析和梳理，概括总结其在我国进行本土化塑造时应坚持的基础与核心，进而分析我国期待可能性理论本土化塑造可能的途径。在笔者看来，对期待可能性理论进行本土化的塑造，实质上就是对我国现有刑法理论体系的完善和健全，在本土化塑造的过程中，一定会因为期待可能性在刑法理论上应有的定位对我国刑法的现有内容进行一定程度的调整。既然是本土化的塑造，这种调整应在我国现有的刑法理论体系的框架内，而非直接打破现有框架。也就是说，本书会在期待可能性本土化塑造的过程中提出一些立法性建议，但在我国现有刑法理论的基础之上进行，并非完全打破我国现有的犯罪构成理论体系。

第二节　期待可能性之人性视角下的理论基础

任何一种理论学说或制度，想要顺利地诞生并长久地发展和存续，必须保持相当的生命力。这一点与理论或制度产生的时代环境是密不可分的，更为重要的是，无论是什么样的理论和制度，在什么样的历史背景下产生、发展、延续，都需要合理的、坚实的理论基础才可以。就期待可能性而言，自诞生以来，虽然在整个刑法理论大厦中的地位存在一定的变化，但其重要性一直都是不容小觑的。之所以能够长时间占据德日刑法理论界的通说地位，掀起一阵又一阵的讨论热潮，这并非偶然，而是必然。这里所说的必然性，源于期待可能性背后所蕴含的深刻的哲学基础和伦理基础。简单而言，从哲学层面来看，期待可能性理论在坚持人的意志的相对自由性的基础之上,展现人的自主性与所处环境的对立矛盾统一。从伦理层面来看,期待可能性理论蕴含着浓浓的对人性的尊重与保护,使刑法冰冷生硬严苛的形象得到一定程度上的弱化,赋予刑法一定的温情与温度,展现出一定的"人情味"。

一、期待可能性的哲学基础

意志自由,长期以来都是哲学层面一个极为重要且深刻的命题。不仅是在哲学层面,毫不夸张地讲,意志自由一定程度上可以认为是近现代刑法理论的前提和基础。正如伟大的思想家恩格斯曾明确指出的:"如果不谈谈所谓自由意志、人的责任、必然和自由的关系等问题,就不能很好地讨论道德和法的问题。"❶ 所谓意志,其实就是指从各种各样的动机和欲望中做出选择和决断的一种心理机能。❷ 而所谓自由,其实源于拉丁文,原本的含义主要是指从被束缚的状态之中解放出来。在现代法律观念中,自由主要是指人能够按照自己的意愿采取相应的行动。从根本上来讲,意志自由问题是近现代刑法理论研究过程中,尤其是刑事责任理论学说的发展中无法回避的重要问题。在刑法中,尤其是在近现代刑法理论中,犯罪是客观犯罪行为与主观罪过的有机统一。也就是说,只有在罪过的支配下实施的具有相当危害性的行为才能被视为犯罪行为,只有实施这样的犯罪行为的行为人才应受到刑法的诘难,承担相应的刑事责任。需要明确的是,意志自由是回答刑法为什么要谴责行为人的罪过这一问题的关键所在。换句话

---

❶ [德] 卡尔·马克思. [德] 弗里德里希·恩格斯. 马克思恩格斯选集 [M]. 马克思恩格斯列宁斯大林著作中共中央编译局,编译. 北京:人民出版社. 2012:152 – 153.

❷ [日] 平尾靖. 违法犯罪的心理 [M]. 金鞍,译. 北京:群众出版社. 1984:69.

说，只有人是具备自主选择的能力，既可以选择合乎法律规范要求的行为，又可以选择违背法律规范要求的行为，因为自己做出的选择最终实施非法行为时，才具有进行法律谴责的意义。倘若人根本就无法选择和决定自己的行为，很难对其进行刑法上的责难。而上述内容，其实就是人的意志自由问题。对于人的意志自由这一重要命题，一直存在着意志自由论、意志决定论与相对的意志自由论观点的聚讼。相较而言，相对的意志自由论更为合理，而期待可能性理论的哲学基础，亦可以认为是相对的意志自由论。

就意志自由论的观点来看，其主要是以人的理性为逻辑基点，认为人是理性的，能基于自己对所处环境的理性认知合理地选择自己的行为，进一步认为人的意志是自由的。与之相对，在意志决定论的观点看来，其强调的是自然环境、遗传以及自身的素质对人的行为的影响和决定，在这一基础上，认为人的意志是不自由的，是被其他因素共同作用而决定的。由此来看，无论是意志自由论还是意志决定论，其实都是相较而言较为极端的观点。前者认为人的意志是绝对自由的，忽略了环境等因素对人的影响，而后者则太过重视环境等因素对人的影响，而轻视人自身的意志因素。

与上述两种观点不同，相对的意志自由论既肯定人是理性的，意志是自由的，又看到人自身的素质以及自然环境等诸多因素对人的理性认知和选择的影响及制约作用，因而认为人的意志自由应是相对的，而非绝对的。换言之，在相对的意志自由论看来，人不完全是绝对理性的，也不完全是被决定的。相对的意志自由论观点之中，人具有相对的意志自由。

从历史发展进行考量不难发现，相对的意志自由论最早可以追溯至古希腊时期的斯多葛学派。在斯多葛学派的观点中，社会中每一个人的存在与发展,都是遵循自然法则的要求,而所谓自然法则的要求,其实代表的就是最高理性。倘若按照这一逻辑继续分析,不难发现,既然都是遵循最高理性而存在的,那么对于每一个个体而言,其实一切都应是必然的,那么意志自由就不复存在了。但与此同时,斯多葛学派在上述观点的基础之上,又提出行为的选择能否与所谓理性相契合,其关键之处便在于人能不能充分地、正确地认识到自己内心的活动。换言之,在斯多葛学派看来,虽然整体趋势上人的存在与发展和最高理性是一致的,但具体到实际行为来看,人具有一定限度的意志自由。

无独有偶,法国著名哲学家、近代哲学的先驱人物笛卡尔在意志自由的问题上也认为,人的意志自由是相对的。在他看来,人的意志具有一定的精神属性,而精神是自由的,但绝对的自由是属于上帝的,人的自由应受到一定的限制和制约。正如他曾论述的那样:"我们在上帝方面所发现的一切,使我们相信,他的权力是极其巨大的,因此,如果我们设想,我们能做不是他所预先规定的任何事情,那是一种罪过。但是我们如果着手把上帝的预先的命令和我们的自由意志调和起来,并且想在同时了解这两种真理,则我们便会立即碰到一些大的困难而感到为难。……我们的心是有限的,而上帝的权力是无限的。"❶ 由此来看,笛卡尔的观点其实与斯多葛学派的观点有一定的相似性,都是二分地看待人的意志自由,从而认为人的意志自由是相对的。不仅如此,无论是笛卡尔还是斯多葛学派,在论述的时候都与最高理性、神或上帝进行一定的关联和对比。

与上述分析逻辑不同,英国著名哲学家布拉德雷也认为人的

---

❶ [法]笛卡尔. 哲学原理[M]. 关文运,译. 北京:商务印书馆. 1958:15.

意志是相对自由的，但他是以人的性格为切入点展开论证的。在他看来，决定论否定人是意志的主体，也就是说从决定论出发，其实是对人的独立人格的一种否定。换言之，决定论的观点决定了在其观点内部，对道德责任的实质认知是欠缺和忽略的。但与此同时，布拉德雷对于抽象的非决定论也持否定态度，认为人是自由且中立的，那么行为不应是既定性格造就的结果。在他看来，人的意志自由与道德责任之间的联系十分紧密，而想要解释这二者之间的核心问题，关键在于对人的性格的认知和理解。毫不夸张地说，在布拉德雷的观点中，人的性格包含了主体的主观内在气质和它的外在客观环境的关系这种主客观统一的双重意义。更进一步来看，人的性格并不是被创造的，而是自我创造的，它来源于人的气质和环境。在这一基础之上，他认为人的意志自由是存在的，具有内在的人格基础，所以人既是行为的主体，又是道德责任的承担者。由此来看，对于意志决定论和意志自由论，布拉德雷都持商榷的态度。布拉德雷的观点是以人的性格为出发点，认为人的意志应该是相对自由的。

对于意志的相对自由，还有诸多学者从不同的角度进行阐释，譬如，有学者认为："意志的自由即行为的自由是构成道义责任的基础。意志的自由不是说意志不受任何约束。它是由性格和环境即内在因素决定的。但意志又不是毫无选择地决定行为，它具体存在于两个以上行为的可能性中。"[1] 还有学者分析："生命的各种现象是受遗传、过去的经验和环境因素所支配的，但是，我们也知道，通过自由意志，人可以超越生物学决定论的约束，从许多构思中或可能的几个行为中能够选择出适当行为的能力，这也许

---

[1] 转引自张智辉. 刑事责任通论 [M]. 北京：警官教育出版社. 1995：168.

是人的所有性质中最为重要的部分。这就是迄今为止人类进化的决定性因素,而且今后仍然是这样。总之,在自由的界限和可能性之中有决定论的因素,这种因素存在于各种环境力量和个人的先天以及后天获得的生物学的特征之中。每个人的遗传结构和过去的经验是不同的,因此,每个个体都是无先例可循的独特的存在者,但每个人的周围环境都在该人的身体上、精神上的可能性中,决定究竟采取哪一种可能来使其在生活中得以实现。因此,自由意志,只是在过去和现在的各种条件下,使思想和期望得以实现的范围内所产生的自由行为。"❶

在笔者看来,相对的意志自由论的合理性更加明显。意志自由论和意志决定论都是肯定一方面而否定另一方面。单纯地从心理学的角度来看,通常情况下,人的意志都是处于自由状态中的,因为从本质上来讲,它是大脑的一种认识和决断的活动。由此来看,一般情况之下,健全的正常人都应该能对事物和行为做出符合理性的认知和抉择。当然,在此我们也并不否认或许有一部分人虽然看似正常,但由于遗传或其他原因呈现出一定的偏差,就好像龙勃罗梭所提倡的天生犯罪人的观点一般。但从本质上来讲,人作为人而存在,能够区别于自然界的一个重要的决定性因素就在于人的意志中存在着一定程度上的自由,即人性的本能要求。也只有承认这一点,对人的行为进行道德或者法律层面的评判才有意义。倘若一味奉行决定论,那么所有人的行为都是被决定的,就丧失了道德或法律评价的意义。所以,从整体而言,人的意志是自由的。

但也应注意到,人的意志是人的大脑的认知和决断的活动,

---

❶ [日] 平尾靖. 违法犯罪的心理 [M]. 金鞍,译. 邵道生,校. 北京:群众出版社. 1984:73 - 74.

应归属于主观层面，是人主体性的显著特征。但依照辩证唯物主义的观点来看，主观的内容是客观现象的一种抽象反映和体现。如此来说，我们此处所说的认知和决断活动一定也是客观现实的一种体现和反映。既然如此，换个角度来看，就意味着人的意志取决于自身的内在因素，但也不能忽视客观生活的制约。如果按照这样的逻辑进行分析，不难发现，人的意志自由在任何情况之下、在任何的时间，都不可能是绝对的自由，绝对的自由只存在于哲学家的主观哲学思想中。

从意志自由论的角度来看，人的一切行为都是自由意志的选择，那么行为人实施的行为就应受到刑法的诘难，行为人也应承当相应的刑事责任，这是毫无疑问的。但从意志决定论的角度来看，既然人的所有行为都是被决定的，那么就意味着行为人没有任何选择，只能实施相应的犯罪行为。按照这两种观点进行分析，在刑法理论体系中，尤其是讨论责任的时候，其实都没有必要对行为人是否具有不实施犯罪的可能性进行探讨。因为从上述分析过程就可以看到，完全没有分析这一重要内容的空间。而相对的意志自由论中，既承认人的意志自由，又承认意志自由会受到诸多因素的影响。这就会造成，人在认知和选择是否要施行某一个具体行为的时候，会面临是否存在实施释法行为的可能性的问题。也就是说，既然人可以在诸多因素的影响下自由地选择，那么就意味着人既可以选择适法行为，也可以选择违法行为。换言之，既然承认人的意志自由是相对的，那么在刑法学中，就可以认为认知到人自身的存在与其生存的环境这二者之间的对立统一关系。这就意味着刑法在对行为人进行责难的时候，必须将行为人在实施具体行为的时候是否存在期待其实施合法行为的可能性纳入分析考量的范畴之中。

除此之外,我们还应避免陷入另一个误区,即相对的意志自由论并不是非此即彼、非有即无、非黑即白。承认人的意志是相对自由者,就意味着人的意志自由是处于一定条件限制和约束下的。在这种状态下会呈现出一部分是自由的,而另一部分是被决定的。在这种情况之下,我们既要考虑行为人实施适法行为的可能性的有无,还应考虑行为人实施适法行为可能性的强弱。具体可以从两个方面进行理解:一方面,正因人的意志存在一定的自由成分,那么如若某一具体的行为人拥有极高的道德水准、极强的自律意识,那么在做出最终选择时,能够强烈地克服意志不自由的那一面所带来的影响,最终选择实施适法行为。另一方面,正因人的意志自由会受到一定的限制,那么如若某一具体的行为人道德修养仅是一般水准,自律能力和意识也相对薄弱,那么就极有可能无法突破源自意志不自由那一面带来的限制,从而选择实施违法行为。但法律是建立在理性的基础之上的,所以即便是在这样的情况下,法律规范,尤其是刑法规范应在一定程度上给予行为人一定的理解、包容与宽宥。由此来看,从相对的意志自由论的观点,可以自然而然地推导出期待可能性的观念和内涵。

故笔者认为,相对的意志自由论是期待可能性理论和制度的哲学基础。不仅如此,对人的意志自由的相对肯定以及对意志自由的限制性因素的充分认可,也是在哲学层面对人性的深层次认知和尊重。从这一点来看,相对的意志自由论是符合人性的期待可能性理论的哲学基础。更进一步,期待可能性理论的内在基本逻辑中,就体现了对人性的认知、尊重与保护,这一点也是毋庸置疑的。

二、期待可能性的伦理基础

概括来讲,其实期待可能性理论的伦理基础就在于对人性的承认、尊重与保护。这一点已经在哲学基础的分析过程中能很直观地感受到，其实对于相对的意志自由论的分析过程中对于人实施具体行为的动因分析，无论是基于自由意志，还是出于环境等因素的影响，都能折射出对人性的认知和理解。但在人性视角下进行自省，追求期待可能性理论的本土化构建，应分析我国本土化资源中能与期待可能性理论相契合的伦理基础。

提及我国的传统文化，儒家思想必然是首先应提及的。从性质上来看，儒家思想既是我们中国文化中丰富的哲学思想的汇聚，又是我国传统伦理道德的发源地。在笔者看来，无论如何界定我国传统的儒家思想，其中蕴含的伦理道德的品性和特质都是难以回避的。故而，接下来将以我国传统儒家思想中的内容为切入点，寻找能与期待可能性理论相契合的理论学说，以期为期待可能性理论我国本土化的构建提供强有力的伦理基础。总的来说，我国传统儒家思想中的"仁"和"中庸"都能与期待可能性理论的内涵相契合，一同构建起期待可能性理论符合我国本土化的伦理基础。

（一）儒家"仁"的思想与期待可能性理论契合

儒家思想中"仁"的思想是博大精深的，"仁"的思想经过历史的演变，也得到不断的丰富与修正。从整体上来看，我国儒家思想中"仁"的思想内核与期待可能性思想在很多方面都有极高的契合度，可以作为期待可能性理论我国本土化构建的一大伦理基础。具体而言，可以从以下几个方面进行理解：

其一，儒家思想中极力倡导的"爱人"思想，从本质上讲，与期待可能性理论背后所蕴含的人道主义精神具有相当的同质性。在"爱人"的理念中，每一个拥有善良品质的人，都应具备恻隐之心，有"不忍人"之心。可以说这是儒家"爱人"思想中很重要的一个观念。在这一观念的支配下，不难发现，这里的恻隐之心，抑或是"不忍人"之心，肯定是要有对象的，但在陈述"爱人"思想的时候并没有对对象加以限制。也就是说，即便是对那些实施了违法犯罪行为的人，也应具有一定的恻隐之心，抑或说"不忍人"之心。对此，元代的张养浩就曾有过自己的深入思考："饥寒切身，自非深知义理之人，不敢保其心无他，况痴痴之氓乎？为守牧者，教养之不至，穷而为盗岂是得哉？"❶ 由此不难发现，期待可能性理论背后的人性光辉集中点也在于这里我们所说的恻隐之心，抑或是"不忍人"之心。具体来看，期待可能性理论之中，对于实施了犯罪行为的人在一定程度和范围内给予其宽宥，可以理解为是法律对行为人的一种同情和恻隐。由此看来，"爱人"的思想与期待可能性理论背后蕴含的人性光辉有着高度的一致性。

其二，儒家思想中"恕"的思想与期待可能性理论内涵中在一定程度上给予犯罪人宽宥的思想有着异曲同工之妙。简单理解，这里所谓的"恕"其实就是孔子所提倡的"己所不欲，勿施于人"。更具体一些来看，"恕"其实就是指"人同此心，心同此理"。其实儒家"恕"的思想就是要求大众要学会将心比心，换位思考。当这一观念投射到刑法语境中，可以理解为：无论是谁在对一个既定的违法犯罪行为进行评判的时候，都应设身处地地站在行为人的角度上思考，即如果我是行为人，在这样的情况下，会怎么做呢？如果我是行为人，会不会在这样的情况下实施这样的违法犯罪的行为呢？如果不是我，不是行为人，而是社会一般意义上的其他人，他们又会做出怎样的选择呢？如果经过换位思

---

❶ 罗昶. 伦理司法：中国古代司法的观念与制度 [M]. 北京：法律出版社. 2009：97.

考，发现无论是行为人，还是对行为进行评判的我们，抑或是社会上一般意义的其他人，在既定的情况中都会实施行为人所实施的行为，那么就能产生一定的理解和同情。在这样的情况下，行为人会实施这样的行为都是不得已，而不是行为人想要去实施违法犯罪行为。既然如此，那么对于该行为人而言，其行为一定程度上的确应当受到刑法的评价，但又因该行为是特定情境中每个人都会做的，所以从某种意义上来说就不具有可罚性。用"恕"的思想来理解，既然每个人在同样的情况下都会做这样的行为，起码我不希望在这种情况下被刑罚处罚，那么也不应对我们所评判的行为人进行刑法的诘难和谴责。除此之外，前文介绍过的"亲亲得相首匿"制度背后的容隐思想亦是儒家"恕"思想的一个表现形式。由此看来，儒家思想中"恕"的观念与期待可能性理论亦有一定的共通性和相似性。

其三，从犯罪的原因来看，儒家思想和期待可能性理论背后蕴含的思想内核有一定的契合性。概括来讲，虽然儒家思想对人性有性善论与性恶论的争议，但无论是哪种观点，都极力主张教化的作用。也就是说，在儒家思想中，无论人先天是怎样的，经过后天努力，对其教化，都可以成为圣人君子。在此基础上，不难发现，人民大众之所以会选择犯罪，可能与人性中求生的本能有关，但更多的原因是"上失其道"。如果君王勤政爱民，能为老百姓营造一个良好的生活环境，那么即便是出于生存本能，大概率也不会选择实施犯罪。既然老百姓犯罪的原因与君王的暴政骄奢有关联，那么对于老百姓而言，就存在着被宽恕的空间和可能性，那么合格的当政者就应在合理的范围内予以宽宥。推而广之，倘若从根本上消灭犯罪，就应保证大众的生活有着落、有盼头，能老有所依、壮有所用、幼有所养，进而"富之""教之"。反观期待可能性的思想内核,即"法不强人所难",这就要求不仅要对行为人行为的内在原因进行分析,还应斟酌行为的外在原因和客观情形,倘若情有可原,那么理应给予宽宥。若如不然,将会使大众对刑法形成错误的认知,认为哪怕情不得已也会受到刑罚的制裁,那么刑法就是必违之法,犯罪亦是必然。从这一点来看,从犯罪产生的原因和最终处置来看,儒家思想与期待可能性理论的思想内核在大方向上是一致的。

其四,儒家思想中"慎刑"的观念与期待可能性理论也有一定的契合。在儒家的思想观念中,为政要宽,提倡"赦小过",坚持"中罚",甚至在情况允许时要"无讼"。这就要求在刑事法律的范畴中,尤其是在用刑法规范进行价值评判时,要最大限度地分析行为人可能存在的能被法律宽恕的情形。刑法的谦抑性正是期待可能性理论中最为推崇的一项基本原则,要求在不得已的情况之下才能适用刑法,刑法只能作为最后一道保障性措施适用。由此不难发现,二者在价值追求上有着高度的契合性。

(二)儒家"中庸"的思想与期待可能性理论契合

我国传统儒家思想中的"中庸"观念,既是儒家哲学思想的方法论,又是儒家思想提倡的人们在为人处世的过程中应遵循的重要伦理道德标准。从某种意义上来讲,我国传统文化中的儒家思想是具有伦理道德色彩的哲学观念。由此看来,"中庸"观念兼具哲学与伦理的双重属性。从"中庸"的思想内涵来看,其与期待可能性理论也有很多相契合的联结点,具体可以从以下几个方面进行理解:

其一,"中庸"思想中"全面"的观点与期待可能性理论有着高度的契合性。"全面"的观点可以说是"中庸"思想的基本要求和重要面向,即敦促大众在分析和处理事情的时候,应从多个角度全方位地考察评估，对问题的核心进行充分把握，不能以偏概全。在我国的传统法律文化中，其实就存在"全面"的观点下要求刑法在对行为人进行价值评判的时候，既要考虑到其违法的一面，即入罪，又要考虑到行为人可以被宽恕的一面，即出罪。甚至早在三皇时期，就有人提出："天聪明，自我民聪明。天明畏，自我民明威。"❶ 也就是说，应对好人进行表彰和弘扬，对于坏人应予以惩罚，但无论是对好人的表扬还是对坏人的惩治，都应结合民意进行全面的考量。而反观期待可能性理论背后蕴含的观念，其核心在于要求法官在进行刑法的价值判断时，不能仅将目光停留在行为人实施的违法犯罪的行为造成的损害，还应从多个角度来仔细分析，探究案件发生的具体情形，分析行为人是否会存在能被宽宥的可能性，一次最终形成合法、公平、合理的裁决。

其二，"中庸"思想中"适度"的观点与期待可能性理论有高度的契合性。在"中庸"的观念中，"适度"是指人们在分析和处理问题时应恰当，无过无不及。这样的观念投射到刑法中就会发现，其实对刑法提出了宽严有度的要求。具体来说，孔孟思想中的"中罚""宽猛相济""省刑罚""生道杀人"其实都是"适度"观念在刑法上的必然体现。当然，这里所说的适度，并非一味地遵循宽缓，而是应宽缓的时候必须宽缓处理，应严厉的时候必须严厉以待。如此来看，不难发现，这里所谓宽的适用考虑，其实就在于分析行为人符不符合上述"恕"的要求，如若行为人拥有可以被谅解和宽恕的情节，那么从期待可能性的角度来讲，意味着行为人不具备实施适法行为的可能性。既然如此，就不能继续严厉待之，当然要宽缓处理，这是"适度"观念的必然要求，更

---

❶ 晁乐红. 中庸与中道——先秦儒家与亚里士多德伦理思想比较研究[M]. 北京：人民出版社. 2010：31-33.

是期待可能性理论的思想内核。

其三，"中庸"思想中"和谐"的观点与期待可能性理论有着高度的契合性。在我国儒家思想中的"中庸"理念里，提倡"天人感应"，倡导"天人和谐"。在此基础之上，儒家的拥趸们进一步认为，所谓刑罚，其实是圣人则天象地而为。那么，刑罚的适用理所当然地应符合"和谐"的要求。正如我国古代先贤曾提出的："法者，因天理，顺人情，而为之防范设制。"❶ 由此看来，刑罚肯定具有震慑犯罪、惩治犯罪的功能，其还应顺应天理，体现人道，考虑老百姓的感受，这样才能做到让人心服口服。由此来看，这其中的观念与期待可能性理论中倡导的法不强人所难，所以执法要合情合理，寻求刑法伦理品行的正当性，才能最大限度地被普罗大众所接纳和自觉遵守。总的来说，大方向是一致的。"中庸"思想中的"和谐"思想还有一个观点在于，人性是人生而有之的寻求生存的本能特征，那么在一定程度内合理地满足人内心的欲望便是理所应当的。沿着这样的思路继续分析，不难发现，当行为人为了在法律容忍的范围内合理地满足其内心的欲望而实施一定的行为，那么应视作可以被理解和原谅的。而我们所说的期待可能性理论，从本质上来讲，也是容忍和宽宥行为人为实现或保障自己的正当利益而实施的违法犯罪行为。从这一点上来看，二者具有共通性。

其四，"中庸"思想中"权时执法"的观点与期待可能性理论有着高度的契合性。正如我国先贤曾经指出的那样："夫权者，适一时之变，非悠久之用。……圣人之道德有不可为之时，礼义有不可施之时，刑名有不可威之时，由是济之以权也。……设于事

---

❶ 转引自张晋藩. 中国法律的传统与近代转型 [M]. 北京：法律出版社. 1997：52.

先之谓机,应于事变之谓权。机之先设,犹张罗带鸟,来则获矣。权之应变,犹荷戈御兽,审其势也。"❶ 由此看来,在儒家的"中庸"思想里,尤其是在"权时执法"的观念中,其实就是要求执法不能一成不变,应伴随着时代和环境的变化而变化,当遇到特殊情况时,也不能一味因循守旧,要懂得变通,进而才能达到合乎情理的目标。进一步来说,这里所说的"权时执法"就是要求在具体的过程中,应在法律的情与权、常与变中仔细斟酌法律与人情(伦理道德),寻求"法""理""情"三者的内在有机统一。反观期待可能性,其最为核心的要求就是尊重和保护人性,法律的最终裁判应合乎情理。从另一角度来看,就要求法官在具体评判裁量的过程中既要遵循既有的法律规定,又要注意每一个真实案例中的特殊性。由此来说,"权时执法"的观念与期待可能性所内涵与要求具有高度一致性。

通过上述分析不难发现,我国儒家思想中"仁"与"中庸"的思想与期待可能性理论有着相当的契合度。毋庸置疑,在人性的语境中,"仁"与"中庸"的思想可以成为期待可能性理论本土化构建的伦理基础。

三、期待可能性之人性解读

从上述对相对的意志自由论的分析和阐释不难发现,以期待可能性理论的内涵中天然地有对人性的认知、尊重与保护。从期待可能性与我国传统儒家思想中的伦理基础的契合,也不难看出我国本土化资源中存在与期待可能性理论在人性这一点上相契合的丰沃土壤。从人性的视角来看,正如前述对人性与伦理关系的

---

❶ 转引自梁治平. 寻求自然秩序中的和谐——中国传统法律文化研究 [M]. 北京:中国政法大学出版社. 1997:283-284.

论述中所提到的,人性与伦理本身就存在紧密联系,可以认为伦理是对人性驱使下所实施的行为的善恶评价。倘若从这一角度来看,笔者认为,可以从刑法的伦理品性来看期待可能性理论中蕴含的人性因素,二者之间亦是契合的,也是我国刑法从人性视角下自省以及进行期待可能性理论本土化构建所不容忽视的。

具体而言,刑法,甚至整个法律,其内部都具有一定的伦理品性。而这里所说的刑法的伦理品性,或法的伦理品性,集中体现在刑法或法律对人性的承认、尊重与保护。这一点已在前述内容中强调,故在此不再赘述。而在人性的语境下,期待可能性理论是人性的具体彰显。正因如此,笔者在人性的视角下对我国刑法进行反思,才认为应进行期待可能性的本土化构建。在前述期待可能性哲学基础与伦理基础分析的基础上不难发现,期待可能性理论和制度是人性在刑法理论和实践中的重要表现。对一部刑法而言,只有充分地承认、尊重和保护人性,才能使大众自觉地接纳和遵守。故笔者接下来将从人性的角度对期待可能性理论直接进行再审视和再解读,以此来说明对期待可能性理论进行本土化构建的必要性和重要性。

"法不强人所难"是期待可能性理论思想的内核,这一观点已经是刑法理论学界中的共识,处于通说地位。正如有学者明确指出的:"令人不可能之事者不是在立法,而是在毁法,因为无法遵循的命令唯有导致困惑、恐惧和混乱。"❶ 对此,有学者曾进行过生动的形容和描述:"人们往往认为,任何一个神智健全的立法者,甚至一个邪恶的独裁者,也不会有理由制定一个要求人们实现不可能做到的事情的法律。但现实生活却存在与这种认识背道

---

❶ [美] 富勒. 法律的道德性 [M]. 郑戈,译. 北京:商务印书馆. 2005:44.

而驰的情况，这种法律可以微妙地、善意地加以制定。一个好的教员往往会对他的学生提出超过他们学习能力的要求，其目的是扩大他们的知识面。一个立法者很容易将自己的角色误解为那个教员。但差别在于：当学生没有完全实现那个教员的不切实际的要求时，教员可以向学生对他们已实现的要求真诚地表示祝贺，但一个立法者却仅能面临这种困境：或者是强迫公民去实现他们不可能实现的事情，从而构成十分不正义的行为，或者是对公民的违法行为视而不见，从而削弱对法律的尊重。"❶ 从这一描述不难发现，人性相对而言是脆弱的，而作为最严厉的部门法，刑法是严酷的，二者之间存在一种天然对立的矛盾紧张关系。而期待可能性理论就像天平的中心点，出于对人性弱点的认知、理解、尊重与保护，对人性和刑法之间的紧张关系进行平衡。正因如此，才会吸引那么多的刑法学者对期待可能性理论进行深入的反思和探索。从这一角度来看，期待可能性理论之所以会产生，就是为了缓和人性的脆弱与刑法的严酷之间的矛盾，从而呼吁刑法对社会基本伦理的尊重，唤醒刑法自身的伦理品性，更能催生普罗大众心中的良知与善念，对刑法产生更为普遍的认同感，自觉地接纳和遵守刑法的规定。对于期待可能性理论产生的原因和意义，有学者曾经明确地分析："法律规范如同根植于国民的宗教、道德和审美观之中一样，它也根植于国民的良知之中。只有在国民这里，法律规范才能找到其牢固的立足点，也只有在国民这里，它才有发展的动力。"❷

自从期待可能性理论被正式提出以来，其天然地与社会伦理

---

❶ 沈宗灵. 现代西方法理学 [M]. 北京：北京大学出版社. 1992：47.
❷ [德] 弗兰茨·冯·李斯特. 德国刑法教科书 [M]. 徐久生，译. 北京：法律出版社. 2000：4.

道德存在密不可分的联系，这种联系是根植于期待可能性的理论内核而天然存在的。就像在期待可能性理论诞生初期，有刑法学者认为，期待可能性理论是一种可以排除罪过的非法律性因素。从某种程度上讲，这种说法有所偏颇，社会伦理道德规范是刑法规范的上位规范，刑事责任最终成立与否是以社会伦理道德规范为最终的标准。❶ 显而易见，这种观点存在本质缺陷，即在这一观点内部，刑法规范与社会伦理道德规范被放在对立面，这使二者的关系发生一定的割裂。甚至可以在一定程度上认为，正是由于割裂了二者的辩证统一关系，才导致二者形成对立紧张的局面。从本书前述内容不难发现，在整个社会的发展历程中，社会伦理道德规范产生的时间早于法律规范。在法律规范被制定与实施之前，社会的运行秩序是由社会伦理道德规范进行调整和保障的。在运行过程中，将适应社会发展规律、符合社会变迁需要的那些社会伦理道德规范逐步地抽象概括为法律规范。毋庸置疑的是，社会伦理道德规范本质上是法律规范形成、适用的基础、核心和限度。正因如此，刑法规范无论是在制定过程中，还是后续的适用过程中，都不能超越普罗大众普遍认同和遵守的社会伦理道德规范的范畴。

需要明确的是，此处我们所说的社会伦理道德规范，不是我国传统伦理道德规范中强调的仁义和高尚的品德，而是普罗大众在生产、生活过程中普遍认同并自觉遵守的那些常识、常情和常理的总称。故笔者认为，刑法虽然裹着暴力强制性的冷酷外壳，但其内在机理依旧是以社会伦理道德规范为基础而构建起的、需要刑法保护的基本价值。日本学者也曾持有相似的观点："刑法的

---

❶ [意] 帕多瓦尼. 意大利刑法学原理 [M]. 陈忠林，译. 北京：法律出版社. 1998：185.

结果是程度如此严重的'必要的恶',我们就不得不推敲其存在的合理性和正当性。我们的国民因一部合理性和必要性不明确的法律,而在日常生活中受到限制,违法时就被处以刑罚,重要利益受到侵犯,并被打上犯人的烙印,这一切都令人难以忍受。"❶ 换言之,人性是刑法最原始的呼唤,更是刑法最基本的品质,亦是刑法最终的追求。也就是说,只有充分体现了人性关怀的刑法,才能被称为"善法",才能拥有真正正义的品性,才能具有坚实的正当性与合理性根基,才能被普罗大众真正地接纳和遵守。刑法想要成为有着人本主义品性的刑法,就需要在人性与社会利益发生冲突的时候,对人性给予足够的关注、理解和尊重。只有这样,才能促使刑法中"柔性"的一面得以展现,才能使刑法真正地具有宽容性,而这也是期待可能性理论和制度最为本质、最为核心的精神所在。

每当谈及期待可能性理论和制度时,我们总能发出这样的疑问,当一个人的生命受到紧迫性的威胁时,又有多大的可能性期盼他放弃自己的生命来保障他人的合法权益不受侵害呢?当然,生活中会存在这样的品德高尚、思想觉悟极高的人,但不能因此就将其作为所有人的行为标准,这显然是不现实的。德国著名哲学家康德曾针对为保全自己生命不受侵害而侵犯他人的生命安全这一问题做出详细的阐释:"事实上,没有任何刑法会对下述这样一个人处以死刑:当一条船沉没了,他正在为了他的生命而推倒另一个人,使后者从木板上掉入水中,而他自己在木板上免于死亡。因为法律惩罚的威吓不可能比此时害怕丧失生命的危险具有更大的力量。这样一条刑法,在此时完全丧失了它所意图达到的

---

❶ [日] 西原春夫. 刑法的根基与哲学 [M]. 顾肖荣. 等, 译. 北京: 法律出版社. 2004: 4.

效力。因为一个尚未确定的威胁——例如法庭判决死亡——不能超过对那种灾祸的恐惧（例如在上述情况下淹死）。"❶

综上所述，不难发现，在伦理性价值这一点上，期待可能性理论与刑法的社会伦理道德基础具有同质性，二者的价值追求和价值取向具有极高的契合度。正因如此，期待可能性理论和制度才能成为阻却责任的事由在诸多国家的刑法理论和制度中予以明确。故从人性视角下对我国刑法的自省才要对期待可能性理论进行本土化的构造。

"法律的任务就是在尊重个人自由和维护社会根本制度之间保持平衡。只有这样，才能防止产生对某些法律的不合理性视而不见的现象，这些法令可能根本达不到预定的目的，或者将会产生在某种程度上为实现其造福社会的目的而过分地牺牲个人利益的后果。"❷ 上述看法其实是对刑法提出的关乎刑法生命的重要要求。这一要求其实也是期待可能性理论对整个刑法理论体系的一种限制和约束，即必须重视对行为人实施具体行为的原因的正向评价。一方面，倘若行为人是在迫不得已的情况下才做出某一具体行为，从行为人的角度来看，实施这一具体的行为是理所当然的，而从大众的视角来看，必然会激发公众的同情心和恻隐之心。另一方面，虽然行为人不是因为迫不得已而实施的行为，但具体行为的实施是源于该行为人生长、生活的环境中固有的文化的影响，甚至是出于人性的本能，那么对于社会大众而言，依然会表露出正向评价。在这些情况中，一定程度上可以认为，刑法是无力的。

---

❶ [德] 康德. 法的形而上学原理——权利的科学 [M]. 沈叔平，译. 林荣远，校. 北京：商务印书馆. 1991：47.
❷ [英] 彼得·斯坦，[英] 约翰·香德. 西方社会的法律价值 [M]. 王献平，译. 北京：中国人民公安大学出版社. 1990：181.

所以，对于这些情况中行为人的犯罪行为，刑法不能且没有能力去进行规制，故在司法实践中遇到类似的情形时，应将这些特殊情况下的特殊行为进行出罪解释。

综上所述，期待可能性理论和制度深切地呼唤刑法内在的宽容品性，以人为本，真切地以人为出发点来思考问题，给予人性足够的重视、尊重和保护，直观地展现刑法对人性的尊重与关切。从人性的视角来看，正是期待可能性对人性足够的认可、承认、尊重与保护，才能促使普罗大众对刑法规范产生更为广泛、普遍的认同和接纳，从而提高大众对刑法遵守的自觉性，增强刑法的生命力，保障刑法能更好地实施。毕竟，"一种不可能唤起民众对法律不可动摇的忠诚的东西，怎么可能有能力使民众普遍愿意遵从法律？"❶ 从这个角度来看，期待可能性对人性的认可、尊重与保护，对基本社会伦理道德规范的认可、尊重与保护，是极为耀眼的，是我国刑法需要增强的。

第三节 期待可能性之本土化构建

从上述分析来看，毋庸置疑的是，期待可能性理论和制度是对人性尊重和保护的重要代言人。从某种程度上来说，可以将其视为刑法理论和整个刑事司法过程中正义性品格最为坚实的支柱。对于期待可能性的本土化构建问题，我国刑法学界支持的声音是超过反对的论调的。但在诸多支持者中，对期待可能性的本土化构建却是五花八门。

---

❶ [美]伯尔曼. 法律与宗教 [M]. 梁治平，译. 北京：生活·读书·新知三联书店．1991：43.

伴随着刑法教义学的兴起与发展,当下我国刑法学的理论研究也在不断地调整和转型。正如车浩教授曾指出的:"我国刑法教义学的发展当务之急是加强体系性,同时对未来可能出现的体系封闭和僵化保持警惕。"❶ 从这一观点出发,期待可能性理论和制度可以为我国刑法教义学的发展提供一定的张力和弹性。我国有刑法学者认为期待可能性理论和制度是一种"对刑事裁判的救赎"❷。更有学者认为期待可能性理论和制度可以成为一种"调节性的刑罚宽恕事由"❸。虽然从前述分析中不难发现,期待可能性理论和制度与我国传统文化之间存在一定的契合性,与我国的刑法文化存在一定的兼容性。但也应予以明确,对于期待可能性理论和制度的引入,还应以我国当下语境的现实情况为逻辑基点,从而构建起具有本土化色彩的新的适用教义。

由此来看,对于期待可能性理论与制度的本土化构建,一方面,应对期待可能性自身的内涵与对人性的尊重和保护持肯定态度,承认期待可能性理论和制度本土化构建的意义和价值;另一方面,也应注意期待可能性理论和制度的本土化构建必须立足于我国的现实实践,在我国当下的语境中完善和丰富刑法理论的研究,进而发挥对我国刑事司法实践的指导作用。正因如此,期待可能性理论和制度的本土化构建应建立在对其理论定位和具体判断标准的把握之上,进而探究其在我国进行本土化构建的具体路径,具体对立法与司法两个层面的构建各自进行分析。

期待可能性在整个刑法理论体系中的定位问题是进行期待可

---

❶ 车浩. 理解当代中国刑法教义学 [J]. 中外法学. 2017 (6): 1405 – 1429.
❷ 黄荣坚. 基础刑法学 [M]. 北京: 中国人民大学出版社. 2009: 444.
❸ 刘艳红. 调节性的刑罚宽恕事由: 期待可能性理论的功能定位 [J]. 中国法学. 2009 (4): 110 – 121.

能性理论和制度本土化过程中最为核心的争议，而期待可能性的具体判断标准则是期待可能性理论和制度进行本土化构建时无法回避的关键节点。对于这两个问题，在刑法学界的理论研究中存在较大争议。故本节内容将从这两个问题入手，进而分析期待可能性理论和制度本土化构建的可能性路径设想。

一、期待可能性之理论定位

进行期待可能性理论和制度的本土化构建，应先确定其在整个刑法理论体系中所处的位置，即理论地位。具体而言，就是指期待可能性与刑法理论体系中已有的其他责任要素之间应是一种什么样的关系。对于这一问题，迄今为止依旧没有形成通说性质的观点，并且仍是德国、日本刑法理论研究中的一个重要问题，即期待可能性究竟应被包含在故意与过失的认定判断中还是排除在外，能否成为与刑事责任能力、故意和过失并列的第三种责任要素。

（一）期待可能性之理论定位争议评述

具体来看，对于期待可能性的理论定位这一重要问题，在刑法理论研究中，主要有以下九种观点。接下来，将针对这九种不同的观点分别进行介绍和分析。

1. 责任能力要素说

在责任能力要素说这一观点看来，期待可能性其实应被看作构成刑事责任能力的重要要素，而不是与刑事责任能力、主观罪过形态（故意、过失）相并列的第三种责任要素。也就是说，期待可能性在刑法理论体系中，与刑事责任能力、故意和过失之间并非并列关系，而是刑事责任能力的下位构成要素之一。对于责任能力要素说而言，其拥趸主要是从以下几个具体的方面进行分析和阐释。

首先,从刑事责任能力的概念与内涵来看,刑事责任能力是指行为人对某一具体行为的性质、意义、作用和后果能够形成正确、准确的认识,自主进行选择是否实施这一具体的行为,并且对这一行为承担相应的刑事责任的能力。概括来看,刑事责任能力应包含辨认能力和控制能力这两项重要内容。从期待可能性的内涵来看,与刑事责任能力的概念和内涵是相契合的。其次,期待可能性的基础在于承认相对的意志自由,而意志自由又由每个人的智力、精神状态等内源性的自身因素和行为人所处的环境是否有自由选择的可能性这样的外在性客观要素共同决定。倘若行为人不能自由地在适法行为与非法行为这二者之间进行选择,这就说明行为人的刑事责任能力中的控制能力存在一定的缺陷。在此种情况下,行为人的意志自由完全丧失,不具备期待可能性,进而导致行为人的刑事责任能力丧失。与这一情况相对,倘若行为人能自由地在适法行为与非法行为这二者之间进行选择,如若行为人选择实施适法行为就会导致自身的合法权益遭到损害,当个人利益与集体、国家、社会或他人的利益发生冲突时,人的意志自由可能会遭到一定程度的削弱,进而导致期待可能性呈现出减轻、衰弱的状态;更有甚者,当进行比较的利益双方的力量差距过于悬殊时,即一旦选择保全集体、国家、社会或他人的合法利益,就会导致行为人的意志自由完全丧失,其期待可能性亦会随之消失殆尽,从而导致刑事责任能力的减弱乃至丧失。

但不可否认的是,责任能力要素说存在一定的缺陷,即将期待可能性与责任能力进行混同讨论,混淆了二者之间真正的关系。在期待可能性的内涵中,其成立或判断的基础在于行为的外部环境这一客观要素,而对于刑事责任能力而言,其关注的核心问题则是内部行为人自身的因素。从上述分析逻辑来看，其认为行为人因所处客观环境和情形的限制，影响了所具有的期待可能性的强弱与有无，进而对行为人责任能力产生一定的影响。从逻辑关系上看，期待可能性应是刑事责任能力的前提条件，而非刑事责任能力内部的构成要素，即只有在具有期待可能性的前提下，才会进一步分析刑事责任能力的有无。毋庸置疑，期待可能性与刑事责任能力这二者之间经常发生交错，被学者联系在一起讨论。但即便如此，也应注意到，刑事责任能力一般由刑法条文进行专门、明确的规定。对于期待可能性与刑事责任能力的关系，应当认为，期待可能性能够用来说明和解释刑事责任能力，但不能因此理所当然地认为期待可能性是刑事责任能力的构成要素。正因如此，在笔者看来，责任能力要素说的观点存在逻辑上的缺陷，有所偏颇，不尽合理。

2. 罪过要素说

罪过要素说是指，就我国刑法理论体系中的犯罪构成理论体系而言，应在讨论故意和过失的时候对期待可能性进行考虑，即期待可能性应是故意和过失的应有之义，是故意和过失中的重要内容。之所以会形成这样的观点，主要有两个原因：其一，从理论体系的契合性上来讲，我国刑法奉行的是平面耦合式的四要件的犯罪构成理论体系，在这样的犯罪构成理论体系中，将期待可能性放在主观方面这一要件中，纳入故意和过失的讨论范畴，相对而言是较为合适的。主要原因是期待可能性理论的产生地德国采用的是阶层性的犯罪构成理论体系，与我国的四要件犯罪构成理论体系存在一定的差别，为了能与我国刑法理论相适应，应将期待可能性纳入故意和过失的讨论范畴。其二，将期待可能性纳入故意和过失的讨论范畴中，能够更好地对具体的刑法理论问题进行解释和处理。之所以会有这样的观点,是因为期待可能性的发展过程中将期待可能性作为超法规的责任阻却事由,是难以令人接受的,倘若勉强为之,一定要将期待可能性作为超法规的责任阻却事由,难以避免地会使期待可能性遭到猛烈犀利的批判。❶更进一步来看,其实是认为期待可能性应作为故意、过失的积极要素存在。但持有这样的观点就会造成一种尴尬情况,即在具体的司法实践中,公诉机关想要对每一个具体的案件提起公诉,就必须对期待可能性进行专门的举证和论证。显而易见,这样的情景脱离我国的司法现实,合理性有待商榷。

3. 修正的罪过要素说

顾名思义,修正的罪过要素说是对罪过要素的修正,认为期待可能性应作为罪过评判时的消极要素。从修正的罪过要素说内部来看,其实存在一定的不合理之处,最重要的一点在于将期待可能性视作对罪过进行价值评判过程中例外的、消极的要素,与期待可能性思想的实质内容不尽相符,甚至是背离的。不仅如此,还有一个重要的问题,正如我国学者指出的那样,罪过的含义相对来说是较为模糊的,修正的罪过要素说是尝试将犯罪主体和犯罪的主观方面进行融合,但从根本上来说,还是停留在现有的理论构造之中。❷即便如此,我们还应注意修正的罪过要素说具备一定的合理性,即将期待可能性视为例外的、消极的要素,这就意味着,在一般情况下,只要满足故意或过失,就可以认定行为人罪过要素成立,但在特殊的情况中,可以从期待可能性缺失的角度否定罪过的成立。从这一角度来看,一般情况中期待可能性扮

---

❶ 童德华. 刑法中的期待可能性论 [M]. 北京:中国政法大学出版社. 2004:205.
❷ 童德华. 刑法中的期待可能性论 [M]. 北京:中国政法大学出版社. 2004:208.

演着评价要素的角色,而在特殊情况中,期待可能性发挥消极要素的作用。但需要指出的是,如此对期待可能性进行理论定位,会不利于期待可能性功能和作用的真正发挥。

4. 三要素说

在三要素说看来,期待可能性应被认为是区别于故意、过失,独立的第三种归责要素。具体而言,故意和过失应归属于主观的归责要素,而期待可能性应作为客观的归责要素。如此一来,在三要素说的观点中,责任成立的判断需要从三个方面进行考察,即刑事责任能力、心理责任要素和规范责任要素。不仅要从这三个方面进行评判,而且只有当这三个方面的要素都满足时,才能认定行为人需承担相应的刑事责任。从本质上来讲,三要素说将期待可能性与故意、过失进行实质性的区分。虽然从期待可能性的内涵来看,是对行为人主观上选择实施适法行为的期待和期望,但在三要素说的观点看来,期待可能性内涵中的这一评判,着眼点并非行为人实施行为时的心理活动状态,而应是以法律规范为标准对行为人做出具体行为选择这一具有主观色彩的选择行为的价值评判。从上述对三要素说的介绍可知,从犯罪构成理论体系的角度来看,三要素说其实是立足于大陆法系中的阶层性的犯罪构成理论体系而形成的。正因如此,三要素说与我国适用的平面耦合式的四要件犯罪构成理论体系之间的兼容性有待商榷,故三要素说的观点虽有一定的合理性,但依然不适合我国期待可能性的本土化构建。

5. 综合状态说

综合状态说认为,并不能将期待可能性视作心理要素,而应将其视为对行为人选择适法行为持有期待和期望的一种综合性状态。❶ 对于综合状态说而言,我国学者认为其存在一些逻辑上的矛盾点。❷

具体而言,将期待可能性作为一种心理要素进行刑法的价值评判一直是传统观点坚持的内容,虽然具体的分析路径不尽相同,但从本质上而言,都是以这样的思路进行阐释的。但在综合状态说看来,对期待可能性的这一定位是有待商榷的——期待可能性并非单独的要素,而是对行为人选择适法行为怀有期待的综合性的要素集合,即在进行分析和判断时,既要关注行为人实施具体行为时的刑事责任能力,又要对行为人在实施行为那一时间点上的心理状态等诸多要素进行综合分析。所以,期待可能性自然应是一种综合性的状态,并非某一具体要素。既然如此,更进一步来说,期待可能性就不应被认为是犯罪构成理论体系中客观的构成要件要素,更不可能是犯罪构成理论体系中犯罪主体的责任能力构成要素。换言之,在综合状态说看来,期待可能性的理论地位应归属于对意志自由的有无进行综合性评价的法哲学领域的问题。对于这一观点,综合状态说具体提出以下几个方面的原因:

其一,从期待可能性的核心思想来看,毋庸置疑的是,期待可能性与行为人意志自由的有无直接关联,即期待可能性就是用于意志自由的评判。以此为出发点,期待可能性可以成为行为人是否应承担刑事责任判断的主观责任基础。也就是说,行为人在实施具体行为的时候不具有期待可能性,意味着其在当时的状态下没有意志自由,进而可以认为行为人在实施具体行为时没有主

---

❶ 欧锦雄. 期待可能性理论的继承与批判 [J]. 法律科学(西北政法学院学报). 2000 (5):49-58.
❷ 童德华. 刑法中的期待可能性论 [M]. 北京:中国政法大学出版社. 2004:211.

观恶性，或主观恶性相对较小。反之则说明行为人在实施具体行为时是具备期待可能性的，但依旧选择了违法犯罪的行为，主观恶性相对较大，所以具有承担刑事责任的主观责任基础。

其二，期待可能性不仅能为刑事责任成立提供主观责任基础，还能用来解释行为人刑事责任能力的有无。对于这一点其实不难理解，因为刑事责任能力的有无本质上就与行为人的主观恶性和行为人实施具体行为时的意志是否自由有着密切的关联，所以期待可能性可以用来解释和说明未达到刑事责任法定年龄、无刑事责任能力以及相对刑事责任能力诸多的情形。

其三，除刑事责任的主观基础和刑事责任能力外，犯罪构成理论体系中的行为人的主观罪过状态也能借由期待可能性进行分析和阐述。概括来讲，当行为人实施某一具体的违法行为时是具有期待可能性的，那么一定程度上可以认为该行为人满足主观罪过的认定条件，至于究竟属于哪一种罪过形式需要进行具体的分析。反之，当行为人实施某一具体的违法行为时不具备期待可能性，那就意味着行为人没有罪过。同样地，该分析逻辑反过来亦是成立的，即若如认为行为人不满足罪过的认定条件，那么该行为人一定是不具备期待可能性的。

在刑法学者对期待可能性研究的过程中，伴随着对其认知不断加深，也发现综合状态说存在一定的逻辑上的缺陷和矛盾：首先，期待可能性在整个刑法理论体系中，其实相对而言是一个下位概念，但综合状态说观点中将期待可能性视作法哲学领域的综合性状态的价值判断。从刑法学与法哲学之间的关系来看，综合状态说的这一观点其实是以下位的概念来进行上位问题的解决，显然是不尽合理的。其次，对于刑法进行价值评判的对象来看，意志自由并不在这一范畴之内。虽然期待可能性的有无实质上的确能够说明和表露意志自由的存在与否以及受限制与否，但从规范的层面上来看，期待可能性的实践意义和价值在于衡量和判断行为人能否进行选择，进而为行为人承担刑事责任与否提供理论上的支撑。正因如此，综合状态说中将期待可能性作为解释意志自由的有无这一分析逻辑，从本质上来讲与期待可能性的实践意义、价值和目标其实是相背离的。最后，从逻辑的周延性来看，综合状态说中虽然指出期待可能性与罪过的有无有联系，但具体的关联到底是什么以及为什么，观点中并没有明确的论述。不仅如此，从刑法学的一般理论来看，无期待可能性并不必然意味着故意或过失的罪过不存在。基于上述三个原因，有学者对综合状态说进行了逻辑上的批驳。

6. 业已体现说

相对于上述几种观点，业已体现说的内容核心在于认为我国现有的刑法已经充分地体现了期待可能性的思想。❶ 但从我国现有的刑法理论体系来看，尤其立足于我国刑法的罪过理论❷，我国犯罪构成层理论是平面耦合式的四要件模式，在这一模式中，主体、主观方面、客体、客观方面这四个要件缺一不可，必须同时满足。正因如此，在我国现有的犯罪构成理论体系中，犯罪主观方面中的故意和过失从本质上来说，并不具备相应的规范性内容，对于犯罪的规范的内容而言，都是由其他三个要件提供的。不仅如此，从规范的内容来看，本质上也只是对故意和过失进行谴责和负面评价，其中并不包括期待可能性的内容和思想。

7. 阻却事由说

在现代的法律观念中，法律一定是理性的。从理性的角度来

---

❶ 李立众. 刘代华. 期待可能性理论研究 [J]. 中外法学. 1999（1）：31-39.
❷ 马克昌，主编. 犯罪通论 [M]. 武汉：武汉大学出版社. 1999：314-316.

看，有学者认为阻却事由的观念，说明大陆法系国家和地区适用的犯罪构成理论体系，从本质上来讲是一种由形式理性向实体理性递进演变的理性。❶ 从这一角度来看，其实应肯定阻却事由说对形式理性与实质理性交锋的认知与肯定，这一点是毋庸置疑的。但将目光重新聚焦到具体的实践应用上，就会发现阻却事由说会对我国现有的犯罪构成理论体系提出一定的挑战。笔者认为，无论是大陆法系阶层递进式的犯罪构成理论体系，还是英美法系的双层式犯罪构成理论体系，虽不能否认各自具有的一些优势，但也应看到这两种犯罪构成理论体系并非极致的完美，仍存在一定的理论缺陷。对于我国现有的犯罪构成理论体系而言，虽然我国刑法学者在进行理论研究时提出一些批判性的意见和看法，但从我国的司法实践来看，四要件模式的犯罪构成理论仍被大范围地适用。在我国当下的语境中，对我国犯罪构成理论体系进行解构并重构，或进行大变革的必要性并不明显，与我国的国情并不相符。

8. 犯罪概念要素说

从犯罪概念要素说的观点来看，应将期待可能性规定在我国现行《刑法》第33条中，纳入我国刑法中犯罪概念的界定。对这一观点的内容，需要予以认可的是，其充分发挥了期待可能性在出罪上的功能和作用。但也应认识到，期待可能性不仅包含有无的问题，也包含程度的问题。由此来看，期待可能性不仅能成为出罪的一个重要途径，还能成为影响刑事责任大小的重要因素。从这一角度来看，犯罪概念要素说忽略了期待可能性对刑事责任大小的影响，故相较之下不尽可取。

---

❶ 刘远. 期待可能性理论的认识论反思 [J]. 法学评论. 2004（2）：43-48.

9. 责任范畴说

相较于犯罪概念要素说,责任范畴说的观点囊括了期待可能性对刑事责任的有无和程度的双重作用。毋庸置疑的是,在上述九种观点中更为可取,合理性也更加明显。但从期待可能性的双重作用出发,会发现这样一个矛盾,即倘若将其规定在犯罪论中,当然可以满足刑事责任有无这一机能的发挥,但会影响刑事责任大小机能的发挥;反之,倘若将其规定在刑事责任中,纵然可以对刑事责任的大小进行调节,但会影响其对刑事责任阻却的作用。在笔者看来,这一问题并非完全不能解决。更进一步来说,对责任范畴说进行一定的改造,可以在我国现有的刑法理论体系中为期待可能性提供明确、合理的理论定位。

(二) 期待可能性之我国刑法理论定位

要想在我国当下的语境中对期待可能性进行本土化构建,应先解决的问题是我国现有的犯罪构成理论体系与期待可能性根植的大陆法系阶层性犯罪构成理论体系之间的差异。在我国现有的犯罪构成理论体系中,从主体、主观方面、客体与客观方面四个构成要件对行为进行判定,当四个要件同时满足时,才能认定犯罪成立,即行为人应承担相应的刑事责任。而在大陆法系的犯罪构成理论中,从构成要件符合性、违法性与有责性三个层面进行递进式判断,即当一个具体的行为符合构成要件的要求,同时不具备违法阻却事由,可以推定该行为具有违法性,进而对行为人的刑事责任进行分析。从上述简单的分析来看,我国的犯罪构成理论体系与大陆法系犯罪构成理论体系之间存在着较大的差异。加之,期待可能性横跨了犯罪论和责任论的重要理论和思想,故在我国刑法理论学界存在不小的争议,认为期待可能性与我国现有的犯罪构成理论并不符合,且找不到能与之对应的部分。但在笔者看来，其实不然。从前述责任范畴说观点中对期待可能性机能和作用的双重理解出发，与我国现有的犯罪构成理论体系相结合，可以认为在我国当下的语境中，期待可能性蕴含在三个方面，即主体要件中的构成要件要素、主观要件中的评价因素和消极因素以及责任论中的量刑要素。接下来对这三个方面进行具体的分析和阐释。

1. 犯罪主体要件中规范的构成要件要素

在我国现有的犯罪构成理论体系中，犯罪主体要件是四要件中的重要部分，主要是指我国现行刑法中规定的犯罪行为的行为主体应满足的条件和要求。众所周知，我国犯罪主体构成要件中对行为人的刑事责任能力进行明确的规定。在笔者看来，我国现行刑法中对犯罪主体要件构成要素的规定，其实是对期待可能性理论和思想的具体应用。换言之，我国犯罪主体要件要素的规定与期待可能性理论和思想之间其实是形式与内容的关系。也就是说，期待可能性理论和思想在我国现行刑法中犯罪主体要件中以对主体构成要件要素的具体规定为表现形式得以呈现；而既有规定则是期待可能性理论和思想的规范性表述。故笔者认为，期待可能性理应成为我国刑法犯罪构成理论体系中犯罪主体要件的规范的构成要件要素。

2. 犯罪主观要件中的评价因素和消极因素

对于这一观点，其实可以借鉴上述修正的罪过要素说观点的内容进行理解。期待可能性理论和思想与故意、过失之间有着密切的关联，即只有行为人具有期待可能性，才能认为行为人是意志自由的，才能在适法行为与违法行为之间进行选择，进而才会有继续讨论故意和过失的可能性。只有在人具备相当的意志自由时，才有能力在适法行为与违法行为之间进行选择，才构成价值评判中谴责或鼓励的原因。倘若从这一角度进行分析，期待可能性在一定程度上可以认为是故意和过失的前提和基础。申言之，如若行为人在实施具体行为的时候缺乏期待可能性，那么可以认为因前提和基础的缺失阻却故意和过失，进而可以认为行为人实施的具体性不能构成犯罪行为。由此看来，其实期待可能性本身具有一定的评价因素的作用，是对犯罪主观要件进行评价的基础和前提。从另一个角度来看，期待可能性还是主观要件中的消极因素。在通常情况下，当犯罪主观条件满足故意或过失时，就可以认为行为人的罪过存在且成立。也就是说，在通常情况下，一般认为行为人在实施具体的违法行为时，是在具有选择不实施违法行为的可能性的情况下依旧执迷不悟地选择违法行为。但在特殊的状况下，倘若能够证明行为人在实施具体行为的时候不具备期待可能性，即无法期待行为人在特殊状况下依旧实施适法行为，那么可以阻却罪过的成立。从这一角度来看，期待可能性可以作为犯罪主观要件中的评价因素和消极因素而存在。

需要明确和注意的是，在我国当下的语境之中，现行刑法并没有对期待可能性进行明确的规定，所以只能将其当作刑法规范提供支撑的理论基础。也就是说，在我国当下的司法实践中，不能直接适用期待可能性对犯罪进行规范层面的评判。当然，这一观点仅成立于当下的实际情形，如若我国的刑法在之后的发展过程中将期待可能性进行明确的规范化规定，则另当别论。在我国现有的犯罪构成理论体系中，要求的是主客观的有机统一，犯罪构成的特征、性质和地位决定其是衡量行为人刑事责任有无以及大小的法律依据和标准。在此基础之上，要发挥期待可能性的双重作用和机能，具体应从两个路径进行：其一，借由规范的责任阻却事由来对行为的犯罪性进行阻却和排除；其二，重视超法规的责任阻却事由，通过发挥犯罪构成要件在犯罪认定中的作用来对行为的犯罪性进行阻却和排除。

3. 刑事责任论中的量刑要素

在我国的刑法理论体系中，刑事责任是犯罪直接的法律后果，即有犯罪就必然有刑事责任。也就是说，犯罪的成立与否决定了刑事责任的有无，而刑事责任的大小将影响刑罚的轻重。由此看来，刑事责任与刑罚二者之间存在着紧密联系。就刑事责任本身来看，其有无的问题是由犯罪成立与否决定的，而程度的问题则是由犯罪人的主观恶性、人身危险性、犯罪行为的社会危害性诸多因素综合影响的。也就是说，刑事责任的具体确定，与具体案件中的具体情节是息息相关的。故笔者认为，期待可能性除却应从上述两个方面予以考量，还应纳入量刑情节中。

此处笔者所说的量刑情节，主要是指在犯罪构成认定成立的前提之下，在对犯罪人进行量刑时应予以考虑，并且会影响刑罚的情节总称。结合期待可能性来看，应以我国刑法是否有明确的规定为标准分类进行讨论。若我国刑法中已有明确规定，那么当期待可能性较小时，可以将期待可能性理论和思想落实到法定量刑情节中，直接适用既有规定即可。若我国刑法中没有明确规定，当期待可能性较小时，期待可能性思想只能作为超法规的事由，作为酌定量刑情节予以考量。

二、期待可能性之具体判断标准

在期待可能性理论和制度的本土化构建中，解决其在我国刑法中的理论定位后，具体的判断标准便是下一个重要问题。所谓期待可能性的具体判断标准，主要是指行为人期待可能性的有无和大小应以什么样的标准进行衡量和判断。毫不夸张地说，这是我们进行期待可能性本土化构建过程中的一项不容忽视、不可回避的基础性问题。这一问题的答案，直接影响期待可能性本土化构建的具体效果及其发挥的作用。

正如我国学者曾指出的那样："对被告人予以宽容的态度是期待可能性理论所体现的，但是该理论欠缺明确的判断标准，从而导致实践功能意义欠缺，贸然应用则会破坏刑法的稳定性，使刑法的宽容成为一种滥觞，无法达到预防犯罪的作用。"❶ 期待可能性的具体判断标准决定其能否在我国当下的语境中充分发挥其应有的作用。从本质上来说，期待可能性本身就属于价值判断的范畴，难以通过具体的数学公式进行标准化计算，但并不能因噎废食。具体而言，想要进行期待可能性的本土化构建，应以我国当下刑法理论体系为立足点，扎根于我国的司法现实，进而寻求相对更合理的标准，从而提升期待可能性的生命力。

(一) 期待可能性之判断学说争议聚讼

在世界范围的刑法理论研究的过程中，学者们对于期待可能性的判断标准形成了诸多看法。要想完成期待可能性本土化构建，就必须找到适合我国情况的判断标准。总结和梳理现有的标准，然后在我国当下的语境中进行反思和检视是极为重要的，故接下来将对现有的关于判断标准的学说进行梳理。

1. 国家标准说

在支持国家标准说观点的学者们看来，对于期待可能性的判断标准，应以国家为出发点来进行，这是由法律规范的国家意志属性所决定的。由此看来，在国家标准说的观点中，对期待可能

---

❶ 庄劲. 罗树志. 宽容的底限：期待可能性的消极构成 [J]. 甘肃政法学院学报. 2003 (5): 61-66.

性进行具体的判断,应以国家的标准为衡量标准。对于期待可能性中超法规事由的一面,虽没有明确的法规定,但也应从国家既有的标准中明确判断的方向和原则。

对于国家标准说,虽然佐伯千仞、平野龙一、川端博以及沃尔夫等学者都持肯定态度,但亦有学者认为:"此说是在问法律,何种情况下有期待可能,回答法秩序认为可能有期待可能性的场合则有,用问题回答问题,没有提出任何实质的判断标准,如果行为的结果发生在法规范之外就无法承认期待可能性。"❶ 对于这一观点,笔者认为,国家标准说的观点只能为期待可能性的具体判断提供指导性原则,并没有提供具体的判断标准。不仅如此,由于国家标准说的立足点和出发点是国家,而不是个人,所以在国家标准说中,存在着对个人权利产生威胁的可能性。故笔者认为,国家标准说的观点合理性有待商榷。

2. 平均人标准说

平均人标准说,又被称为一般人标准说,其观点的内容从根本上来说恰恰与国家标准说相对立,认为应以一般人的立场对期待可能性进行判断。❷ 之所以会形成这样的观点,是因为在平均人标准说的支持者看来,刑法规范约束的对象是一般人,所以应被视为一般人的规范。与国家标准说进行比较便可发现,二者的本质区别在于:一个是以国家为出发点,另一个则是以一般人为出发点。

平均人标准说提出的判断标准需要根据一般人的认知来进行,

---

❶ 马克昌. 比较刑法原理——外国刑法学总论 [M]. 武汉:武汉大学出版社. 2002:508.

❷ [日] 木村龟二,主编. 刑法学词典 [M]. 顾肖荣. 等,译. 上海:上海翻译出版公司. 1991:191.

因此也会存在一些问题。这一学说面临的最大问题在于，出发点主体性内涵不明，即一般人的标准是什么、什么样的人才能被视为一般人。不过，值得肯定的是，这一学说的出发点是人，能较好地保障大众的合法权益，但也应注意到，一般人或平均人的概念表述是一种模糊化的表述方式，在当下的语境中对一般人缺乏能被大众普遍认同的、统一的、可度量的标准。不仅如此，平均人标准说是站在一般人的标准上对期待可能性进行具体判断，但忽视了行为人自身的具体情况。在期待可能性的内涵中，行为人自身的智力状态、生活经验等都是应有之义，但在平均人标准说中并未有所体现。故笔者认为，平均人标准说仅是从一般人的角度考察共性，而忽略了行为人的特殊性，与期待可能性的内涵不尽相符，所以其合理性亦存在一定缺陷。

3. 行为人标准说

行为人标准说的坚定支持者大塚仁曾明确指出，期待可能性的判断标准应以行为人为标准。[1] 与国家标准说和平均人标准说不同，行为人标准说是以行为人为判断的出发点，期待可能性的判断应具体到特定行为的具体行为人，以具体行为人的具体行为发生的具体情境为判断标准。从整体来看，有学者对行为人标准给予极高的评价，甚至认为行为人标准说是期待可能性具体判断时唯一合理的标准。[2] 但在笔者看来，行为人标准说也存在一定的商榷空间，譬如，在行为人标准说的观点之下，行为人自身能力越高，那么期待可能性就越大，进而符合不具备期待可能性评价的可能性就更低。倘若从这样的角度思考，便会导致在期待可能性

---

[1] 转引自冯军. 刑事责任论 [M]. 北京：法律出版社. 1996：246.
[2] 刘远. 期待可能性理论的认识论反思 [J]. 法学评论. 2004（2）：43-48.

具体判断时产生一定"不公平"的情况。由此笔者认为,虽然行为人标准说认识到期待可能性判断过程中行为人自身的特殊性,但这一观点仍具有完善的可能性。

4. 分层的平均人标准说

分层的平均人标准说是由我国刑法学者许玉秀教授提出的,其主张将行为人对自己行为的认知与控制能力与平均人的能力进行大小、强弱的对比,进而区分为高于平均人能力、等于平均人能力以及小于平均人能力三个主要类型。在这一分类基础上,认为期待可能性的具体判断要遵循这样的分类,将三类行为人分别进行判断。具体来说,对认知能力高于平均人的行为人,要以同等层级的平均能力进行判断;对于身心、智力有障碍的人,要以较低层级的能力标准进行判断,也以普通人的标准,把人的认知经验区分出不同的程度,适用其平均标准进行判断,把判断依据也进行分层,把不同层级认知能力的人各取平均值来进行判断。❶由此不难发现,分层的平均人标准说,是对上述平均人标准说的精细化。在笔者看来,从某种程度上,这一观点对平均人标准说进行细化的分类讨论是可取的,但将其划分为三个层次来进行分析略显薄弱。不仅如此,在每一个细化的类别中,仍存在判断标准不甚明确的情况。所以在肯定这一观点可取性的前提下,笔者认为,分层的平均人标准说本身仍存在一定的不足。

5. 类型人标准说

在类型人标准说看来:"就期待可能性标准而言,宜以法秩序就特定类型人于具体犯罪情节下所为之期待为判断标准。类型人是指依不同年龄、性别及职业等特征而划分,于从事社会活动之

---

❶ 许玉秀. 当代刑法思潮 [M]. 北京:中国民主法制出版社. 2005:438-439.

过程中,属同一类型之行为人,法所期待之基准恒位置齐一,然不同类型之人,标准则随特征之差异而作高低之调整。"❶ 对类型人标准说应予以肯定的地方在于,其在承认行为人自身特殊性的基础之上,又看到行为人所属类型的普遍共性。相较于前述其他学说而言,是具有进步意义的。从本质上来讲,其实这里说的类型人,一定程度上是以类型化的思想对一般人进行划分,进而分析具体的行为人应属于哪一种类型。在笔者看来,在进行类型化划分的过程中,更多时候采用的标准并非单一的,这一点需要在类型人标准说的基础上进一步予以明确。

(二)期待可能性之判断标准确定

从上述五种学说来看,其实各自都有值得肯定的地方,但也都有值得商榷、进一步完善的空间。综合来看,笔者认为,单一的标准似乎很难保证在所有的情况中都能准确地对期待可能性进行有无和程度的判断。期待可能性的判断标准是多样化的。所以,在期待可能性本土化构建时,对期待可能性具体判断标准的确定应注重与已有的判断标准的学说之间的融合。也就是说,属于我国本土化的期待可能性理论和制度,在具体的判断标准上,应采取融合的标准,而非单一的标准。任何一个单一的标准都难以合理地维系期待可能性理论和思想所涵盖的所有情况,更有甚者,单一的学说标准可能成为期待可能性本土化构建进程中的桎梏与障碍。笔者认为,在此基础上应以普通人的折中标准为主要标准构建期待可能性判断的标准群,并以构建起的标准群作为期待可能性本土化构造时的具体判断标准。

首先应予以明确的是,本土化的期待可能性在具体判断时应

---

❶ 童德华. 刑法中的期待可能性论 [M]. 北京:中国政法大学出版社. 2004:118.

以普通人折中的标准为标准群的核心与基准。具体可以从以下两个方面进行理解：其一，法律规范是为了维护社会秩序而形成的一种行为准则，而刑法规范作为法律规范的一个重要类型，其理应具有保障社会平稳运行的作用和价值。既然是为了维护社会的运行秩序，就应注意到社会层面的共性，即社会本质上是由一个又一个的个体汇聚而成的。也就是说，法律规范应注意到社会中各个个体之间的共性，即普通的社会大众体现出来的共有内容。正因如此，以普通人折中的标准进行期待可能性的判断更贴合实际，也更能发挥刑法规范的社会保障。可以认为，在期待可能性的判断标准群中，普通人的折中标准发挥着基础性的作用和价值。其二，从整体来看，行为人的特殊性理应被重视和承认，但也应注意到，过于偏离普通人的特殊性，其实在社会范围内很难得到普遍认可。从这一角度来看，以普通人的折中标准为基础性标准是具有合理性的。

在上述基础之上，应构建起期待可能性的判断标准群，具体而言应包含以下内容：其一，对于刑法中既有规定的内部性因素，在进行期待可能性的具体判断时，应遵循国家标准说。例如，我国刑法对刑事责任年龄有着明确的规定，在进行这一因素的判断时，可以直接援引适用既有的法律规范。刑法规范是由国家制定的，我国是人民当家作主的国家，体现的既是人民的意志，亦是国家的意志。以此来看，遵循国家标准说的观点并无不可。其二，就因外部环境等因素对行为人的期待可能性产生影响进行判断时，应对行为人进行类型化区分的基础上适用行为人标准说。具体而言，这里所说的类型，主要是指行为人在具体行为中所扮演的角色。"在日常生活中人们都有不同的社会角色，比如以职业划分有教师、公务人员、自由职业等，对不同社会角色的期待要从具体角色出发，准确地说，期待本身也是角色的一部分。"❶ 由此来看，每个人都在社会中扮演着不同的角色，而每一种角色都有其应遵守的行为准则或行为模式。在正常情况下，人们遵循自己的社会角色所要求的行为模式是没有问题的，但发生偏离时，理应被认为是不正常的。那么在期待可能性的判断过程中，对于遵循行为规范的行为而言，应认为是不具有期待可能性的，但在偏离的状态下，应认为是具有期待可能性的。当然，我们也应认识到，社会中每个人都有不同的社会角色，一个人会扮演着多种社会角色。所以当行为人无法归属于某一种特定的角色时，或者出现虽能归属于某一种社会角色，但该角色应遵守的社会规范对行为评价没有意义的情况，应以行为人标准进行评判。在这种情况下，应以普通人的折中标准为基础结合行为人的自身因素以及具体的特殊情况进行行为人标准说的判断。

（三）期待可能性之判断标准应符合常识

在刑法理论的研讨过程中，有学者认为应弘扬和坚持常识刑法观，使刑法学的理论与实践回归常识、常理和常情，但也有学者认为常识刑法观不可取，是刑法学研究的退步。❷ 在笔者看来，从人性的视角进行分析，起码在期待可能性的判断中应回归常识，回归朴素的常识、常理和常情，这才符合人性的呼唤和诉求。回归常识、常理和常情不仅是司法公正的要求，而且是提升大众对刑法普遍认同感的重要途径。

---

❶ [德] 雅科布斯. 行为 责任 刑法——机能性描述 [M]. 冯军, 译. 北京：中国政法大学出版社. 1997：40.
❷ 陈忠林. 如何让法学成为科学——走向科学的法学变革与理论重构 [J]. 学术论坛. 2019（5）：57—66.

从当前的现状来看,无论是许霆案❶,还是山东辱母杀人案❷,都引发公众的广泛关注并形成激烈的讨论。由此来看,普罗大众对法律问题,尤其是刑法问题极为关注。这就要求在进行刑法的价值评判时应遵循朴素的正义观,最大限度地达成大众的普遍认同。而朴素的正义观要求刑法一定要回归常识、常理和常情。更进一步来看,刑法评判回归常识、常理和常情就要求刑法在进行犯罪认定的时候,既要以法律为准绳,又要不绝人情,讲人性。只有这样,才能彰显刑法的温度,贴合常识、常理和常情,以人为本,体现、尊重和保护人性的要求。如此便能最大限度地提高大众对刑法的认同感和信任感,有利于树立刑法的良好形象,提升刑法的威信。正如陈忠林教授曾分析的那样,法律必须是以常识、常理、常情,以人民群众的朴素正义观,以人生的基本道理为基础、为灵魂、为限度来理解的法,刑法作为惩治犯罪、保障人权的基本法更是如此,并认为现代法治是良心之治、人性之治、人民之治、常识常理常情之治的法治观与法学教育观。❸

所谓常识、常理和常情,简单理解就是指,应从普通人的生活经验知识、普遍的社会生活道理、一般人的社会生活情感的角度衡量每一起司法案件,而不是将规则机械化地适用于每一个案件。虽然从概念上很难对常识进行准确的界定,但常识又真实地存在于每一个人的心中,故司法者应擅长追寻、捕捉和把握究竟什么是常识。刑事司法关乎当事人最根本的利益——自由乃至生命,所以更不能沦为无情的法条适用机器,而应具备深刻的人性

---

❶ 广州市中级人民法院(2007)穗中法刑二初字第196号刑事判决书;广东省高级人民法院(2008)粤高法刑一终字第170号刑事判决书。
❷ 山东省高级人民法院(2017)鲁刑终151号刑事附带民事判决书。
❸ 陈忠林. 如何让法学成为科学——走向科学的法学变革与理论重构[J]. 学术论坛. 2019(5):57-66.

理解。只有这样,才能更好地贴合常识、常理和常情,才能更好地正确对待期待可能性的具体判断。具体而言,期待可能性的判断回归常识,应从以下几个方面入手:

其一,期待可能性判断要回归常识,但应以罪刑法定原则为基准。罪刑法定原则是刑法稳定性与公信力最基础的保障,所以在进行期待可能性的具体判断时,仍应在罪刑法定原则的要求之内进行,不能突破。

其二,期待可能性的判断应基于生活常识的判断,标准在于行为人而非司法者。在刑法理论中,期待可能性能够阻却刑事责任,这一点已经成为学界通说。但需要注意的是,在对期待可能性进行具体的判断时,回归常识是以行为人的常识、以一般人的常识为判断标准,而不是以司法者的常识为标准。

其三,期待可能性的判断回归常识,是为了引导大众树立理性的刑法常识。虽然笔者倡导期待可能性的判断要回归常识,但这里的常识一定是既符合朴素的正义观,又符合理性的刑法常识。之所以强调理性,是为了保证刑法在尊重、保护人性的基础上符合现代文明的法治理念。在此基础上,将法律层面的专业判断与大众朴素的认知进行有机统一,既有严谨的法律理性,又有对人民群众的感受,这样才能以最小的刑罚成本获得犯罪治理效果的最大化,同时保证人民群众能够在每一个具体的刑事司法案件中感受到公平正义。❶

三、期待可能性之具体构建

毋庸置疑,对于期待可能性的本土化构建而言,应在承认期

---

❶ 熊红文. 刑法:回归常识之路 [J]. 人民检察. 2017 (11):65 - 66.

待可能性彰显刑法人性关怀的基础上进行,并且期待可能性的本土化构建对于我国刑法理论和实践的发展有着极为重要的意义。应予以明确的是,之所以提倡期待可能性的本土化构建,说明要扎根于我国的司法实践,在我国的语境中构建具有中国特色的期待可能性理论与制度。以上述内容为立足点,笔者尝试分析期待可能性本土化构建的路径,并以此为我国的司法实践提出一定的建议,使我国的期待可能性理论和制度能够成为合法的出罪或减轻罪责的事由,并保证能够在司法实践中起到应有的作用。总而言之,期待可能性的本土化构建既要符合并发挥理论原有的积极性,又要符合我国的实际情况,最大限度地避免滥用。

(一)期待可能性之基本问题分析

从上述对期待可能性的人性分析中不难发现,该理论与我国的历史发展过程中形成的思想和文化有着高度的契合性。立足于我国当下的语境,想要完成期待可能性的本土化构建,就必须对期待可能性在立法和司法层面遇到的具体适用问题进行剖析并解决,处理好期待可能性理论本土化应用的前提和关键性问题。具体可从以下几个方面来理解:

首先,应树立正确的刑法价值观念,这是期待可能性理论和制度的精神内涵的本质呼唤和要求。从本质上看,期待可能性解决的是在特殊情境中,没有选择适法行为的可能性而迫不得已选择违法行为的行为人,对行为人的罪责进行免除或减轻,对行为人脆弱的人性给予刑法的尊重和保护。自1949年以来,我国刑法一直兼具惩治犯罪与保障人权的双重价值属性,这一点是毋庸置疑的。但我们也应注意到,国家之上的集体主义色彩在我国很长的一段历史时期中都发挥着深远的影响。当然,以马克思历史辩证主义的思想来看,这都是本土历史文化背景影响下的产物。在我国现有的四要件模式的犯罪构成理论体系中,司法人员在进行具体案件的司法认定时,更多的是以既定的犯罪构成要件进行评判,对每个案件发生的具体情况有一定的忽视。但需要明确的是,这不是我国司法机关的本意,主要原因在于,我国并未对期待可能性的法律地位进行明确规定,导致虽然在理论层面期待可能性的热度一直居高不下,但在实践中的影响相对孱弱。所以,在进行期待可能性的本土化构建时,要树立正确的刑法价值观念,在遵从现有的犯罪构成理论体系的前提下,将对人性的尊重与保护渗透到刑事立法和司法的实践中,使人本主义的思想切实地发挥应有的作用和价值。

其次,要在两个基本范畴内对期待可能性进行明确的梳理和界定。具体而言,第一,期待可能性究竟是归属于客观范畴还是主观范畴的问题应进行明确。对于这一问题的分析和界定,能够最大限度地明晰和厘清期待可能性本土化构建中的适用标准。也就是说,对于期待可能性的具体适用标准,究竟应立足于主观进而强调行为人的规范意识,还是应以客观为出发点重视对行为人行为的客观防治。第二,期待可能性究竟是一般的还是具体的应被明确地界定。具体而言,倘若认为期待可能性是一般的,那么期待可能性在整个刑法理论体系中将作为指导性的原则而存在,并对其他的责任阻却事由进行解释和补正。若认为期待可能性是具体的,那么在具体案件的司法裁判中,期待可能性便可以直接作为超法规事由进行说理和论述。在马克思辩证唯物主义的观点看来,主观与客观之间并非绝对的对立关系,应以辩证的态度进行分析和对待。正因如此,笔者坚持认为,对于这一范畴应从主观和客观进行整体上的把握,才能最大限度地发挥期待可能性应有的作用。至于第二组范畴的界定,我国刑法学者张明楷教授曾提出"类型化"的适用思路。❶ 在笔者看来，这一观点的内容具有一定的合理性，值得肯定。从我国现有的司法实践来看，以类型化的思维引导期待可能性理论的具体适用，既能够最大限度地控制法官所享有的自由裁量权的合理化，又能够激发期待可能性理论在实践中的生命力，在实践中以具象化的形式而存在，从而进一步为期待可能性的本土化构建提供更加切实可行的思路。

再次，提升司法人员的专业素养。正如亚里士多德曾提出的："当法律的规定过于原则从而难以适用时，应当对法律进行修补矫正，在法律的一般规定之外发生了例外时候，由于立法的绝对与滞后性，执法者应当将自身置于立法者的视角来考量，假使发生这样的情形时应做出何种决定、做出何种法律解释抑或者是制定新的法律来弥补不足。"❷ 由此来看，法律的普遍性与案件的特殊性天然地存在一定的对立和矛盾，这就证明赋予法官自由裁量权的重要性。而对于缺乏期待可能性的案件来说，倘若一个法官不具备相当的职业理论专业素养，那么必然在理念上存在一定的缺失和不足，就很难做出真正符合公平正义的判决和裁定。故对法官等司法人员提出更高的要求，提升司法人员的专业素养，势在必行。就期待可能性而言，其本身天然地散发着浓烈的人性光辉和意蕴。倘若法官仅按照现在的犯罪构成要件进行排列组合式的认定和判断，虽会保证裁决的逻辑性，但一定程度上会使得人性的光辉受到冲击和挑战，这与刑法的人性基础相背离的。所以，法官在进行具体案件裁判的过程中，应注重利益的衡量，对人性进行充分考察，在遵从案件基本事实的基础上做出裁决，即在保

---

❶ 张明楷. 期待可能性理论的梳理 [J]. 法学研究. 2009（1）：60－77.
❷ [美] 博登海默. 法理学：法律哲学与法律方法 [M]. 邓正来，译. 北京：中国政法大学出版社. 1999：321－322.

证裁判合法性的基础上增强裁判的合理性。

最后，应对期待可能性的司法适用程序严格规定。习近平法治思想是马克思主义法治理论中国化的最新成果，是我国刑事法学理论研究和司法实践的重要理论指导。在我国当下的语境中，刑事司法实践必须坚持习近平法治思想的指引，在期待可能性本土化构建的过程中，不仅需要刑法理论的发展和关注，还应重视刑事诉讼法的协同发展。在笔者看来，只有在法律层面明确期待可能性司法适用的具体程序，才能最大限度地避免期待可能性理论的滥用。在此基础上，涉及不具备期待可能性的案件时，应严格适用普通程序，而不能选择适用简易程序。不仅如此，在司法文书的撰写上，也应对案件的说理予以增强。在此基础上，更要发挥指导性案例的意义和价值，以具体的指导性案例对期待可能性的具体适用标准进行最大限度的统一。

（二）期待可能性之司法建议

我国现行刑法中规定的一些内容在某种程度上体现了期待可能性理论的思想，这是毋庸置疑的。但就期待可能性自身而言，我国刑法中并没有明确的规定。在我国当下的语境中进行考察分析不难发现，之所以我国现行刑法中并未对期待可能性进行明确规定，是因为我国刑法理论、刑法法律文化以及本土司法实践的具体状况等诸多因素的共同影响。正因如此，在期待可能性的本土化构建过程中，最为紧迫的便是，在我国现有刑法制度的基础上，运用期待可能性的理论和思想解决实际问题。当然，这并不意味着在刑事立法上对期待可能性进行规定就没有必要性。相对而言，由于我国犯罪理论体系的规定，将期待可能性直接明确规定在刑法中的确会带来一定的冲击。虽然有学者曾指出："在我国,许多明显缺乏期待可能性的情形还没有被法定化。"❶ 但结合我国的实际情况来看,笔者并不赞成直接以刑事立法的形式对期待可能性进行规定。期待可能性的本土化构建应更多地着力于现有的刑法规定的基础上,在符合刑法规定和刑法理论的情况下,在司法实践中充分发挥期待可能性的意义、价值和作用。

在我国当下的语境中,刑法理论体系主要是由犯罪、刑事责任和刑罚三个范畴共同构成,三者之间彼此独立,但相互之间存在一定的关联。一旦认定行为人的行为符合犯罪的构成要件,那么行为人就应为其行为承担相应的刑事责任,通过具体的量刑标准对行为人应承担的刑事责任的大小进行衡量,最终确定行为人应科处的刑罚。具体到刑事司法领域来看,期待可能性在刑事司法中的具体适用主要可以从该理论在定罪和量刑两个方面的运用进行考察。

1. 期待可能性在定罪方面的司法建议

对期待可能性在定罪方面的作用而言,是以我国现有的犯罪构成理论体系中的犯罪构成要件为基础,充分发挥期待可能性应有的阻却责任的作用、意义和价值。对于这一问题,可以从两个方面进行具体分析,即期待可能性能否适用于故意犯罪中,以及期待可能性能否成为超法规的责任阻却事由。

期待可能性能否适用于故意犯罪这一问题,可以从意志因素的角度进行分析。具体而言,可以按照这样的逻辑理解:在前述对大陆法系国家和地区期待可能性理论和制度的发展沿革梳理中不难发现,期待可能性可以适用于过失犯罪,这一结论已然成为

---

❶ 张明楷. 期待可能性理论的梳理 [J]. 法学研究. 2009 (1): 60-77.

理论界的通识性观点。然而,对于期待可能性在故意犯罪中能否适用的问题,依旧存在一定的争议。在笔者看来,期待可能性无论是在过失犯罪中还是在故意犯罪中,都能予以适用。从内在逻辑来看,在意志因素的考量中,故意包含的是对结果的发生持有希望或者放任的态度;而过失则是反对结果的发生,或者既不希望也不放任结果的发生。站在意志因素的角度来看,期待可能性的关注点在于在特殊的情境中,行为人能否做出适法行为的意志选择。倘若以意志因素为标准进行对比和反思,不难发现,无论是对结果持有希望还是放任的态度,都不能说明行为人在特殊的情境中必然会选择适法行为或违法行为。换言之,希望或放任结果发生,并不能完全代表行为人进行适法行为或违法行为意志选择的本身,而是行为人选择之后导致的实际结果的客观表现。之所以这么说,是因为无论是对希望结果发生还是放任结果发生的司法认定,都是在客观行为结果的基础上进行的分析和判断,而在期待可能性存在的情境中,一切都是行为人基于理性而做出的迫不得已的选择,即没有实施适法行为的可能性。从这一分析不难看出,故意的意志因素与期待可能性的意志因素并不矛盾,甚至可以看作不同方面。由此来看,期待可能性当然地可以适用于故意犯罪中。

期待可能性能否成为超法规的责任阻却事由这一问题,其实在理论学界存在不同的观点和学说,但这里强调的是期待可能性的本土化构建。在我国当下的语境中,从刑法教义学的立场来看,承认期待可能性作为超法规事由是有一定必要性的。从整体上看,想要最大限度地发挥期待可能性的意义、价值和作用,就不能仅将其视为我国刑法解释过程中的一项原则或原理,而应承认在一些特殊情况下期待可能性可以作为超法规事由存在。具体可以从以下三个方面进行理解。其一，承认超法规的期待可能性事由是立法局限性的弥补。正如有学者曾指出的那样："制定出来的法规，不太可能被表述得完美无缺，不可能把所有情形都列入法规的文本阐述中，也就不可能把所有不应隶属于该法规范围的情形都排除在该法规语词含义之外。"❶ 从这一角度看，超法规的责任阻却事由的存在，可以为成文法的不足起到一定的弥补作用。正因成文立法中很难对不具有期待可能性的所有情形进行穷尽式列举，所以期待以刑法规范的形式对所有缺乏期待可能性的情况都进行明确的成文规定是不现实的。其二，承认超法规的期待可能性事由是罪刑法定原则的要求。伴随着刑法理论研究的不断深入，学者们对罪刑法定原则的认知逐渐从形式转向实质。在我国当下的语境中，罪刑法定原则不仅要求刑法规范和程序应是完备的，应依法适用刑法，更要求在刑法的具体适用过程中应符合公平正义的诉求。也就是说，在罪刑法定原则的要求中，刑法的适用既要重视法的安定性，又要关注法的内容上的妥当性。基于此，我国有学者就期待可能性能否作为超法规的责任阻却事由指出："拒绝适用超法规的责任阻却事由不仅可能违背正义理念，也是对罪刑法定原则的误读。"❷ 其三，承认期待可能性的超法规责任阻却事由的地位，不仅体现了刑法对脆弱的人性的尊重和保护，还体现了刑法人权保障的要求和刑法人道主义的呼唤，这一点是期待可能性理论和思想固有的属性和品格。故在进行期待可能性本土

---

❶ ［美］博登海默. 法理学：法律哲学与法律方法［M］. 邓正来，译. 北京：中国政法大学出版社. 1999：321－322.
❷ 高仰止. 刑法总则之理论与实用［M］. 台北：五南图书出版公司. 1986：295.

化构建时,对于该理论在定罪方面的司法适用来说,应承认其超法规的责任阻却事由的地位。

2. 期待可能性在量刑方面的司法建议

在期待可能性的司法实践问题上,其在定罪方面起到重要作用是不容否认的,即通过对期待可能性有无的判断可以影响犯罪成立与否的认定结果。但也应注意到期待可能性在司法实践中对量刑也起到重要作用,即通过对期待可能性强弱程度的判断可以影响刑事责任大小的认定。从某种程度上来讲,发挥期待可能性在量刑时的作用,可以更加精准地衡量和判断行为人应承担的刑事责任的大小。从这一角度进行分析,将进一步影响刑罚功能和目的的实现,更是期待可能性自身意义、价值和作用的本质要求,符合该理论在刑法理论体系中的定位。

从我国现行刑法中的既有规定来看,对于期待可能性能否作为量刑因素而言,并没有明确的规定。但从我国的刑事司法现状来看,尤其是在经济犯罪的案件,充分说明期待可能性在量刑中发挥着举足轻重的作用。例如,行为人按照上级的要求和指令实施某些具体的行为,倘若拒绝,可能面临失业,而遵照上级的要求和指令可能会与法律规范的要求相悖。在这种情况之下,如果仍期盼行为人选择适法行为,是有些"强人所难"的。因此,在这种情况下,即使行为人实施了具有社会危害性的行为,也应具体分析,根据其主观恶性酌情从轻处罚。而从本质上来看,在这种情形下,对行为人的主观恶性进行具体分析,其实就是期待可能性思想在司法实践中的一种具体表现,尤其是量刑方面的作用发挥,应从法定量刑情节和酌定量刑情节两个方面进行分析。

法定量刑情节,是指我国刑法中明确规定的能够影响行为人刑事责任大小的因素和情节。在我国刑法中，紧急避险制度可以说是期待可能性在量刑中以法定量刑情节的形式发挥作用的最好证明和表现。以著名的"卡纳安德斯之板"为例：航船沉没，落水的两人为求生存而争夺一块木板，但木板只能承载一人，于是一人将另一人推下木板，使自己生还。从人性的角度看，在这种具有紧迫危险性的场景中，很难要求行为人自己跳下木板而保全他人的生命安全。这说明，在上述的情境中，对于行为人而言，我们无法期待或要求其选择适法行为而不推同伴下水。在这样的情况下，行为人自然会因不具备期待可能性而获得刑事责任的减轻或免除。由此来看，在我国刑法制度中，存在期待可能性思想的法定量刑情节。正因如此，当符合我国刑法中的法定量刑情节时，对于涉及期待可能性思想的特殊情境，可以直接援引相关的法律规定。

酌定量刑情节，主要是指在我国现行刑法中虽然并没有明文规定，但根据形势政策或者社会中的风俗、习惯等，人民法院最终能在量刑过程中酌情考量并能影响刑罚的情节。从理论、审判实践和司法解释来看，酌定情节的范围和表现形式主要包括犯罪的动机和目的、犯罪态度、犯罪对象、犯罪的时间和地点、犯罪结果、犯罪人的一贯表现、初犯和偶犯、犯罪后的表现、被害人过错、社会形势等。酌定量刑情节虽未经刑法规定，但对量刑起着重要作用。从具体案件发生的具体情况来看，尤其是从行为人的犯罪目的等因素进行综合考量，可以对行为人在实施具体犯罪行为时的意志自由程度进行一定的判断，进而可能影响行为人最终的量刑结果。从这一角度来看，其实期待可能性可以作为酌定量刑情节分析时的考查因素，进而在量刑中发挥其的意义、作用和价值。